菊花竞艳 慧霖同芳

李慧芳

中石题

王军　刘连伦　著

商务印书馆
2013年·北京

图书在版编目(CIP)数据

菊苑双葩　慧丽同芳：李慧芳/王军，刘连伦著．—北京：商务印书馆，2013
ISBN 978–7–100–09689–8

I.①菊… II.①王… ②刘… III.①李慧芳（1923～2011）—传记 IV.①K825.78

中国版本图书馆CIP数据核字(2012)第319913号

所有权利保留。

未经许可，不得以任何方式使用。

菊苑双葩　慧丽同芳
——李慧芳

王军　刘连伦　著

商务印书馆出版
（北京王府井大街36号　邮政编码 100710）
商务印书馆发行
三河市尚艺印装有限公司印刷
ISBN 978–7–100–09689–8

2013年4月第1版　　开本 710×1000 1/16
2013年4月北京第1次印刷　印张 20
定价：36.00元

得读王军、刘连伦二位先生大作《菊苑双葩慧丽同芳》书稿，不胜钦敬。慧芳大姐是我至友，姐妹同芳之情，情笃，红氍艺术同臻妙境，天下人所共知。而如二公缕陈之细者，实令大家赞佩。想大家在捧读华章的时候，一定又如与双葩同享会心旧景，同话往昔过从促膝的温馨。更会使更多的后知者得更多的仰羡。

我更要深深拜谢二公之高谊，更为慧、丽姐妹能有此知音称庆。辗转之间得俚句一首，即奉卷首，以致愚衷。句如下：

人生有幸得知音，
德艺相投在会心。
姐妹红氍欣苦路，
文章句句寄情深。

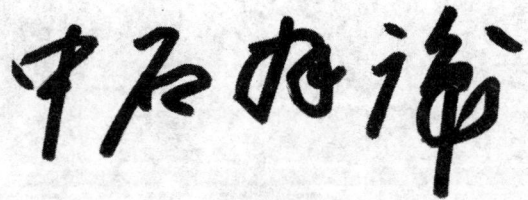

序

李滨声

当北京第一次申办奥运时，人们都热盼一举成功。有关部门还特别组织了各方面许多人齐集在五洲大酒店，彻夜不眠专候申办成功的喜讯到来，以便及时庆祝和接受媒体现场采访。

在这次集会上，我第一次见到慕名数十年的老电影明星刘琼先生。攀谈中，刘琼顺便让我向京剧表演艺术家李慧芳问好。我有些意外，问道："您也认识李慧芳？"刘琼未直接回复，毫不相干反问我一句："你知道话剧舞台上第一个饰演杨贵妃的是谁吗？"这句话把我真问住了，我哪里会知道？求其明示。刘琼一字一顿地说："李慧芳。"我表示愿闻其详，刘琼便讲起当年上海影界排演话剧《长恨歌》他饰演唐明皇，杨贵妃一角便是当时已享名的京剧演员李慧芳友情出演的。

原来如此，过去我只知道李慧芳拍过电影《吕四娘》和《黑河魂》，看来我真的孤陋寡闻。艺术是相通的，多才多艺本属常情，李慧芳各期其妙，是天赋加勤奋。这话是听景孤血先生不止一次这样说李慧芳的。那是20世纪50年代李慧芳演现代戏举重若轻而引起的戏剧评论家的评说的。

李慧芳多才多艺各尽其妙，不仅景孤血先生有好评，以反串小生戏而言，江世玉先生也有说词，大意如下：旦角戏中，剧中人因故女扮男装唱娃娃调都很讨巧。按说旦角唱小生娃娃调不是什么难事，腔并不繁重，又是调底，自然高亢。难的是难有阳刚之气，不带雌音。李慧芳反串的小生不是一般的好，按小生正工要求也得打很高分的。

一次我与李慧芳先生闲谈，问其首次挂牌演主角在什么地方？李慧芳说："那是我戏剧生涯的重要开端，怎么不记得，是'哈尔飞'，演的是《空城计》。"我觉得"入港"了，紧接问："您记得演司马懿的是谁吗？"这一问，真把李慧芳先生问住了。她笑了笑说："第一次打炮唱主角，只顾扮演备戏，哪里还会注意别的，记不得是哪位演的司马懿了。"于是我便道："那天演司马懿的是姜凤山。"

李慧芳先生连连摇头边笑不以为然。其实那天演司马懿的确实是姜凤山先生，因为我是听姜凤山先生亲自讲的。

原来姜凤山先生成为琴师之前曾是花脸演员。与前辈金秀山先生正相反，金秀山原为琴师后成为花脸演员。姜凤山先生是先为花脸演员，后成为梅兰芳的琴师。李慧芳先生了解当年曾与姜凤山合演引为佳话。

李慧芳在哈尔飞打炮一帆风顺，按其话说"是祖师爷赏饭吃"，不仅在京剧舞台上站住脚，相继和妹妹自己组班演出并逐渐红遍江南。当时她还是以老生正工的。

40年代初，在上海受到周信芳先生的赏识建议她改旦角，慧眼识珠，果然大放异彩。

新中国成立不久，李慧芳放弃自己挑班参加了中国京剧院，之后在梅兰芳剧团追随梅兰芳大师亦步亦趋，艺业达到炉火纯青，仍自强不息。同时培养后继人才不遗余力。

李慧芳先生晚年体弱多病，时常住院。一次京剧院王玉珍院长到医院探视，祝早日康复。李慧芳自慰"哪儿都不好，就嗓子还好"，一心还渴望再登台为广大观众唱戏。惜天公不做美，她未能实现参加重阳节演唱会，魂归祖师爷身边了。

今当纪念李慧芳的书将付梓，我草就以上数语以为序。

2011年12月6日于汇晨老年公寓

目录 Contents

引言 ... 001

1 北京大杂院　贫寒李家人 ... 004
2 天津庆云后　卖唱小女童 ... 011
3 拜师学须生　搭班跑码头 ... 023
4 辗转江南岸　艺海苦历练 ... 039
5 话剧《杨贵妃》舞台绽芳蕊 ... 050
6 幸逢周信芳　改学青衣行 ... 055
7 电影《吕四娘》潇洒吐馨香 ... 064
8 颠沛流离中　破晓见光明 ... 071
9 挑班演头牌　唱红大江南 ... 080
10 甘做毛遂勇自荐　加入中国京剧团 ... 110
11 "白蛇""蝴蝶"《五侯宴》各具风骚舞翩翩 ... 121
12 主席总理相邀请　艺术骄女展才情 ... 138
13 继承发展勇探遂　创排《洪湖赤卫队》... 147
14 亲炙梅兰芳　同行受益长 ... 157

15　多彩《盗魂铃》　三进中南海 ... 169

16　动荡的岁月　不改的痴情 ... 180

17　生旦竞交辉　氍毹舞晚霞 ... 188

18　锲而不舍学文化　惺惺相惜怜皮黄 ... 229

19　至乐为社会　大善暖众人 ... 252

20　崇高的遗愿　完美的谢幕 ... 290

尾声 ... 301

后记 ... 304

引言

在神州姹紫嫣红的京剧百花园里，有两枝奇葩熠熠夺目，她们虽非姚黄魏紫，却分外妖娆：傲骨迎冰雪，幽然吐清香，苍翠高洁挺，临霜屹群芳。这就是集四君之美而神形隽永、韵入万家的京剧姊妹花——李慧芳和李丽芳。

慧丽姐妹，天赋异禀，生于贫困，长于苦难，成于奋发。她们从艺不骄不躁，做人不矜不伐。粉墨于戏中是好角，素装于戏外是好人，台上台下，同样精彩。

李慧芳演京戏生旦齐抱，演话剧《杨贵妃》、电影《吕四娘》，刚柔交融，万种风情！

毛泽东极为青睐李慧芳演的京剧《盗魂铃》，三邀兴不尽。

刘曾复叹呼李慧芳之艺术概貌："惊观芳琰仪，掩映荆山玉。"

欧阳中石赞赏李慧芳的艺术特色："修身玉立清香。""率直挺秀，自然天成。"

苏烈美誉李慧芳的艺术造诣："真真正正的文武昆乱不挡，十八般武器件件皆精。""奇葩特立，独领风骚。"

刘厚生评价李慧芳："表演艺术舒展大方，精神饱满……待人接物上朴素自然，平易近人。"号召学习李慧芳"一辈子忠于人民，忠于艺术的精神"。

吴江诚言李慧芳："眼中闪露着真善美，像慈爱宽厚的妈妈。"

张德林在《菊丛慧芳》中赞扬："慧芳先生为后人树立了为人为艺的榜样。"

李滨声称扬李慧芳："幼小登台养家糊口一家顶梁柱，毕生献艺弘扬国粹多才多艺人。"

……

李丽芳独特的高宽亮嗓音，得到了戏迷们一致公认的"铁嗓子"之艺术桂冠。

毛泽东观看了李丽芳演的《海港》后，上台和她握手，用浓重的湖南话赞扬她："唱得好！"

邓小平复出，锦江饭店亲点李丽芳演出《白门楼》后，亲切地说："丽芳，好久没有看你的戏喽！"

朱镕基任上海市市长时，曾饶有兴致地为李丽芳演唱的《贵妃醉酒》而操琴……

李丽芳身患癌症，最后一次登台演唱《海港·忠于人民忠于党》，宏大的交响乐起，孱弱的身躯发出了春风化雨、震撼灵魂的"绝唱"。曲终，雷鸣般的掌声经久不息。大家盛赞李丽芳："这是用生命奋力为党和人民讴歌！""她为民族艺术，贡献毕生；对祖国和人民，赤胆忠诚！"

李丽芳追思会上 "真情出肺腑讴歌神州千般瑰丽，爱意萦胸怀遗赠菊苑一片芬芳"的挽联，首尾嵌入"真爱丽芳"四字，似更能表达社会各界人士的共同心声。

尚长荣号召大家学习李丽芳在舞台上的拼搏精神。

王梦云评价李丽芳是"名副其实的人民艺术家"!

李慧芳赞扬妹妹李丽芳是"革命的人、坚强的人、为艺术追求一生的人!"

……

如今,李慧芳、李丽芳均已携香飘落,化为春泥。姊妹双葩,绚烂之极皆归于平淡,然而在人们的心间,慧丽之花却馨香毕陈,历久弥新,永吐芳华!

慧丽姐妹何以这样受人尊崇爱戴?她们的艺术魅力何以这般经久不衰?

桃李不言,下自成蹊;雪泥鸿爪,寻踪觅迹。让我们的思绪穿越时空的年轮,回到20世纪20年代初老北京的那个贫民大院……

1
北京大杂院　贫寒李家人

近代中国，山河破碎，群雄争霸，交相煎逼。天灾与人祸，内忧与外患，噩骇不断，泱泱华夏呈一片苦海。皇城根下，天安门前，清皇垂青之地一扫旧日满盈骄奢的庞势盛容，取而代之的是衰草遍地的满目苍凉。京城内外，生灵涂炭，路有饿殍，曾赫赫扬扬的皇权统治此时恰似苦海中的一叶破舟，摇摇欲坠，在风雨中无望地漂泊着。好容易挨到了大民国"小朝廷"的年代，1923年6月26日晚，北京紫禁城中建福宫西花园一把冲天大火烧尽了无以数计的珍奇异宝。末代皇帝溥仪悲愤恼怒之下，于1923年7月16日中午痛下一道"将宫内太监全部裁撤，立即出宫"的谕旨。顿时，紫禁城内哀号声声，咒骂连连，昔日皇宫的太监也要靠沿街乞讨为生了，更何况芸芸众生？就在这惨不入目、凄苦酸楚之事发生不久，李慧芳来到了这个喧嚷而荒芜的乱世之中。

李慧芳属猪，1923年7月24日即农历癸亥年六月十一日出生在北京城崇文门花市大街的一个民居大杂院里，这里原本是破旧不堪的大车店，现在住满了穷苦百姓，名曰大杂院实则贫民窟。说它杂，是因为蜗居在这个民居大杂院里的那些人三教九流、五行八作：有做小圆镜子的，有做瓶子盖的，有做鞋楦头的，还有拉洋车的、卖报的、捡破烂的，干什么的都有。说它贫，是因为这个大杂院住的都是社会最下层的人，这里的几十户人家，一户户都挤在一间间又黑又破的小屋里，家徒四壁，靠卖力气和小手艺养家糊口，每日朝不保夕。李慧芳家就是其中的一户。

李慧芳祖籍山东武定府，汉八旗人。这山东的汉人怎么成了旗人呢？原来，努尔哈赤进入辽沈地区时掠大量汉人为奴，把他们编入满洲八旗之内，让他们成为家奴或在拖克索（农庄）内从事生产的奴仆，这便是所谓的汉旗人。因此，旗人不尽都是满族人，还有被征服的蒙古族人和被掠的汉族人。不知是李慧芳祖上哪辈人迁徙流落异乡后归属为汉八旗。

李家很穷，到了李慧芳的祖父李兴保这代，家运仍无好转。祖父没有文化，老实巴交，是个靠做木鞋楦为生的穷手艺人，人称"楦头李"。祖母家也很贫寒，嫁到李家后，终日辛劳，为李兴保操持家务，养儿育女。李慧芳的父亲李显臣姐弟四人，他排行第二，上有姐姐，下有妹妹、弟弟。祖父有个穷哥哥，膝下无子，因而，父亲自幼被过继给大爷。据说李显臣长成一条壮汉时，不知被哪路军阀抓了丁，糊里糊涂地当了几天兵，后来受了点伤，不长时间便离开了部队。后来他看到父亲家中生活艰难，弟弟又被父亲送到科班学戏，家中只剩下父亲一个男劳力，不免心生怜意，便又回到父亲家中，为全家谋生助一臂之力。李慧芳的母亲梁氏，也是穷苦人家出身。梁氏早年丧母，家中有父亲和两个兄长、一个姐姐，两个兄长目不识丁，都是黄包车夫。梁氏虽家贫没有文化，但人心灵手巧，又长得高挑端庄，很是讨人喜欢。于是，梁氏在李显臣大爷家做纸花活时便被李显臣的大妈相中。李显臣1890年生人，梁氏1897年生人，梁氏比李显臣小7岁。李显臣身材高大，生得英俊，话不多，老实厚道。梁氏秀外慧中，人善良，很有主见。按中国人传统的眼光看，他们年龄很合适，性情互补，很般配，于是李显臣的大妈就牵线搭桥，介绍梁氏与侄儿李显臣结了婚。李、梁二人"穷穷联合"，可谓是门当户对。入洞房那天，梁氏的一双脚最是引人注目，因为一身

李慧芳的父母亲

旧衣的梁氏只有她脚上那双九成新的绣花鞋颇有一丝新意,但是三天后这双绣花鞋就从梁氏脚上不见了。原来,这双唯一像点儿样的绣花鞋是李家借来为新妇装点门面的。

梁氏26岁时为李家生下了第一个孩子,孩子出生这天正是大暑,这是一年中天气最为炎热的时节,然而李家的气氛却是冰冷异常。孩子长得个头儿不小,高鼻子、鼓脸膛、白皮肤,四肢健全,哭声响亮,但李家没有一点儿添人丁的喜庆热闹气氛。原来,梁氏生下的这个孩子是个女婴。封建的旧中国,讲究延续香火,加之生产力落后需要劳动力,故历来重男轻女。像李家这样一个儿子娶媳妇连一双新鞋都置办不起的穷家,全家人更盼望能生个男孩。与传宗接代相比,他们想得更现实一些,生个男孩就是添了一个壮劳力,增加了干活挣钱的好帮手。显然,刚出生的这个女婴没能满足大人的意愿,她的性别让李氏一家大失所望。垂头丧气的父亲望着祖父铁青的脸,内疚不安,甚至连个正经名字都没心思给孩子起,只给她起了个乳名叫"连弟"。这个乳名叫连弟的女婴就是本书的主人公李慧芳。父亲对她没有别的期盼,唯一指望她能借这个吉利的乳名连带来个弟弟。小慧芳很泼辣,在饥一顿饱一顿的稀汤粗饭喂养下,仍然长得白白净净、细眉大眼、长胳膊长腿的,很招人爱。更让李家可喜的是,小慧芳还真没有辜负"连弟"这个名字,果然在她三四岁时,给李家"带来"了喜庆。"连"来了一个弟弟,父亲便给弟弟起名叫"连顺",意思是盼着这个男孩子顺顺当当成长,李家再顺顺当当地继续添丁。

"天意怜幽草",在缺衣少食、重男轻女的李家,小慧芳这个泼辣的女孩子,反倒长得很结实。小慧芳虽然衣食平平好抚养,但毕竟她要吃饭穿衣,养活一个孩子就给穷家添了一份负担,更何况这时小慧芳和连顺两人都要依靠祖父做鞋楦子吃饭,祖父不能容忍儿子只给这个穷家带来吃饭的嘴,所以,李慧芳小小的年纪,稚嫩的肩膀就帮助家里大人挑起了生活的担子,用那两只本该摆弄玩具的小手拿起砂纸打磨木楦,完成木鞋楦加工的最后一道磨光工序。父亲年轻,又是长子,挑担到集市叫卖鞋楦的体力活儿就由他来干。李家的小手工生产条件和能力都很差,做的鞋楦也属低档产品,这种鞋楦头又是耐用消费品,销路很有限。所以一家老小终日忙活,辛辛苦苦挣来的那点儿钱也只能勉强维持顿顿窝头咸菜都未必能吃饱的水平。

尽情玩耍、尽情欢快、洒满阳光的灿烂童年本该是每个孩子拥有的,但是在那个年代,这种幸福美好只有富家子弟才能拥有,穷人家孩子的童年似乎只有阴霾没有阳光。小慧芳需要帮家里干活,很少出去玩。她没吃过什么好东西,也没玩过什么好玩具,但童年的快乐也不尽苍白。

《 007

1　北京大杂院　贫寒李家人

家里虽穷，祖母却非常疼爱她，平日上街买菜时总爱带上她。祖母常常是把她放到豆汁儿摊那儿，让她在那儿慢慢喝豆汁儿，然后自个儿去买菜，回来时再把她带回家。喝着豆汁儿看大街上人来车往的光景，小慧芳觉得这是很开眼的快乐事。煮熟的像骰子样的玉米面疙瘩，撒上点盐、葱花，在小慧芳眼里是好吃的饭，虽然这种饭总让人胃泛酸，但常常是连这种饭食也吃不上。如果忍饥挨饿的小慧芳能接连几顿吃饱这种饭，她就会有一种获得满足的快乐。每逢过节，没钱买爆竹就把人家没有放响的"小鞭儿"捡来掰开，拿香头去点燃露出的火药，看着火星飞溅，放这种"呲花"，在小慧芳眼里，也是很难得的开心一乐，尽管一年才有一次。一位邻居叔叔带她去厂甸买回的一个彩纸风车，是她唯一的玩具。小慧芳举着它，每当风吹轮动时，她都觉得很开心。小慧芳在好奇中感到了快乐，但这种纸做的玩具又能陪伴她多久呢？唯独每天晚上放下手里的活儿，吃罢晚饭，围坐在祖母、母亲身边，听着父亲拉琴、祖父唱戏，才是小慧芳觉得最最开心的乐事，因为这快乐几乎天天都能享有。

有人说：京戏是中国全民热爱的艺术。这"全民"二字虽概括得不尽准确，但在当时也不无依据。清代同光年间，京戏在宫廷内外大兴，它与慈禧太后的爱戏密不可分，那时候慈禧常常寄情于娱乐，宣召艺人们进宫演戏。据说慈禧直到去世之前还在听谭鑫培唱戏，谭鑫培的戏几乎成了她片刻不离的精神享受。因而她对谭恩宠有加，授予他六品顶戴，允许人们称他为谭贝勒、谭状元、谭大王、谭教主……这正是"上有好者，下必甚焉"。在京剧初创期及发展期，垂帘听政的慈禧太后如此喜爱京剧、宠爱伶人，无疑为京剧的红火提供了条件，以至发展到后来，京剧越发鼎盛辉煌。上至贵族文人，下至黎民百姓，京戏就成了雅俗共赏、贫富均爱的大众娱乐形式。曾记得人们相传着这么一个"老掉牙"的故事：一出京戏散场之后，坐楼下台前第一排的西装豪客与坐最高最后面、三层楼末排的黄包车夫不期而遇，他们会合在同一辆黄包车上。虽然一个坐车一个拉车，嘴里哼着的却是同一样的戏词："店主东带过了黄骠马……"想必这讲的就是发生在那个年代的场景。

小慧芳的祖父和父亲虽是下层苦力，终日为生存奔波劳碌，但丝毫不影响他们成为戏迷。他们父子有个习惯，忙活了一天收工后，全家吃完晚饭洗洗涮涮一结束，祖父就开始唱京戏了，父亲便给祖父拉琴。

李氏父子生活在京剧舞台老生行独领风骚的年代。当时，孙菊仙、谭鑫培、汪桂芬"老生新三杰"的艺术很是风行，被戏迷们誉为"京剧后三杰""京剧小三鼎甲""京剧新三鼎甲""京剧后三鼎甲"……叫法虽不同，但指的都是京剧第二代演员中的这三位杰出的老生演员。其中孙菊仙的戏对他们诱惑最大，影响最深。

孙菊仙是天津人，字菊仙，号宝臣，外号孙一啰、孙一捋儿，晚年用"老乡亲"为艺名。这位清末京剧老生，虽是30岁以后才由票友下海，却造诣极深，大名鼎鼎，声噪京城。孙菊仙有出拿手老戏《朱砂痣》，说的是双州太守韩廷凤战乱失子，后老妻亡故，因无子嗣，另娶江氏，以续烟火。新娘江氏过门，悲泣不已，韩廷凤问起情由，方知江氏因夫贫病交加，不得已卖身救夫。韩廷凤怜悯她，送其返家并赠银百两，夫妻又得团聚。江氏夫妇得知太守求子心切，为了报恩，买了一个孩童送给太守。韩廷凤问起孩童父母情况，并验得孩子左脚上有一颗朱砂痣，才认出这就是13年前因金兵作乱走失的儿子韩遇运。于是，父子又得重逢。或许是善有善报的戏文，或许是直白诙谐的唱词，亦或是汁浓味厚的唱腔……无论怎么看，这出无巧不成书的剧目很是有点儿魅力。孙派唱腔，自然古朴、满溢充盈、饱含情挚，呈浩荡磅礴之态，祖父很喜爱"老乡亲"的这一口。

汪桂芬也常演此剧目，汪善于运用丹田气和脑后音，嗓音高亢浑厚，也深得小慧芳祖父的青睐。祖父有副宽厚透亮的好嗓子,爱唱,每引吭必动情,摇头晃脑地陶醉于其中。所以孙派的古朴苍劲和汪派的雄浑厚重在祖父唱中被糅合得别有一番韵味。小慧芳的父亲很早就学会了拉琴,而且拉得很不错,有板有眼,托腔保调,严丝合缝。父子二人的演唱可谓"珠联璧合"。每逢此时,小慧芳就是祖父最忠实的观众,她在一旁总是瞪大眼睛看着祖父在那里有滋有味地唱,忽而专注凝神听,忽而跟着祖父哼哼唧唧地唱……祖父最爱唱的那段"今夜晚前后厅灯光明亮,我不想年半百又做新郎",小慧芳把它记得滚瓜烂熟,张嘴就能唱,唱得还蛮是那么回事儿。穷人自有穷人乐,贫寒的李家劳累之余就天天如此求个乐和。精神上的快乐或多或少也弥补了一家衣食不足的苦恼。

京城百姓素来好戏,那时候,连街头商铺招徕顾客都用京戏,门头摆放的唱片机喇叭里经常传来一些京剧名伶的唱腔。邻居中的戏迷们哼唱的也都是京戏,有位卖报纸的邻居每见到小慧芳便大喊《乌龙院》阎惜姣那句台词逗乐:"来了,来了,宋大爷。"……长久以往,耳濡目染,小慧芳就慢慢被熏陶得学会了几段唱。她嗓音甜脆,乖巧伶俐,很讨人喜爱,所以邻里间爱唱戏的叔叔大爷都常常喜欢随口教她唱几句,小慧芳的唱也常常得到邻里大人的夸奖,这让她感到非常得意。"有心栽花花不开,无心插柳柳成荫。"虽然小慧芳那时还不能称得上是棵小树,但可算得上是棵根植入了土的唱戏好苗。

这样的日子没过多久,由于小手工生意实在难以维持全家生计,家里常常揭不开锅,所以就在小慧芳5岁这年,祖父终于对父亲发了话:"我养不起你们一家子了,你自谋生路去吧!"一狠心就把小慧芳一家四口"撵"出了家门。其实,并非是祖父刻薄寡恩,实乃家境贫极所迫。

父亲从小被祖父过继给人,与祖父感情上多少还存有一些隔阂,因而听了祖父的"逐客令"后,二话没说,马上带着妻子儿女闷闷离去。

2
天津庆云后　卖唱小女童

　　小慧芳的父亲带着全家流落到了天津，没有任何经济来源，生活更加贫困，码头恶势力排外猖獗，外地人来到此地要想端个"扛大个"（即扛货搬运）的饭碗都很难。父亲本以为到了天津就能维持生计，结果四处碰壁；做小买卖吧，又没本钱，母亲偶尔能找到外出帮佣的活，也挣不了几个钱。这日子过得真是太难了！父亲紧锁双眉，一筹莫展。屋漏偏逢连阴雨，船迟又遇打头风，贫困压身的父亲这时又染上了伤寒，一下子卧床不起，全家无着无落，连饭都吃不上，哪有钱给父亲治病呢？母亲面对雪上加霜的家境，愁苦万分，常常以泪洗面，这一家人今后可怎么活呢？那个社会，穷人号寒啼饥，常被逼得典妻鬻子。父亲万般无奈之下跟母亲商量，想把小慧芳卖给妓院换俩钱，做个小本买卖以维持家计，总不能眼睁睁看着全家饿死啊。旧社会的家庭，男尊女卑，有理无理，妻子一般都要屈从丈夫，小慧芳的家也不例外。父亲虽老实，但不影响他作为男人占据着家庭中的绝对统治地位；母亲虽坚韧，但仍摆脱不了妇女逆来顺受的旧习惯势力。家境窘迫，父母之间少不了磕磕碰碰，母亲为此没少受气。然而，母亲虽居于穷家，没有文化，没有地位，但与生俱来的强烈母爱从不能被任何力量征服。凭着母性的本能，一贯受气的母亲一改常态，对父亲三天两头想卖小慧芳的事始终刚强、倔犟地顶着。在母亲看来，跟父亲过日子可以吃苦受累、忍声吞气，但要把她亲生骨肉卖到火坑里去，她宁愿饿死也绝不松口。母亲勇敢的无声抗争表明了至死不渝的信念，最后，理屈词穷的父亲也只能默默作罢。

天津有个戏园子叫庆云戏院，坐落在南市慎益大街。庆云戏院建于1920年，最初叫庆云茶园，后为落子馆，是妓女清唱的场所。再后来，这里相继改成了电影院、戏院……庆云戏院的后身人称"庆云后"。庆云后有个大杂院，那里常常飘出拉弦吊嗓的声响。原来，那里住着许多戏班的艺人。有人说，在旧社会，艺人这个行当是个社会地位最为低贱的职业，甚至连妓女都不如，属于"下九流"之末流。此言不无道理。这个住满艺人的大院，房屋破旧不堪，环境嘈杂脏乱，房租很便宜，因而走投无路的小慧芳一家四口就住进了这里。那时，母亲要做家务、照顾体弱的父亲，还时而要去当保姆，小慧芳就要天天帮母亲照看弟弟。白天，只要庆云戏院演戏，小慧芳就带着弟弟连顺跑后台看戏。戏院不仅演京戏，有时也演其他剧种和曲艺。与张小仙、小荣福一起被时人誉为河北梆子"青衣四杰"的一代名伶"小香水"和"金刚钻"就在庆云戏院演出过。小香水和金刚钻这姐妹俩，一位工老生，一位工青衣，平日常驻天津卫。当时，她们在庆云戏院的演出很轰动，尤其是享誉盛名的小香水，青衣、老生两门抱：唱老生，响遏行云，沧桑遒劲；唱青衣，悲恸哀婉，凄美感人。那时，小香水在庆云戏院正演《三娘教子》，小慧芳天天带弟弟连顺奔后台看戏。很快，小慧芳就把"天子重英豪，文章教尔曹。万般皆下品，惟有读书高"那段梆子学唱得惟妙惟肖。小慧芳天性大方，不仅蹦蹦跳跳地自己唱着玩，还绘声绘色地学给小香水看，那个灵气样儿，深得小香水的喜爱。小香水慧眼识才，她很想收聪明伶俐的小慧芳为徒；可对小慧芳来说，这梆子唱着玩玩可以，真要让她学艺干这行，小慧芳就不乐意学了。与梆子相比，小慧芳更偏爱京戏，毕竟先入为主，在北京时，祖父播下的京戏种子已在小慧芳的心田里萌发出了幼芽。虽然拒绝了跟小香水学艺，但小香水这个河北梆子红艺人和她那一副生旦竞艳的好嗓子却深深地留在小慧芳那忘不掉的童年往事里。

近水楼台先得月，向阳花木易为春。小慧芳家住在戏园子后院，看戏很是方便，这让小慧芳有了不少接触京戏的机会。小慧芳家的四邻住的都是京戏班子的演员，生、旦、净、丑，琴师，行行都有。唱花脸的郝盛群、董俊峰，拉胡琴的李铁三，唱老旦的谢斌甫，演旦角的谷永来（谷玉兰）以及演丑角的王斌珍和佟春壶等都是小慧芳家的左邻右舍。可别小瞧这些邻居，一个个都来路不浅，身手不凡。郝盛群为京剧名教师王连平的妹夫，幼入富连成社盛字班习艺，工架子花脸，得诸多名师授艺，能戏甚多；谢斌甫、谷永来都是斌庆社科班出身。位于宣武区和平门外大百顺胡同西口路南30号的斌庆社可不一般，它当时是北京著名的京剧科班之一，这是1917年由著名"俞派"武生俞振庭与唱青衣走红而驰名京城舞台的果湘林合作于俞宅院内的科班。此班学生，以"斌""庆""永"三字排名。谢斌甫是"斌"字班学生，谷永来是"永"字班学生。稽古社子弟班是民国天津最大最完备的科班，培养了众多京剧艺术表演人才。丑角儿王斌珍就是天津稽古社科班的老师，曾给张春华等人授艺。董俊峰声腔浑厚悠远，有京剧"净行钟鼎"之称。20世纪20年代，董俊峰在上海滩天蟾大舞台，与老生周信芳、林树森、陈鹤峰，武生盖叫天、高雪樵、杨瑞亭、刘四立，旦角小杨月楼、赵君玉、刘筱衡、黄玉麟，丑角刘斌昆、韩金奎、筱文林、杨善华等梨园英杰同台献艺，文能演唱功繁重的《包公铡判官》，武能演"狞厉"之美的《李七长亭》。他是早期铜锤兼架子花脸前辈伶工，在京剧净行成名先于金少山、郝寿臣、侯喜瑞三大贤，与北方金秀山、裘桂仙同代齐名……由此可见，这庆云后的大院可谓是流派纷呈、名角萃聚的梨园之地。这些京戏艺人除了自己练艺唱戏外，他们闲暇时也常教院里的孩子们唱戏，尤其聪明伶俐的小慧芳，天生胆大，长得也可爱，学什么都快，人见人爱，谁都愿意教教她。所以，小慧芳当时虽没拜师学艺，但就在这里也零星杂碎地接受到了京剧名师的专业启蒙教育，如董俊峰、郝盛群、谢斌甫、谷永来、王斌珍、老生票友张久奎等好多邻居都教过她戏。常言道："近朱者赤，近墨者黑。"在这样浓烈的京剧艺术氛围里，聪明的小慧芳不仅被熏成了小戏迷，日积月累，她还学会了不少娃娃生唱段。小慧芳在愉快的玩耍中，不知不觉地学会了一些唱戏的真本事。

穷艺人的孩子们除了正儿八经去科班学艺的外，其他的耳濡目染也或多或少都会唱几段戏，小伙伴们聚在一起玩儿，常咿咿呀呀唱得很欢快。董俊峰家有个十来岁的小男孩儿，京胡拉得不错。夏日的一天，这个孩子拿着胡琴招呼着院里的小伙伴们去给在海河边纳凉的人唱戏，小慧芳不仅爱唱而且唱得还很好，这样的事儿当然少不了她。那天，小慧芳有模有样地来了一段《乌龙院》宋江唱的："大老爷打鼓退了堂，衙前来了我宋江……"天津是个戏窝子，懂戏的人很多，小慧芳一张嘴，就把看热闹的人给吸引住了，这个小姑娘，稚嫩的童声竟然唱得很挂味儿，围观人顿时一片喝彩。一帮衣衫破旧的小孩，又拉又唱又舞，把一出出戏里的段子演唱得挺出彩，闻声而来听戏的人越来越多，人们就把这些孩子们的唱着玩儿当成了"撂地"唱戏。"撂地"是旧时街头卖艺的一种模式，所以，戏一唱完，纳凉听戏的人们就扔给这些个孩子一些铜板。孩子们原本是来唱着玩儿的，没想到还有了意外的收获。他们高兴极了，呼啦一下围上去，把钱分了。小慧芳竟分到了两毛钱，她兴奋地拿着分到的钱飞也似的一路往家跑去。离家门还很远，小慧芳就高举着拿钱的小手儿，边跑边使劲晃动着大声喊道："妈妈，妈妈，我挣钱啦！"母亲闻声赶紧迎上前来，接过女儿递过来的钱，诧异地看着女儿满是汗渍的小脸儿，小慧芳气喘吁吁地赶紧说："妈妈，这钱是我唱戏分的……"听女儿讲清缘由后，母亲低头看着手里的钱，惊喜交加：这收获太突然，这么小的孩子唱戏居然也可以挣钱啦！家里正愁着揭不开锅呢，在这个节骨眼儿上，两毛钱就能买来棒子面填饱一家人的肚子啦，母亲怎能不高兴呢！这时，站立在那儿良久未动的母亲再次低头看着、摸着被女儿小手攥得湿漉漉热乎乎的两毛钱，一下子就把小慧芳紧紧搂在怀里，眼泪扑簌而下：孩子懂事了，知道挣钱养家啦！一瞬间，小慧芳给母亲那冰凉的心带来了一分暖意，给这个濒于绝境的家带来一线生机。

　　惊喜之余，父亲被这两毛钱的意外收获开了窍，他决意带小慧芳去上街卖唱，于是父母开始筹划卖唱的事儿。母亲低头看看小慧芳那破衣烂衫的样子，犯了愁："孩子这身衣服无论如何也上不了场面啊。"人是衣裳马是鞍，孩子卖唱无论如何要稍微打扮打扮，可是家里一个子儿也没有，怎么办呢？父母合计了半天，最后父亲狠了狠心说："那就借印子钱吧！"这印子钱是高利贷中的一种，放债人以高利发放贷款，本息到期一起计算，借款人必须分次归还，每次归还都要在折子上盖一印记，所以人们就把它叫作"印子钱"。俗话说："印子钱，一还三，利滚利，年年翻；一年借，十年还；几辈子，还不完！"小慧芳的父亲明知印子钱借贷利息很高，但是，没有别的路可走，一咬牙一跺脚，索性借来了6块大洋。母亲拿着钱掂量来掂量去说："用这钱置办一件演唱的衣服吧。"于是买来几尺黑平绒，自己动手，精心给小慧芳缝制了一件

6岁李慧芳的卖唱招牌照

小长袍。父母又带小慧芳去了照相馆,准备拍张照片当卖唱的"招牌"。这是一家人头一次进照相馆,父亲对照相馆老板说明来意后,照相馆的摄影师就为小慧芳设计起来,他看小慧芳这么可爱,就可劲儿给她从头到脚开始打扮。小慧芳穿上小黑袍后,摄影师先是给她戴上一顶缀花的红色小毡帽,戴上了亮色项圈和手镯,然后给她胸前装饰上花色图案,仔细端详后,又在腰间给她配上一条流苏缎带,最后让她手举一束漂亮的绢花。一番精心打扮后,小慧芳往那儿一站,灯光一打,嗬!父母眼前顿时一亮,他们一下子惊呆了:原来自己的女儿竟然是这样可爱、这样漂亮啊!霎时间,这对患难夫妻暂且忘记了身负高利贷的沉重和痛苦,瞅着乖巧伶俐且俊秀的小慧芳,仿佛发现了什么,眼中充满了期待。小慧芳似乎看懂了父母喜悦的眼神,稚气的大眼睛中流露出一丝对美好的渴望。在这期待和渴望中,6岁的小慧芳这个天真可爱的小姑娘就定格在黑白胶片上。从此,小慧芳就开始了正式的卖唱生涯。

卖唱得有个艺名,这艺名一般既要起得俗,独有街头艺人特色,通俗易记,又要俗得响堂,要有个性,夺人耳目。天津有位票友叫赵菊隐,小慧芳曾跟他学过老生戏,他很喜欢这个聪明的小姑娘。据说赵菊隐腹有诗书,父亲便请他给小慧芳起名。赵菊隐思忖一番:唱戏凭借一

016 »

菊苑双葩　慧丽同芳　李慧芳

张嘴说唱谋生,取"言";小慧芳唱老生,应该有男性气质,还要有出息,取"鹏"。所以给她起了个名字叫"李鹏言",这个艺名听起来很通俗、很大气、很有志向,寓意小慧芳的老生演唱艺术能展翅高飞,鹏程万里。名字是不错,然而,小慧芳毕竟太小,卖唱刚起步,翅膀稚嫩,还飞不起来,在天津没有影响,根本挣不到什么钱。有人建议他们父女俩去大连闯闯看,于是挣钱心切的父亲没加考虑,带着小慧芳就直奔了大连。到了大连后,父女俩人生地疏,举步维艰,卖唱不成,连饭都吃不上。贫困之中父亲又患上"霍俐拉",这种病就是霍乱,早期也曾叫"虎烈拉",是由霍乱弧菌所致的烈性肠道传染病,能在数小时内造成腹泻脱水甚至死亡。当时,大连处于日本殖民统治,日本鬼子毫无人性,他们只要发现中国老百姓中的霍乱患者,就会拉出去烧掉,幸亏茶坊里一位好心的服务员把父亲藏了起来,才使父亲免于一死。父亲病好后马上带小慧芳返回天津。可就在这时,母亲得知丈夫带女儿去了大连,细心的母亲一直担心父亲有卖小慧芳的"企图",现在又一连几日不见音信,母亲心急如焚,每日寝食不安,最后实在按捺不住,索性抱着儿子连顺坐船直奔大连。但母亲扑了空,这时,父亲已带着小慧芳回到了天津继续卖唱。

全家回到天津后,卖唱的生活仍然很艰难,但没有其他生路,父亲操琴,女儿演唱,父女俩还得在这条路上硬着头皮往前走。每天傍晚,母亲就忙活着给小慧芳洗干净脸,擦点粉,抹点口红,穿上小黑平绒袍。打扮好后,父亲就夹着胡琴领着小慧芳开始穿梭街巷,进出酒楼,这样卖唱还挣不了几个钱。后来,在人家指点下,父亲就带她去找有听客能多挣点钱的地方,那时去得最多的地方便是那些柳陌花街。那些地方妓院多,父亲和茶房、老鸨交涉好后,拿着卖唱的戏单折子,到房间请客人点戏,小慧芳年幼不懂事,不知道这是什么地方,只记得父亲带她挨个房间赔着笑脸小心翼翼地去问，得到允许后就站在那里唱，父女俩每天忙到半夜才能回家。卖唱虽然很苦，但小慧芳从不怯场，铜铃似的嗓子，非常甜美，很招人喜爱。《三娘教子》的老薛保、《乌龙院》里的宋公明、《朱砂痣》的韩廷凤以及《空城计》的诸葛亮等一路轮番唱去，越唱越好。有些人挺爱听这个俊俏的小老生唱戏，高兴了的还能多给两个钱，所以，一晚上唱下来总还能挣个块儿八角。千辛万苦中为求到这点"乐"，父女俩披星戴月、风雨无阻。小慧芳虽然年幼，但很懂事，她知道挣到钱全家就有饭吃了，所以从不叫苦叫累。一年四季，无论是雨如瓢泼还是雪如鹅毛，每天晚上，在那些街巷里都能看见小慧芳拽着父亲的衣角、迈着两条小腿紧跟着父亲踢踏踢踏地急急往前赶着。深夜中，父女二人又拖着疲惫的脚步缓缓向家挪。寂静的小街上，昏暗的路灯下，一大一小长长的两个身影斜洒在漫长的马路边上……

父亲没文化，寡言少语，人虽老实，但脾气暴躁，辛辛苦苦带着女儿流浪卖唱，家中仍然是吃了上顿没下顿。自打他给老二起了"连顺"的名字后，指望多生几个男孩，给李家添几个干活的帮手。名字也算灵验，夫妻俩接二连三生起了男孩，可就是连而不顺，生一个死一个，一连夭折三个，弟弟们来去匆匆，甚至都没在姐姐小慧芳脑海中留下什么印象。孩子发烧抽风没钱医治，父亲眼睁睁地看着幼小的生命一个个逝去。沮丧的父亲在劳碌困顿、生活无望时经常拿小慧芳出气。自从卖唱后，父亲看到女儿小小的年纪竟然能挣钱养家，帮大人挑起生活的担子，淡漠了许久的怜子之情悄然复苏，他开始心疼年幼的女儿。每天卖唱回家都要路过稻香村和桂顺斋点心铺，父亲必定要去给小慧芳买一碗热乎乎的"熟米饭"和一个香喷喷的茶鸡蛋，父亲从不舍得吃一口。这熟米饭其实就是大米粥，当地人习惯叫它熟米饭。每次捧起碗来，又渴又饿的小慧芳几口就把它喝光；吃这个茶鸡蛋可就慢得不能再慢了，因为这是小慧芳最享受"口福"的时刻。小慧芳拿着鸡蛋从不舍得一下子送到嘴里吃光,每次都要先对着鸡蛋看,然后吃一口看一眼,慢慢、慢慢地抿着小嘴儿、一小口一小口地把它吃完。小慧芳每次就是这样以放慢速度细品来延长享受鸡蛋美味的时间,尽管这样,小慧芳还是总觉得吃不够。不过,小慧芳很懂事,看到父亲只给自己买米粥和鸡蛋,而他自己却从来都不舍得吃一口,所以,她吃不饱、吃不够也从不对父亲说,只是站起来默默地跟着父亲走,低着头悄悄地再咂吧咂吧嘴,贪婪地舔舔拿过鸡蛋的手指,默默地回味着鸡蛋的余香……

父女二人的流浪卖唱就这样苦苦坚持了一年多后,恰好小慧芳家附近的戏院需要一个娃娃生,唱戏的邻居就推荐了相貌俊美、颇有灵气的小慧芳。

1930年,年幼的李慧芳和名伶赵美英在天津劝业场内天华景戏院同台演出的《宦海潮》引起不小的轰动。《宦海潮》是1908年早期话剧艺术家王钟声率春阳社排演的一个新话剧。梅兰芳受其影响对京剧表现当代题材也作了大胆探索,于1915年4月10日,在北京吉祥园上演了根据王钟声的新话剧改编为京剧的时装新戏《宦海潮》。《宦海潮》讲的是这样一个故事:清末水师统帅、湘军首领彭玉麟巡视长江时,湖北总兵郭胜恩见其友余天球之妻霍氏貌美,遂起歹意,假称代余谋官,诓余入都,与霍氏私通;又欲害死余子少云。老仆救少云逃出,路经信阳,冻死山中。余少云不得已复回湖北。余天球归家,失妻及子,向郭胜恩质责,郭仗兵权,棍责余,逐之出境。余天球向两江总督控告,郭又暗派孙、马二师爷追之在舟中将余灌醉,推入江中。余结拜之兄王如海路遇余少云,救之,并教其行乞,私入郭府花园,借歌打动霍氏;霍氏悔悟,和余少云同控于彭玉麟。彭檄调郭胜恩,郭恃兵力不至。彭命水师进围总兵衙门,擒郭胜恩,数其罪杀之,为余天球昭雪。赵美英在《宦海潮》中饰演霍氏，小慧芳饰演余少云，唱娃娃生。那时，旦角赵美英正值当红，她把戏中人物演得入木三分。小慧芳悟性极好，表现上乘，为此戏锦上添花。赵美英出身梨园世家，一代名角，演艺自不必说。而小慧芳没学过戏，此前也从没登过京剧舞台，还是个七八岁的孩子，但她灵性超人，又常年在戏窝里熏陶，一上台就入了戏，表演自然纯真，在霍氏被关"笼"中那场戏中动了真情，哭着念完台词，这出彩的表演让台下观众潸然泪下。顿时，剧场内一片躁动，台下戏迷纷纷为小慧芳叫好，边喊边往台上扔铜板，铜板疾雨般地飞向跪在台上正在表演的小慧芳，捡场的大爷吓坏了，他怕铜板儿把小慧芳的脸打伤，赶紧一边扔垫子给她，一边大声喊着小慧芳："孩子，快！快拿垫子把脸挡上！"台下的热烈气氛很长时间才平静下来，当晚，配角小慧芳的风头甚至盖过了大头牌赵美英。这一次小慧芳在戏台上的出色表现赢得了叔叔大爷们的夸赞："这孩子真会演戏！"小慧芳首次登台，就是一个精彩亮相，来了个开门红，这个"祖师爷赏饭吃"的戏苗子让人过目难忘！从此，天津的许多戏迷记住了童伶小慧芳，小慧芳也永远记住了自己艺术人生的精彩第一幕，记住了选中她上台的梨园前辈、一代京剧名伶赵美英。

从此，一些戏班演《三娘教子》《汾河湾》之类的戏需要娃娃生演薛倚哥、薛丁山时，就常找小慧芳来演。小慧芳胆儿大，去哪儿演也不害怕，而且很会演戏，小小年纪临场不仅能随机应变，而且还能变得很精彩。有一次小慧芳演《汾河湾》中的薛丁山，她边唱边舞，活泼可爱，没想到当她唱到"枪挑鱼儿水上翻"时，一不小心把枪掉到地上，小慧芳灵机一动，不慌不忙，巧做姿态：一看，二瞧，然后从容地把枪捡了起来，愣是让观众没有看出丝毫破绽，反而让人觉得这"掉枪、捡枪、左右顾盼"的身段设计得既合理也漂亮。小慧芳就这样自作主张，轻松"蒙混过关"，后台的叔叔大爷看了，都夸她"这个孩子真有灵气儿"！7岁的小慧芳几次精彩的表现就把她的演戏天分展露出来了，梨园行中的许多演员预言："这孩子将来必定成角儿！"

小慧芳这块未琢璞玉其不凡的艺术潜质并非无人识得。喜连成科班出身、曾先后得罗燕臣、杨万清、姚增禄、丁俊、茹莱卿等亲授真传的京剧教师王连平从北京来天津看望妹妹，郝盛群是王连平的妹夫，而郝盛群恰好与小慧芳家住隔壁，小慧芳在家中、走廊里的随意演唱被慧眼识珠的王连平看到眼里，爱在心中。王连平识才，他很喜欢这个有灵性、有悟性的小女孩，他断言："这孩子将来非成好角儿不可！"并胸有成竹地向小慧芳的父母提议："把孩子交给我，我带她到北京去学习京剧，写个字据，不过几年，我不保她成头路角儿也准保她成二路角儿。"王连平在北京有个唱戏的朋友姓李，他的孩子是唱旦角的，小慧芳唱老生，如果收了小慧芳，恰好可以和他的孩子配戏。王连平觉得这是个一举两得的事儿，既解决了小慧芳学艺，又给朋友帮了找人配戏的忙。王连平说的"写个字据"就是准备把小慧芳"写给"这家，也就是要介绍小慧芳去做卖身学艺的"手把徒弟"。这种学艺是要签"卖身契"的，学艺时间一般比较长，几年不等，而且学艺三年后才能开始多多少少贴补家里几个钱。可是，小慧芳一天不卖唱全家就没饭吃，更何况三年呢。如果小慧芳去了北京学艺就等于断了一家人的生路啊。李家婉拒了王连平的好心，王连平虽然识才却救不了贫，爱莫能助，只得抱憾离去；小慧芳也只能眼巴巴望着王老师远去的背影，无可奈何。"唉！穷，就是因为穷，失去了一次拜师学戏的良机。"多少年后的李慧芳每回想起来当年这个情景仍然还带有几分遗憾。其实，那时小慧芳年幼无知，爱唱爱跳只是小慧芳的天性使然，生在一个没有文化的穷人家里，她不懂什么叫艺术，也不懂得什么是深造，她之所以不怕苦累地学唱卖艺、想跟老师多学点唱戏的本事，完全源于她那颗幼小的懂事的心，她把养家糊口和唱戏学艺紧紧连在了一起。在她看来，失去一次学艺的机会就是失去了让家人吃饱饭的大好机会，她为此而十分惋惜。就这样，"学戏卖唱，挣钱养家"的信念在李慧芳幼小的心中深深扎下了根。

　　小慧芳，这棵孤零零的小小芳草生于瘠薄干涸之地，风吹日晒，不倒不蔫，直挺挺、绿莹莹，煞是惹人爱怜。两年后，小慧芳个子长高了，戏艺见长了，左邻右舍唱戏的叔叔阿姨们都非常喜欢她，大家纷纷劝导小慧芳的父母："孩子大了，不适合再卖唱了，应该让她去北京学大戏了。""你们还是及早带她去北京学艺吧，别把孩子的前途耽误咯。"其实，父母何尝不想让女儿去学本事，但是没有钱交学费啊。最后，父亲在大家的善意催促下，举家返回北京，在万般无奈之中放下了脸面，再度去向祖父求援。

3

拜师学须生　搭班跑码头

唱戏的演员，在旧中国被贬称为"戏子"。"戏子"在中国古代封建社会叫"伶仃"，是专门供达官贵人娱乐消遣之用的人，所以社会地位极其低下。戏子和妓女都归属下九流，就是说，戏子的地位和妓女的地位没什么本质的区别。因此，富人家的孩子不学戏，只有无依无靠的穷人家才舍得让自己的孩子去学艺唱戏，为的是有口饭吃。旧社会学艺的孩子，一般不是师承就是家传，然而，李慧芳这个贫民窟大杂院长大的孩子问津京剧却是在祖父的熏陶和主张下开始的。

李慧芳的祖父李兴保喜爱京剧，也乐意让家里人学戏，出于爱好唱戏和唱戏挣钱二者兼而有之的想法，二儿子李三秀就是在他主张下被送到北京正乐社科班学戏唱小生的。这次小慧芳为学戏回京向祖父求助，祖父非常痛快地答应下来，欣然接纳她一家四口和自己住在一起，并力主小慧芳定要拜师，正儿八经地求艺。可以说，小慧芳的开蒙老师实际就是自家这位昼做鞋楦、夜唱京戏的戏迷祖父。现在她拜师学戏，祖父动了真格的——出钱，除答应尽力从嘴里省出点钱来为她交纳学费外，还亲自张罗拜师之事：小慧芳的大姨夫是丑角赵春锦的哥哥，祖父就求赵春锦，请他给小慧芳找位师父拜师学戏。通过赵春锦的介绍，1931年，

8岁的李慧芳正式拜了老玉成班出科的李玉龙为师，开始学习老生戏。

据史料记载，在光绪初年的时候，北京有27个戏班，昆曲班占五六个，梆子班有四五个，皮黄班当时没有剧种的名称，还不具"之最"的地位，仅有五六个。后来渐渐地到了光绪末年，真正的皮黄班才统治了整个北京。田际云是河北梆子班里的名演员，少年时先后学了河北梆子和京剧，后来他把河北梆子班跟皮黄班合流，创皮黄与河北梆子同台的演出方式。戏曲界称这种不同剧种的演员同演一出戏的形式为"两下锅"。当时这种"两下锅"的戏班很多，不仅有梆子和皮黄，也夹杂着昆腔。清末最著名的一个戏科班叫"小玉成班"，就是田际云创办的，李玉龙就坐科在这里，因而他梆子、皮黄、昆曲无所不能。李玉龙出科后，虽演戏不是太多，但一直在断断续续教戏，也小有名气。李玉龙教戏，有时候在家教，有时候在科班里教。20世纪30年代中后期，北京南横街文林社改为宝兴社时，李玉龙就曾在那里教过不少学生。

李玉龙主要是教刘鸿声"刘派"老生戏，如《辕门斩子》《斩黄袍》《太白醉写》《金马门》等。刘鸿声是清末民初著名京剧演员，他的唱腔体系形成略晚于孙菊仙、谭鑫培、汪桂芬等，盛行于民国初年，刘鸿声依自己的嗓音条件，以张二奎的"奎派"唱腔为基础，吸收谭、汪各派老生的唱法，变化融会而成。他嗓音高亢激昂，唱腔流畅峭拔，唱工独具特色，世人称其唱法为"刘派"。

小慧芳拜李玉龙学戏，需每天到李玉龙家里去学。时年李玉龙五十开外，已经很少收徒，李玉龙是看在赵春锦的面子上才收下了小慧芳，每月学费是6块大洋。小慧芳的家穷，祖父能拿出这些相对低廉的学费让她跟这样的老师学艺，小慧芳的父母也感到非常知足。当时，全家人都怀有一个念头：小慧芳是能给这个一贫如洗的家带来幸福吉祥的"灵物"。

母亲又有了身孕，家里又要添吃饭的嘴了。于是，母亲更是急于盼女成凤。她不顾辛苦，除操持一家缝补浆洗，还要拖着笨重的身子去陪小慧芳学艺。每日，不管天气如何，母亲都要带着她从崇文门花市大街急匆匆地步行出发，穿大街过小巷，连跑带颠直奔北京前门外冰窖厂1号李玉龙的家。这么远的路，到了师父家，小慧芳片刻也不能歇，马上进门先到北屋自己去练脚步，来来回回不停地走一个多钟头，接着就开始学唱。师父李玉龙是个古板、封建的旧式人物，身着中式长袍，小慧芳无论何时看他，他黑瘦的脸上都毫无表情。教戏时，他始终板着脸，话不多，从来不说和戏无关的话。每天，小慧芳走完脚步就默默地来到师父面前，先背学过的旧戏词，再听师父说新戏词，每次说戏时间为三刻钟左右。师父一般是端坐着授艺说戏，几乎没有站立起来示范过动作，师父口传的东西全凭小慧芳听了以后自己用心去悟。小慧芳学艺，师父从不准许母亲进入，母亲只能在外面等候。后来，小慧芳认路了，母亲身子也愈发不便，就不再陪她去了。小慧芳自个儿去学戏，总怕迟到，所以，每次都早早地去。去早了，就蹦蹦跳跳地跑到冰窖厂去玩，很开心地看人家拉冰。小慧芳从小就表现出守信、乐观、闯势的性格。就在这年年底，母亲又为小慧芳添了一个妹妹，这个妹妹就是后来的李丽芳，李丽芳小李慧芳8岁，是父母生的第六个孩子，也是李家的第二个女孩，和李慧芳同样，也出生在北京花市大街大杂院里祖父家中。丽芳的出生不但没有给李家带来一点喜庆，反而又添了烦恼。多了一个吃饭的累赘，家里负担又加重了，小慧芳学戏也更努力啦。

　　旧社会学戏，师徒都没文化，全凭口传心授。没有点灵性、没有点毅力的孩子很难学成。小慧芳脑瓜聪明，很懂事，又肯用功，所以学习日见长进。她每天在师父家学完戏，回家的路上也不闲着，边走边背戏词。回到家后，嘴里还忙活着继续背。早晨一睁眼，小嘴儿就开始嘟囔,还是背戏词。小慧芳一心只想:我背会学好,全家人就能吃饱饭啦。这个念头驱使着小慧芳,使她从来不想玩;即便想玩,她也没有玩的工夫。小慧芳本来就聪明,又如此用功,所以老师头天教的,往往在第二天她就能背下来了。小慧芳接受能力如此之强,让李玉龙感到很满意。小慧芳跟李玉龙学的第一出戏是《太白醉写》,紧接着又学了《朱砂痣》。《太白醉写》里的"杏花村好一似琼林赴宴,勒住了龙驹马醉眼斜观。唐天子因甚事将我召选?杨国忠、高力士可在殿前?"和《朱砂痣》中"今夜晚前后厅灯光明亮,我不想年半百又做新郎"这些唱段小慧芳常听祖父唱,已烂熟于心。因而师父教的戏,小慧芳昼学夜诵,加之祖父早就对她有潜移默化的熏陶,所以仅一两个月时间她就学会了五六出戏:《太白醉写》《朱砂痣》《黄金台》《空城计》《举鼎观画》等。李玉龙高兴地说:"你怎么学得这么快啊?我教不了你啦。"当然,以李玉龙的造诣教小慧芳毫无问题,这仅仅是师父欣赏徒弟的一句高兴话,也表明,这个学习进度在像小慧芳这般大小的孩子中确实是不多见的。

小慧芳正式拜师李玉龙学戏后不久,遇到一次登台演戏的机会,这是她拜师正式学艺后的首次登台,在哪儿亮相?就在哈尔飞!哈尔飞是个什么戏园子?

1928年张作霖命断于皇姑屯后,奉系势力败离北京,从此,位于北京西单旧刑部街的奉天会馆便一蹶不振。在这雕梁画栋的奉天会馆中,张氏父子辟出"戏台院"一处,盛邀过不少名角在此唱过堂会戏,那可都是一台台名角荟聚、演艺斐然的堂会戏。曾几何时,戏台院一度歌舞升平,风光熠熠。或许因为当年奉天会馆戏台院的灯光浮影、粉墨丝竹给人们留下了太深的记忆,使精明能干的吉祥戏院经理郝锦川以果敢的魄力再添枭雄之勇。1930年,他租下奉天会馆东院,只保留了戏台,毅然决然地拆除了其他所有建筑,在原址上建起一座占地面积400平米的建筑，有上下两层观众席，并建成了京城首个半圆形戏曲舞台，舞台和观众席全部使用电灯照明，含有上乘服务设施，其规模在当时堪称一流，声震京城。据说给剧院命名时，取幸福欢乐之意用了英文 HAPPY，但被人拟写广告词时误写成 HAIPY，音译就由"哈培"变为"哈尔飞"，剧场便因此被称为"哈尔飞大戏院"。

1930 年 9 月 14 日下午 3 时，哈尔飞大戏院开幕了，梅兰芳到会致辞，首演为新艳秋的《女起解》、杨宝森的《打渔杀家》、刘宗杨的《恶虎村》。因哈尔飞大戏院是当时京城设施最为先进的戏院，又是当时京城整个西部地区唯一的戏院，所以这段时间内也就成为北京最为火爆的戏院之一。哈尔飞主要演出京剧，许多京剧名家如马连良、周信芳、梅兰芳、杨小楼、程砚秋、尚小云、荀慧生、高庆奎、李多奎等都在哈尔飞有过或长或短的演出。

一个初出茅庐的童伶能在如此富丽堂皇、声名显赫的哈尔飞大戏院的舞台上粉墨登场，可见当时有多么风光！

哈尔飞大戏院的这场演出是票友筹办的一场较为隆重的京戏晚会，其中就邀来了 9 岁的李慧芳演唱《空城计》。看到小慧芳要演戏，祖父别提多高兴了，不仅出钱租行头，还忙前忙后张罗着孙女的演出琐事。毕竟这是小慧芳头一次登台唱主角，而且又是在这样的大戏院里，演出那天，祖父早早地来到哈尔飞剧场，怀着既喜悦又紧张的复杂心情坐在那里期待着小慧芳的演出。小慧芳很有个性，生来胆大泼辣，上台从来不知害怕，虽然这是初次正式登台唱主角，但她权没当回事儿，还是像平时和小伙伴们一起唱着玩儿一样。走上台来一看，台下那么多人在看自己演戏，别提多高兴啦！一种强烈的表演欲立即让她兴奋地进入戏中，放开嗓子愉快地演唱起来。一个不到 10 岁的小女孩，身穿八卦衣，手摇鹅毛扇，一副小铜钟般的嗓子，颇有韵味地把诸葛亮演唱得沉稳潇洒；观众大为欣赏，不断给她喝彩。台下观众一叫好，台上小慧芳更添一分劲儿，生就的一副好嗓子便更显松弛自如、宽亮透彻，她字正腔圆，有模有样，频频出彩！其实，《空城计》这出戏小慧芳早在拜师前就在造诣颇深的票友赵菊隐那里学会了，拜师后又经李玉龙授艺点拨，所以演起来驾轻就熟、得心应手。

　　随着小慧芳有滋有味的唱念和少年老成的表演，人们对这个大大方方的小女老生更添几分喜爱，掌声喝彩声不断，戏院里的气氛越来越热烈。这热闹的场面让坐在台下的祖父看在眼里喜在心中。痴爱了多年京戏的祖父此刻再也难掩激动，他顿时觉得为供孙女学戏节衣缩食很值，含辛茹苦终有回报了。祖父边看孙女演戏边听着台下的喝彩，先前的忐忑不安早已烟消云散，他禁不住抬起头来瞪大眼睛深深地环顾了哈尔飞大戏院一圈，又眯上眼睛轻轻捋着胡子鞭然而笑。继而，祖父随着台上小慧芳惟妙惟肖的演唱，晃头击掌，陶然自得……

　　这出《空城计》有了小老生，又找来一个同年龄的大花脸，这个大花脸叫姜凤山，就是日后成为梅兰芳专职琴师的姜凤山。9岁的小凤山当时并不是学琴的，因嗓音失声改学京胡那是他19岁后的事了。小凤山7岁开始学戏，曾拜李福庆为师，学到一年左右时，李福庆不幸病故，小凤山又拜侯喜瑞的高徒关鸿宾和张鑫奎为师，工铜锤和架子花脸。刚刚学了两年戏的小凤山刚好和小慧芳同龄，能得到这样一个正式上台锻炼的机会也是十分难得。所以，小凤山很高兴，上了台非常卖力，一招一式都很规矩到位。别看司马懿在戏里只是个配角，但被小凤山这么绘声绘色一演，也为这出《空城计》增色不少。童伶本来颇有观众缘，童伶联袂，那更不必说，自然大受观众欢迎。这天晚上，小慧芳首次主演《空城计》大告成功。

　　小慧芳走向唱戏之路多亏祖父鼎力相助，遗憾的是，这次小慧芳

耄耋之年的李慧芳、姜凤山

跟李玉龙学艺只维持了3个月左右，因为祖父实在从全家人嘴里挤不出每月6块大洋的学费来。无奈，还是因为穷，跟李玉龙学艺只能到此为止了。后来，小慧芳又跟另一位老师学戏，这位老师就是她的叔叔李三秀。李三秀坐科于北京三乐班（后改名正乐社），唱小生，和沈三玉、韦三奎、尚三锡（尚小云）是同学。据说李三秀唱戏是好样的，但后来李三秀因一只眼睛失明抽上了大烟，身体越来越差，不能再登台演戏，又无事可做，最后穷困潦倒，连媳妇和两个女儿也养活不起。叔叔虽是科班出身，但落魄到这个地步，穷祖父也容纳不了这个带着全家来吃闲饭的穷叔叔。所以，请叔叔上门来教小慧芳戏，祖父没钱，只能勉强管叔叔吃顿饭。小慧芳跟自己的叔叔学戏倒是方便了许多，叔叔一般是到花市大街祖父家来教她。毕竟是一家人，叔叔教得耐心，小慧芳学得用心。在这段时间里，小慧芳跟叔叔学了出以生角为主的大戏——全本的

3 拜师学须生 搭班跑码头

《伍子胥》(战樊城·长亭会·文昭关·浣纱记·鱼藏剑),收获不小。后来,父亲一直找不到活干,家里没有生活来源,祖父无力养活他们,因而再度把小慧芳一家逐出了家门。没有办法,父亲带着一家人又重返天津,小慧芳跟叔叔学戏的日子也就此结束了。

小慧芳虽然两次跟师学艺的时间都很短暂,但她聪明勤奋,戏艺仍很有长进,那时小慧芳凭学会的本事已经可以跟着人家跑塘沽等地搭班唱戏了。小慧芳在塘沽跟旦角孙君萍一起唱戏,但因为年龄小,资历浅,只能当配角,挣的钱也少得可怜,一家人还是不得温饱。1935年,南京四明茶楼的老板找上门来,打算邀小慧芳到他的茶楼去唱戏。当时,南京有一种演出形式特殊、规模较小的戏园,俗称"戏茶厅"。这里一般以演唱京剧为主,兼唱地方戏,以清唱为主,彩唱为辅。演员虽为清一色的女性,但她们中的一些人也能根据戏中行当的需要反串生、净,以招徕顾客。因而这些茶楼老板也留意"物美价廉"的年少女艺人,南京茶楼的这位老板就是在物色这样的演员时,经人介绍相中了有一副好嗓子的小慧芳。此时,李家也正愁生计。小慧芳的大弟弟连顺发烧抽风,与他后面那三个弟弟一样,没能逃脱死亡的命运,家里只剩下小慧芳和小丽芳。于是,一家四口,便从天津去了南京。李慧芳这时已经12岁了,个子长高许多,变成了大孩子。

李慧芳一家到了南京,居无定所,全靠小慧芳一人在茶楼卖唱艰难度日。后来在茶楼老板的指荐下,终于找到了一个固定的住处。这是南京一处叫"东水关"的地方,南京人一般称这为"东关闸",作为地名,人们更习惯于叫它"东关头"。这里有一千多年的历史,曾经是古秦淮重要的交通枢纽,是秦淮河流入南京城的入口。说起旧时东关头,老南京有句歇后语:东关头的叫花子——成堆。所以,一提起"东关头"这三个字,上了年岁的老南京人便马上会联想起另外三个字——"叫花子",似乎"东关头"就是"叫花子"的代名词。这也难怪,民国时期,城南一带的叫花子,白天在夫子庙行乞,晚上就在东关头的城墙洞里栖身。茶楼老板建议李慧芳一家住在东关头,李家人没有因此而反感。对四处流浪的李家来说,非但不挑三拣四,反而觉得几分幸运,不管怎么说,这里总算是个"家"了。再者说,家里没钱,也只能住在这样的贫民窟里。东关头也有让李家舒心的地方,这个地方水域充沛,家后边就有条小河沟,水清洌洌的,淘米、洗菜、洗衣都很方便,一家人安居于此也感到很知足。

少女时代的李慧芳

李慧芳每天晚上就在这个叫"四明茶楼"的地方唱戏,当时在南京四明茶楼里唱戏有三种形式:"清唱",就是除了唱戏,对卖唱者没有任何附加条件;"点戏",点戏的客人需要加钱,加的钱都归卖唱者,但客人点了你的戏,你唱完要作陪,就是陪客人喝茶聊天;还有一种叫"出条子",出条子就是妓女出外陪嫖客饮酒作乐,在这里是指卖唱者唱完戏后,要陪客人去酒楼,和妓女身份差不太多。有少数女艺人为生活所迫既卖艺又卖身。小慧芳的父母很有骨气,他们宁可少赚钱,也不让女儿干卖唱以外的营生。父亲很干脆地对茶楼老板说:"我女儿只上台清唱,其他都不要。"从此,在四明

031

3 拜师学须生 搭班跑码头

茶楼舞台上出现了一位身着黑色短袖香云纱大褂的女老生,每次都是由她唱大轴,虽然那时黄包车夫也常穿这种黑色香云纱衣服,但这种"穷人衣料"做的大褂穿在这位女老生身上却使她显得苗条白皙、秀美端庄。而且这位朴素的女老生人虽年少,唱腔却苍劲古朴,激越跌宕,时而婉转,时而悲凉,颇有几分味道,很能打动人,所以每场的演唱都挺受欢迎,常引起不小的轰动。很快,许多人都知道了这个漂亮的女老生叫李鹏言。

慧芳的父母都很封建,慧芳也很保守。她初到南方时,穿短袖衫总是下意识地用手抱着自己露出的胳膊走路。在茶楼唱戏,每每唱完,立即跟父亲离开茶楼回家。李慧芳年少貌美,唱得也好,初到南京,便有风光,引起不少行内外人的垂顾。当时,慧芳挣的钱已经可以使全家生活稍有改善了。李家有了栖身之处,李慧芳也有唱戏挣钱的地方了,可谓喜上加喜,贫苦的李家似乎出现转运的兆头。

慧芳的演唱开始崭露头角,这时,慧芳的父亲认识了厉家班的班主厉彦芝。厉老板可不一般,他是京剧琴师,懂教育。少年时曾拜清朝后期京剧名丑罗巧福次子罗福山为师习老旦兼习京胡,并登台演出。数年后倒仓不利便拜董凤年为师专习京胡,为许多专业或业余的演员吊嗓。名声渐噪后,20岁左右南下上海,曾为幼年的李万春吊嗓,又被京剧名净金秀山之子金少山相中并为其操琴。20世纪30年代厉彦芝在上海更新舞台参与演出连台本戏《西游记》。1936年在上海成立了厉家班,率领他的孩子们等一班童伶演出于江南一带。厉彦芝很有眼光,他看了少年李慧芳的演唱,对李慧芳的潜质很是赏识,他打算收李慧芳为徒,吸纳她进厉家班。可是,李慧芳一走,家里就要断粮,刚有了转机的家又没了依靠,左思右想,终归还是因为家贫,父亲谢绝了厉老板的诚邀。穷,又一次断送了李慧芳学艺深造的机会,这也是让李慧芳在拜师学艺上终生感到的第二次遗憾。

1937年，七七事变的爆发彻底改变了中国的命运。皮之不存，毛将焉附？国运衰败，家运必随之恶化，李慧芳的命运急剧逆转，她在南京四明茶楼唱戏的营生再也难以维持下去了。1937年8月14日午间，南京城防空警报骤然而起。十多架日军重轰炸机飞临南京上空，开始疯狂投弹，从这一天开始，日军对南京实行残酷野蛮的狂轰滥炸。空袭频频而至，尖厉长啸的空袭警报不绝于耳，南京民众一日数惊，整个南京城一片焦灼混乱。面对残垣断壁、血肉横飞的恐怖气氛，李慧芳一家惊魂失魄，心急火燎地欲逃难到内地，但又因于无钱作盘缠，只能整天躲避在防空壕里。日本侵略军占领南京后，烧杀掠抢，无恶不作，于是父亲还是决心要想方设法带领全家坐船逃离南京。好不容易凑齐了路费，那天，父亲买好了最低等的统舱票。这是轮船底层的大舱，一般有数十人甚至上百的穷人挤在里面，环境十分恶劣。穷人逃命，哪管得了这些。父亲和慧芳肩扛行李臂挎包裹，怀有身孕的母亲也一手拎着大包袱一手领着小丽芳，全家四口仓皇来到港口码头准备登船。这时，船舱不开门，人山人海，拥挤不堪，父亲决定先爬上船，然后再把孩子们一个个拽上去，没想到，父亲刚爬到船上，空袭警报就响了，船立刻离岸开走，全家四口只有父亲一人在船上。尖啸的警报声给这原本就紧张的气氛陡增了一份

茶楼卖唱的少女李慧芳

莫名的恐怖，顿时，岸上的人呼号奔逃，乱作一团。船上，父亲心急如焚，万般无奈，跺着脚，目不转睛地搜寻着留在岸上的妻子女儿；岸上，母亲惊恐万分，一手拉着小丽芳，一边还要不停地招呼着14岁的慧芳，在摩肩擦踵的人流中被挤得跌跌撞撞。小丽芳身高还不到大人的腰间，黑压压的人群把头顶上遮挡得严严实实，她憋得喘不过气来，惊吓之中，她使劲地拽着母亲的衣衫，不住地哭喊着："妈妈，妈妈，我受不了啦！"瘦小的身子不由己地被挤来挤去。过了好一会儿，空袭警报解除了，紧张的气氛总算松弛了一些，她们准备乘坐的那艘船又开了回来，父亲赶紧下船找到被挤得晕头转向的妻子女儿，看到她们母子三人惊魂未定、疲惫不堪的样子，一气之下，拉着两个女儿愤愤地说："我们不走了！"

1937年11月，南京中英文教基金会的总干事、金陵大学校董会的董事长杭立武约集了美国、英国、德国等二十多位外籍人士，设立了南京难民区，容纳妇女和儿童。根据国际惯例，日本兵不准进入难民区。这时，许多平民涌入难民区，慧芳全家也躲到了这里。最初拥入难民区的还有一些从上海等地退出来的国民党士兵，他们来这里以求安全。管理难民区的外国人觉得这些士兵已经解除武装了，应该算是平民了，所以予以保护，准许他们进入难民区。12月13日，日军进占南京城，对南京肆无忌惮地扫荡，他们四处追杀中国人，到处回响着枪声。杀红了眼的日本兵无视国际惯例，并未遵守与国际委员会的约定，就借搜查为名，强行闯入难民区抢劫财物、奸淫妇女，枪杀中国人。在难民区，日本兵兽性大发，疯狂至极地四处抓"花姑娘"。一次，慧芳和一个姓刘的唱戏女孩子遭到日本兵的追扰，慧芳机智地跑入一个防空洞，洞里黑乎乎的什么也看不清，那个日本兵又不熟悉洞里的道路，李慧芳才得以脱险。这次险遇，提醒了慧芳的父母，慧芳的身高近一米七了，父母为了女儿的安全,就把慧芳从头到脚都换了样:秀发变成男式短发,苗条的身材包裹在父亲肥大的衣服里,守着外人绝不开口说话,俨然一个标准的男孩子,妹妹也开始改口叫慧芳"大阿哥"。

当时在大江以南的城市,能见到北方人很稀罕。这时,李慧芳的父亲认识了一位北方籍警察。在这战乱的世道中,偌大的南京城里,难得老乡见老乡,不由两眼泪水涟涟。父亲和这位警察心怀乡情,成了朋友,彼此常有来往。南京当时混乱不堪,难民区也不安全,李慧芳一家无路可走,这位老乡警察就引荐父亲认识了当时南京的难民区办事处的德国人斯派林。斯派林是个中国通,他的夫人是中国人,斯派林对中国的文化也很感兴趣,而且特别喜欢京剧,他听说慧芳会唱京剧,就把李慧芳一家和武生刘金汉一家都接到他在大方巷21号的办事处,安顿他们在楼里住下。这是一处很讲究的洋房,斯派林全家和办事处人员住一楼二楼,李家和刘家两家人就被安排住在三楼一个很大的房间里,虽然睡在地板上,但是在当时的情况下,这样的居住条件已经是相当不错的了,最重要的是可以避开日本兵的魔爪。在避难的日子里,李、刘两家哪里也不敢去,他们心情烦乱但很有空闲,李慧芳和刘金汉的儿子武生刘俊文便常常给斯派林唱戏,斯派林一家也很高兴地欣赏。

与斯派林友好相处的日子丝毫改变不了父亲李显臣的悲痛心情,他无论如何也忘不掉那血腥凄惨的一幕:一"长串"的无辜中国人被日军押着,这些装束不同的男女老少,他们的臂膀都被绳索绑在一起,走着走着,突然就被日本人的机关枪一阵猛烈扫射,横七竖八地倒在地上。眼看着那一个个活生生的人顿时抽搐蜷缩变成血肉横飞的尸体,四溅的血水染红了旁边那条河水……这个老实的中年汉子默默捏紧了拳头,心里流下了悲愤惊恐的泪水,一种从未有过的刺痛久久地折磨着他。他闷闷不解,中国人怎么就这样轻而易举地被日本人枪杀了呢?

1938年1月16日，李家又出生了一个男孩，这是老七，李家多年盼男孩子，生了四个却没有一个能活下来，这是他们生的第五个男孩子，战乱中的父亲更盼望他能无灾无祸，健壮成长，因这孩子属牛，故而父亲给他起了个乳名叫铁牛。几个月后，李慧芳一家终于熬过了那段最恐怖的时光。局势稍有趋缓，李慧芳一家和刘金汉一家便告别了斯派林，李慧芳随之便搭上刘金汉当班主的戏班子开始跑起了码头。

旧中国千疮百孔，陋习衍生。清末，境内有抽大烟的，民国和日伪时期，各地有吸"白面儿"的，但这些瘾君子多是豪绅和富家子弟，吸毒成瘾，导致倾家荡产。或成匪盗，或瘐病而死。小慧芳和父亲随刘金汉的戏班去芜湖唱戏，在芜湖，父亲患上了"瘩背"，所谓"瘩背"就是后背上长的成片的疖子，即生于背部之痈疮，中医称生在背部的痈为"瘩背"。痈是多个相邻的毛囊及其所属皮脂腺的急性化脓性感染，致病菌多为金黄色葡萄球菌，需要用抗生素治疗。但那

"男孩"李慧芳

时，落后愚昧，科学不普及，老百姓医学知识匮乏，没有文化的父亲更是无知，为了医治身上的"瘩背"，他轻信了别人的建议而吸上了大烟，还真见效，吸上几口大烟，就能缓解一会儿疼痛。但令父亲万万想不到的是：解除了短痛，长痛却随之而来。

据史料记载，大约从20世纪20年代起，北京开始有私卖大烟的，卖主一般自行熬制，还要在烟土中掺"料子"，也就是掺假，来牟取暴利。卖大烟的需仰仗警察的包庇，才敢开灯供客。那时候卖大烟泡，每个售铜钱20枚。到了30年代，每个烟泡售大洋一元。相比之下，白面儿要比大烟便宜，30年代一至二角钱可买一小包，后来涨到一元大洋才能买一挖耳勺。李慧芳家那时虽不在北京，但南方的大烟行市也和北京一样，吸大烟不仅贵而且也不方便，父亲后来改吸白面儿烟卷，最后又改用锡纸吸白面儿。一般的人沾上大烟后，不出三个月便会将家产当卖一空，家境富裕的最终也会一贫如洗，因而人们把大烟和白面儿形象地称为黑白两把杀人刀。那时，白面儿房子大都挨着当铺，开白面儿房子和开当铺的老板一般同为一个人。如此"配套"开法，主要是为了方便瘾君子筹备毒资。这里的当铺什么都能押，穿的、戴的、偷的、抢的，押到这儿就可以换白面儿抽。

李家这样的贫穷人家，父亲吸上白面儿，犹如雪上加霜，这一下慧芳家原本的穷日子更难以为继。父亲毒瘾难耐时，常常拿东西去当。那时，慧芳常常看见父亲逮着什么就往外拿什么，母亲就拼命追着往回抢，父母二人常常为了一个包袱，夺来抢去，扭成一团……后来，穷家实在没什么可变卖的了，这个长着封建脑袋的父亲被毒瘾害得脑筋也发生了畸变，他看到在灯红酒绿的南方，女孩子换钱比较容易，于是一改往日的尊严，邪念丛生，又重起了把慧芳卖入妓院的念头。但是，父亲的想法遭到母亲断然反对。慧芳自卖唱成为家里的"财源"后，父亲就没有再打过她，但在毒瘾难耐的折磨下，烦躁不堪的父亲常常失去理智。一次，父亲竟然操刀追撵李慧芳，逼她去当姨太太换钱。李慧芳唱戏小有名气后，常有当官的想请李慧芳吃饭，但都遭到李慧芳和家人的拒绝，但此时，再遇有当官请吃饭的事，这个一直保护女儿的父亲则一反常态，总是逼迫女儿去……由于李慧芳和母亲的坚决抵抗，父亲屡屡不能得逞。从那时起，慧芳的心目中开始对父亲添了许多反感，同时又有怜悯杂糅，眼看父亲每次犯了烟瘾的惨样，李慧芳看了都很揪心。父亲被大烟害得如此可怜，李慧芳没有别的办法，坚决不卖身的她只能拼命地唱戏挣钱，以填补父亲吸大烟这个无底洞。

在黑暗贫穷的世道中，少年李慧芳虽身为卖唱的弱女子，但她秉性刚烈，洁身自好，在母亲的尽心庇护下，仓廪不实仍知礼节，衣食不足亦知荣辱，始终固守着女性的尊严，不屈不挠地挺着、活着，为养家糊口卖唱奔波……

4

辗转江南岸　艺海苦历练

李家处在日军侵略的重灾区，难寻安宁，这时李慧芳的父亲只有一个念头，想方设法要带着一家人逃回天津。可当时，南京和天津、上海等都已停止通车，但上海与天津仍然通航，要回天津可以辗转到上海坐船。慧芳的父亲归心似箭，盼啊盼啊，好容易挨到了1938年夏，南京和上海终于通车了，父亲赶紧带着一家人乘闷罐车到了上海，正准备马上从上海再坐轮船回天津时，遇见一个人，这个人一下就让父亲放弃了回天津的念头。这个人就是京剧演员高月霞。高月霞是北京人，慧芳的父亲在南京遇老乡曾得到过照应，今日上海再逢老乡，又感到这是吉祥之兆，不由喜上心来。高月霞对父亲说："不要走了，你女儿会唱戏，我帮助她搭班唱戏吧。"高月霞是内行，有眼光，他很看好李慧芳，极力劝说父亲不要走，他会全力帮助李慧芳搭班，并热情地邀慧芳全家到他家去住。父亲和高月霞虽是老乡，但并无深交。父亲对老乡总心存一种信任和依赖，加之高月霞又热情相待，父亲在流离失所无人相助的困窘之中，能遇到这样一位愿意相助的老乡，便马上对高月霞产生好感，于是不假思索地留了下来，并随他把全家带进了高家住的洋楼。高月霞安排慧芳一家住在楼下敞露的走廊里。这地方三面透风，并不适合住人，但举目无亲，有个落脚地方总比流落街头要好得多。于是，慧芳一家就安顿下来。高月霞并没有食言，他很快就帮助慧芳在时代剧场搭上了班，每次演出的安排，前面是清唱，最后是一出彩唱，这出彩唱就由李慧芳担纲。可万万没想到，高月霞这位老乡醉翁之意不在酒，他接济李家是假，借慧芳赚钱是真，他帮慧芳搭上戏班后，把慧芳唱戏的包银全部领走，分文不给慧芳家。当父亲找他讨要点钱时，高月霞理直气壮地说是顶了食宿费用。李家人老实，又逢兵荒马乱，穷在街头，无依无靠，寄人屋檐，无可奈何。此时，李家只能忍气吞声，任由高月霞摆布。

那时，慧芳虽然还是女扮男装，但生活在乱纷纷的世道里，母亲的心总是悬着，慧芳每去唱戏，母亲便不顾劳累必亲自陪往，唯恐女儿被蒙骗欺辱。不久，时代剧场的老板娘对母亲说："叫你的女儿把头发留起来，我给她介绍介绍男朋友……"母亲听了这番话后，心头一怔，越寻思越觉得这位老板娘没怀好意，她是要在女儿身上打主意了。回家后马上和丈夫商量，为防不测，夫妻二人决定让慧芳尽快离开这个时代剧场的戏班。次日，母亲直截了当地回了老板娘的话："我们不唱了。"但是，戏班班主根据合同按期付给李慧芳的包银已被高月霞领走了半个月的，不唱哪儿行？没办法，李慧芳只好在那里唱满半个月后，才得以离开这个戏班，同时李家也果断离开了高家。就此，李家彻底挣脱了高月霞的圈套。

离开戏班搬出高家后，李慧芳一家没有了安身吃饭之地，一时又陷入困境。就在走投无路的时候，幸遇几位善良的天津籍老太太，她们很同情这一家人，就在上海法租界明德里找到一间房子借给李家住，其实这就是人家当厨房用的破旧房屋，当地有人称它"灶披间"。这房子虽然简陋，但总算是个栖身之地。安顿好住处，父亲便立刻四处奔波，为慧芳去寻找戏院搭班。20世纪20年代至30年代，京剧进入了鼎盛时期，上海与北京一样，名角云集，纷纷亮相，偌大的上海怎么会轻易接纳一个既没拜过名师也无梨园世家背景的初出茅庐的少年女老生呢？李慧芳初来乍到，没有登过台，没有头面人物引荐，无人知晓，要想很快登上繁花似锦的大上海京剧舞台似乎成了梦想。父亲每天总是一无所获，怏怏而归。眼看着一家人忍饥挨饿，父母备受煎熬，但天不绝人，李家总是能绝处逢生，还是天津这些好心人再次接济了他们。今天这个送点米，明天那个送点面，帮助她家渡过了那道无着无落的难关。

常言道救急不救贫。李慧芳一家五口人的生活总靠别人施舍不是长久之计，更何况这些施主也都是穷人，所以李慧芳还是得想法搭班唱戏。恰巧，上海市民乐剧院的淮剧团正在招京剧演员。淮剧团为何招京剧演员？原来，1937年七七事变后，日寇铁蹄践踏了华北大地，上海法租界的大批苏北同胞返回故里，专演淮剧的民乐戏院便失去基本观众。那时上海滩爱看京剧的观众甚多，为了维持票房收入，这个淮剧团被逼得另起炉灶，改演京剧，也演京、淮"两下锅"的连台本戏，所以这个戏班就需要京剧演员，但京剧演员又多半不愿意去这样的剧团，认为在这样剧种混杂的戏班中唱不出什么名堂来。如此一来，年少资浅的李慧芳就有了一个登台亮相的机会。时年十四五岁的李慧芳，嗓子好，人漂亮，戏演得也不错，但她初到上海闯荡，不为人知，便屈就在民乐戏院搭班演出。其实，去那里唱京剧，李慧芳也并不心甘情愿，但为了养家糊口，哪有挑剔可言。这个戏班为了吸引更多的观众，三天一出连台本戏，演出没有剧本，依据的仅仅是一个简单的"幕表"或叫提纲。幕表的内容主要是这部戏的场次、先后出场角色、大概情节、所用砌末等等。演员在舞台上需掌握这个简单的幕表，具体的对白和唱词，则全部需要由演员自己视剧情发展来自由发挥，这就是所谓的幕表戏，也叫提纲戏。演幕表戏对舞台经验丰富的老艺人来说不算什么，但是放到涉艺不广、对淮剧陌生的少年李慧芳身上，压力可就太大了。李慧芳急得直哭，饭吃不下，觉也睡不着，没几天工夫，人就瘦了一圈儿。当时，淮剧演员筱文艳、蒋艳琴就在个剧团，她们心地善良，为人厚道，对李慧芳非常照顾。她们给李慧芳编好词儿，给她做示范动作。一些老演员还告诉她：一定要学点官中词才能应付演戏。何谓官中词？就是套路性、程式性内容的普遍性通用语，简言之就是套话。比如皇帝出场，就可以说："太阳一出照朱砂，孤是万民第一家。"员外出场，就可以念："家有万担粮，前仓堆后仓。"这样应付场上局面，保险无误。李慧芳就在这样的戏班里挂上了二牌，专工须生。李慧芳头一天登台亮相，是和青衣筱文艳合作《逍遥津》，两位年轻的京、淮演员默契精彩的演唱颇受观众喜欢。这场演出，李慧芳以高亢嘹亮的嗓音和动情细腻的表演一炮打响。

国难当头，生活艰辛，为招揽观众，民乐戏院的演出不分昼夜，场场更换不同剧目，主要演员的行头也要不断跟着更换。李慧芳家贫困，只好典当行头勉强维持全家生计。可是那时演戏，演员必须自备行头。所以，每逢换剧目，需要哪套行头，再去赎回。就这样，李慧芳的父亲几乎天天为女儿应急赶场跑当铺忙碌。李慧芳和筱文艳都是穷苦出身，年龄相仿，她们相处得如同知己，同台合作愉快，很快便双双走红。尽管如此，李慧芳还是很不适应这里的演出，感到身心极度疲惫，干了三个多月，最后身体实在支撑不下去，就离开这个戏班，应邀转入上海大世界、大舞台等剧场。

十里洋场的大上海，被人称作是冒险家的乐园，为了维护这个城市的治安，当时在上海居住需要报户口，报户口就必须有名字，李慧芳的母亲当时还叫李梁氏，没个正经名字，父亲便对母亲说："人家杨贵妃叫杨玉环，我看你就叫梁玉环吧。"父亲说的不是玩笑话，他给母亲起了这么一个名字，融入了一个穷人向往富贵的美好心愿。可是这个沾有"贵"气的名字丝毫没有改变李家少衣缺食的贫寒状况，母亲梁玉环这时又生了第八个孩子，李慧芳又添了一个小弟弟。从李慧芳出生那天起，李家就盼男孩，但现在男孩来了却养不起，无奈的父母只能忍痛割爱，一狠心把这个"老八"送了人。

全家人要活命，李慧芳必须继续在上海搭班唱戏，为了能顺利搭上戏班，父亲带李慧芳去拜见了当时活跃在上海京剧舞台上的素有"上海王瑶卿"之美称的赵桐珊，请求赵桐珊帮助李慧芳搭班。赵桐珊，艺名芙蓉草，10岁时就与梆子名角崔灵芝、丁灵芝、李灵芝、任灵芝及还阳草同被列为"梆子六草"。1913年入正乐社，与尚小云、荀慧生同科，时有"正乐三杰"之称。赵桐珊在上海京剧圈子内很有威望，他不仅戏演得好，也很有眼力，他很赏识李慧芳的天分和才艺，于是他就给李慧芳起了个有些文化内涵的名字——"李叔堂"，冀望李慧芳的老生艺术气势宏大，能给李慧芳的演艺生涯带来好运。这个蕴涵着赵桐珊的一片善心美意、预示她前程远大的名字，李慧芳欣然受之。自此，李慧芳搭班演戏就改为李叔堂。

没过多久，经人介绍，李慧芳又回到南京，在中央大舞台搭班唱连台本戏。这个戏班的班主叫赵锦堂，主演是男旦马宗慧。马宗慧是满族，祖籍北京，生于杭州，艺名叫金慧麟、白牡丹，他的舅舅金碧艳为王瑶卿弟子。马宗慧9岁到上海读书，11岁拜孙庆芬学艺，14岁正式登台演出于上海、杭州、南京、武汉、长沙等地，22岁又随舅舅学习王（瑶卿）派剧目，23岁时拜小杨月楼为师，并成为其主要传人之一。先后与王门弟子旦角金碧艳、武生泰斗盖叫天、被誉为"梨园八骏"之一的武生白玉昆等演出于大江南北与东北各地。马宗慧演《狄青招亲》《观音得道》等戏，文武不挡，技艺超群。在中央大舞台，演连台本戏

《樊梨花》时，马宗慧演樊梨花，李慧芳演薛丁山。由于每半个月换一本戏，排戏时，又有了戏词，所以李慧芳到了这里，感到比在淮剧团演戏时轻松了许多，但也并非一帆风顺。当时，南北方的一些京剧表演形式上有些不同，这个戏班演的《樊梨花》每一本戏里都有联弹，每人接唱一句，比如薛丁山有句联弹："樊梨花冲冲把气动，今天跪她我的报应。"李慧芳毕竟年少，涉猎不广，又是北方人，从没有听过联弹，她感到联弹耳生不好学，很是为难。马宗慧这个人艺高德厚，他善待新人，安慰李慧芳并非常耐心地教李慧芳。排戏时间极短，李慧芳为一时还不能熟练掌握

1939年在南京中华剧场搭小白牡丹的戏班时排演连台本戏《樊梨花》时期的李慧芳

那么多新东西而发愁。大李慧芳10岁的马宗慧很有些兄长之风，为了帮助李慧芳减少演出失误，树起信心，他就在演出中小声儿带着李慧芳唱。那时还没有麦克扩音，马宗慧这种"带唱"很隐蔽，台下观众也听不见。李慧芳聪明好学，没过多久，李慧芳很快就适应了这种异腔杂奏"风搅雪"式的表演。马宗慧平时还经常帮李慧芳练武功，教她打把子、下场花……一年多的时间，李慧芳参演了十几本戏，与风头正劲的马宗慧同台献艺，开了眼界，长了本事。在马宗慧的传帮带下，李慧芳的演艺水平上了一层楼。

1940年初，李慧芳在南京明星大戏院搭了张韵楼的戏班。张韵楼

自幼坐科学艺，历经名师指教，所演红生关羽戏，师承王（王鸿寿）派，唱做俱佳。他演猴戏《金刀阵》《水帘洞》《闹天宫》，眼神手势神形兼备，雄健威武，当时即有全国"四大红生""四大猴王"之美誉。能搭上张韵楼的班与他配戏，可见李慧芳的演技也有了相当可观之处。张韵楼演《单刀会》，李慧芳演鲁肃；张韵楼演《走麦城》，李慧芳演廖化。这些戏虽都是现学现演，但李慧芳都能信手拈来，驾驭自如。班里缺什么老生戏，李慧芳就现学什么，并很快学会学好。何以如此？李慧芳聪明，李慧芳勤奋，二者缺一不可。生活的担子重重地压在她的肩上，别说累了不能休息，就是生病了也要咬牙坚持。一天不上台，一天没有钱；一天不挣钱，家人一天没饭吃。

1940年2月29日，李慧芳又添了一个小弟弟，家里又多了一张吃饭的嘴，母亲愁得打算把小弟送给净角倪金利。并非是父母心狠，他们生了9个孩子，夭折4个，老八送了人，刚出生的老九在这个穷家里也不一定就能保住小命，不如送个有饭吃的人家，给他找条活路。但母亲这个主意几经张韵楼夫人的力劝终被打消。李慧芳给小弟起名叫铁樑，这是盼望他身体能像铁一样坚硬结实，期待他长大后有出息，能成为家里的栋梁。铁樑小弟果然争气，他刚出生不久，一次李慧芳演《四郎探母》，演到"坐宫"一场，铁镜公主要抱上场的"喜神"找不到了，这"喜神"就是京剧和某些地方剧种在舞台上所用的一种"砌末"道具，即木雕娃娃，亦称之"大师哥"或"彩娃"，也就是在这出《四郎探母·坐宫》中铁镜公主怀抱的大阿哥。情急之下，"铁镜公主"一眼看见李大妈怀中刚满月的铁樑，立刻搂抱在怀里就上了场。剧中有铁镜公主为大阿哥把尿的场面，没想到这一把，铁樑果真就撒起尿来，李慧芳高兴地说："嘿，好角儿！"铁樑刚满月即救场，从此赢得了一个绰号——"好角儿"。打这儿，李慧芳更加疼爱这个小弟弟。此时全家六

李慧芳（左）和汉剧表演艺术家陈伯华

口人都等着李慧芳挣钱养活。为了让父母和弟妹们吃饱穿暖，李慧芳不敢有半点懈怠，她辛辛苦苦，勤勤恳恳，越演越好，越唱越红，这枝寒梅开始绽芳吐蕊，香溢舞台。

当时的戏班多为短期的，最长为一个月，合同一满即解散，演员们再重新组班，所以李慧芳总是要不断地为搭班奔走操劳。离开了明星大戏院后，又搭上了南派京剧名家、"红生大王"林树森的女婿阎皓明的戏班。阎皓明这人非等闲之辈，聪明能干，才华超众，武净、武生、小生、老生全能，还能编剧、排戏。他很赏识李慧芳，并诚邀她去武汉新市场大舞台搭他的班演戏。在那里管吃管住，李慧芳和父母都很满足。

在武汉新市场，李慧芳白天不演戏，她就利用在剧院居住的便利条件，去看汉剧名角李春森（大和尚）、董瑶阶（牡丹花）演的《挑帘裁衣》《活捉三郎》等，还观摩楚剧名家沈云陔的戏。只要剧场有演出，不论什么戏种，她都会去观看。这些地方戏演员的表演，眼神手势极为丰富，做表有声有色，人物刻画入木三分。唱腔，高亢激越，深沉苍劲；念白，流畅爽朗，诙谐细腻……这一切都给了李慧芳很多启示。

李慧芳在阎皓明的戏班，除了与他们配戏外，还真正演了自己的正工老生戏，如《群英会》《一捧雪》《四郎探母》等。

新市场大舞台当时还有几位多才多艺的京剧演员，如坐科于北京斌庆社科班的小奎官（殷斌奎）是位文武全才的演员，本工是花脸，却对老生、丑角等各个行当无所不能。新市场大舞台当家旦角雪艳香，这位武汉本土生长的青衣花旦文武并重，戏路极宽，工花衫、彩旦兼小生，时而反串武生，能真刀真枪开打。李慧芳和雪艳香、小奎官联袂上演了《一捧雪》。在戏中李慧芳唱老生前莫成后陆炳，雪艳香演雪艳，小奎官扮演汤勤。戏中他们都有上乘的表现，因而，他们三人的《一捧雪》很卖座，李慧芳在此也名气大涨。在武汉新市场，能和这些有名气的演员愉快合作，真乃幸运之极！

国之不存，民何以安？日本兵肆虐横行，新市场大舞台也不得安宁。一次，一个日本兵闯入戏院追至楼上平台要调戏李慧芳，刚烈的李慧芳奋力反搏，狠狠地给了日本兵一个大嘴巴后脱身而逃。这可惹了大祸，剧场经理怕李慧芳遭难，催促李慧芳一家赶紧搬离逃走。国家衰弱，艺人更卑微，尽管李慧芳在新市场大舞台已日渐红火，但为了保护自己也为了不牵累剧场，无可奈何地停止了在武汉新市场学戏、演戏的良机，匆忙另投他乡。李慧芳一家又来到了上海。

李慧芳这时认识了上海《罗宾汉小报》的记者何海生，当时他还在上海更新舞台负责宣传工作。经他介绍，李慧芳在董兆斌当经理的上海更新舞台当班底演员。班底即旧时指戏班中主要演员以外的其他演员，也叫底包。李慧芳与何海生的爱人即旦角孙剑秋合作，二人都年轻，戏唱得好，扮相也漂亮，所以，二人唱的开锣对儿戏很能叫响。李慧芳虽是更新舞台的底包演员，但她的艺术达到何种程度了呢？戏剧家翁偶虹是这样记述评论的："那时，何海生正在该院担任宣传工作，他的爱人孙剑秋搭长班唱青衣，每天在中轴以前，与李慧芳唱生旦对儿戏《武家坡》《桑园会》《宝莲灯》等。李慧芳当时名叫李叔堂，正唱老生，不但

《 047

4 辗转江南岸 艺海苦历练

嗓音甜润，余派风范，扮相也落落大方，颇具男儿本色。"

两三个月后，更新舞台合同期一满，李慧芳接着又转换到上海二马路大舞台演连台本戏《三门街》。主演林树森是南派京剧最具代表性的人物之一，他曾与王鸿寿、李桂春、梅兰芳、程砚秋、尚小云、荀慧生、金少山等南北诸多名家同台合作。林树森能邀李慧芳给他演配角，足见当时的李慧芳分量已不一般。

上海二马路大舞台的老板姓范，晓诗书，通文墨，人称范四爷，李慧芳来到大舞台搭班先去拜见了他。18岁的李慧芳姿色天然，清纯玉立，范四爷一见，顿时触景生情，眼前浮现出绽放似锦的海棠，那般独有的潇洒花姿，红而无妖艳、洁白无哀伤，其艳美高雅之品貌实在令人赏心悦目。于是，范四爷便向李慧芳欣然提议："你这么漂亮的一个女孩子，我看你的名字'叔堂'二字还是改成'淑女'的'淑'、'海棠'的'棠'吧。"李慧芳欣喜地接受了这个美名，从此，"李叔堂"又变成了"李淑棠"。

1941年，李慧芳结束了与林树森的合作，又换上了张翼鹏。这位京剧武生是盖叫天的长子，从小在上海、杭州随父练功、学戏，打下了坚实的基础。12岁拜董德春为师，学了戏立即在舞台上实践演出，经受了磨炼，几年后又得其父盖叫天真传，演艺超群。张翼鹏才艺双全，他的《西游记》每本戏都有特点，剧情多彩，文武兼容，惊险有趣，非常叫座。李慧芳在张翼鹏的《西游记》里，演唐僧，大嗓小生，别有韵味，颇受欢迎。在上海二马路大舞台与林树森、张翼鹏这些名角同台，李慧芳的演艺都得以牵扶，步步高攀。

在上海二马路大舞台演《西游记》时，李慧芳晚上演戏，就利用白天空闲学戏、观摩话剧、欣赏越剧、看电影等等，艺术虽然表现形式不尽相同，但总有相通之处。所以，不论什么戏种、什么艺术形式她都用心去关注学习。那时，李慧芳渴求学习艺术已到了见缝插针、争分夺秒的地步，她眠思梦想地学习着、吸收着、借鉴着，用兄弟姐妹戏种的艺术精华营养自己之肌肤、丰满自己之血肉，为自己日后的京剧表演艺术能匠心独运、绽放异彩打下了坚实广泛的基础。

　　李慧芳走到哪儿，她的家就随她迁徙到哪儿。在南京中央大舞台搭班，全家落脚在剧场旁边的民房里；在南京明星大戏院搭张韵楼戏班，全家就住宿在戏院里；在武汉新市场搭阎皓明的班，全家则挤在戏院阳台临建的小屋里；上海大舞台后台四楼住过，更新剧场里也住过……李慧芳以柔弱之躯拼命支撑着这个贫寒的家，哪怕用自己的百倍辛劳换取家人的一分温饱，她都会去努力……

　　苦难缔造不凡，磨砺淬炼才艺。十八九岁的李慧芳，辗转演出于许多个京剧艺术的大码头，搭过许多名班，傍过许多名角，聪敏好学，勤奋不息，在一批又一批身怀绝技、久负盛名的京剧名流提携下，眼看着羽毛丰满，翅膀变硬，果然应了她的最初艺名"李鹏言"的"鹏程万里"之意，李慧芳要变成双翼振动的大鹏，驾驭长风，远走高飞啦！

5

话剧《杨贵妃》 舞台绽芳蕊

　　1943年，20岁的李慧芳受邀去温州搭班唱戏。当时，温州虽然结束了1942年的二次沦陷，但日寇对温州武力骚扰仍然不断，战事一触即发。1943年1月，一艘日本军舰在平阳大渔（今属苍南）南官山附近海面，被同盟军飞机炸沉；6月温州沿海各县便动员7万民夫将近9万石赋谷分别运至秦顺、青田、景宁、丽水等县储藏，以防日军劫掠。李慧芳到温州后没多久，局势恶化，随即便硝烟弥漫，人心惶惶，一片混乱。为躲避战火，李慧芳一家人又匆匆准备逃离温州。当时温州去上海的火车因战事已停止运行，这条铁路线的交通全部瘫痪，想回上海只能步行。因李家急于离开这个让人片刻不得安宁的地方，无可奈何之下，便决定徒步回上海。对于李家，步行说起来简单，走起来却很困难。那时搭班演戏的行头都是演员自备的。李慧芳家虽生活贫困，但为了搭班唱戏，也必须省吃俭用置办一些行头靴包；另外还有全家的破旧行李和一些杂物，流落到哪儿，都要指着它们遮风避寒，哪样都扔不得，走这么远的路，这么重的行囊实在无法携带。父亲决定，由他和李慧芳的大弟弟李铁铮带着这些家当从桐头乘帆船返沪。帆船航行，"风是动力，水是路"，没有适宜的天气条件，帆船迟迟不能起航。因而，李慧芳到了上海后，父亲和弟弟乘的帆船还在桐头等风呢。李慧芳没有行头靴包就无法搭班演戏，不唱戏，生活一时又没有了经济来源。老天总是厚爱李慧芳，就在她不能演戏、一筹莫展的时候，却遇到了演话剧的机会。

经人介绍，李慧芳参加了话剧《杨贵妃》的排演，在剧中，刘琼饰演唐明皇，让她饰演杨贵妃。年长李慧芳10岁的电影演员刘琼身材高大，才华出众，早在上海法学院读书时就显现出优秀的艺术表演才能，21岁被"电影皇帝"金焰带到水银灯下，从此一发不可收。1938年至1941年间，刘琼在"新华""华新""华成"三家公司拍摄了《离恨天》《金银世界》《杜十娘》《乱世佳人》《生死离别》等十多部影片。随后，他又主演了朱石麟编导的《文素臣》《家》《洞房花烛夜》等片。1942年在中华联合制片股份有限公司主演《蝴蝶夫人》等影片，红极一时，以文雅倜傥风靡影坛，堪称一代电影之帝。当时，电影导演、编剧费穆领导的上海艺术剧团正要将排演的古装话剧《杨贵妃》（又名《长恨歌》）在卡尔登大剧院公开演出。据说：费穆对戏中扮演唐明皇的演员不能准确完成角色塑造很不满意，在话剧即将上演之时，他突然决定更换男主角，确定由刘琼出演唐明皇。当时，扮演"杨贵妃"的是22岁的女主角狄梵，她对这一变动非常反感。虽然费穆和狄梵相互赏识彼此的艺术才华，可个性很强的狄梵，却对于导演的临阵换角很不满意。她认为费穆完全是出于商业票房考虑，乃招来大牌明星的铜臭行为，所以无形中对刘琼也产生了莫名的反感。费穆极力想得到狄梵的理解，可是狄梵始终倔强抵触，这给费穆导戏造成很大困扰，费穆对狄梵消极配戏的态度也非常不满。一台剧的成功表演需要导演和演员群体的激情与融合，而他们的合作恰恰缺少了这些，所以费穆便一气之下换掉了狄梵，杨贵妃由李慧芳出演。也许就是这传言中的费穆"一气换人"，给京剧演员李慧芳带来了登上话剧舞台的机遇。

李慧芳（左）和话剧表演艺术家朱琳

在《杨贵妃》排练的过程中，表演天赋极好的李慧芳没有感到演话剧难，甚至觉得比演戏来得轻松。但毕竟是初登话剧舞台，对话剧表演也有生疏不适之处。演京剧时，演员要把词和腔都背熟才能登台；但演话剧则不然，一般台子的左右有两个"提词窗"，由两个提词员守在那里提词，演员如若忘词了，便可将耳朵凑近去听。李慧芳不知道话剧表演在舞台上有提词一说，仍按演京剧的习惯，把自己的台词背得滚瓜烂熟。但当刘琼忘了词走到台侧去听提词时，李慧芳感觉很新鲜，她很纳闷：正在排戏，刘琼干吗去那儿嘀嘀咕咕的呢？就在这一愣怔、一琢磨的工夫，脑子开了小差，竟然把自己背熟的台词儿忘了，这也成了李慧芳笑谈自己参加话剧排练的一段趣事。当然这仅是一段小插曲而已，李慧芳惊人的记忆力和不知怯场的天赋足以让她驾驭话剧舞台，她很快适应了话剧舞台的环境，融入到表演中去。

杨贵妃是李慧芳作为戏曲演员十分熟悉的一位人物，为了演好话剧贵妃，她仍然细心去了解人物。杨贵妃这个古今传颂的一代绝世美人，不仅有"回眸一笑百媚生，六宫粉黛无颜色"的"沉鱼落雁闭月羞花"之貌，且能作诗，精通音律，能歌善舞，她虽与西施、王昭君、貂蝉并称中国古代四大美女，但与众不同的是杨贵妃地位最高、权力最大，是集万千宠爱于一身的美人。李慧芳则注重运用气息、吐字、语调等话剧语言艺术来强化她的身份和地位。李慧芳扮相雍容华美，吐字清晰明亮，语调委婉纯正，刻画人物鲜活、富有个性。在导演的启发下，她不仅分析人物，还努力去学习、理解剧本。白居易一首千古绝唱的叙事诗《长恨歌》，使得杨贵妃和唐明皇的爱情更加凄婉动人，缠绵悱恻。"在天愿作比翼鸟，在地愿为连理枝。天长地久有时尽，此恨绵绵无绝期"，"长恨"二字更彰显爱情之悠远长存。要让这肌理细腻的《长恨歌》中的爱情悲剧在舞台上更富有艺术感染力，演员不仅要形似更要神随。多年艺术舞台的历练，使李慧芳悟性通达，才艺超群，因而她塑造的杨贵妃血肉丰满，楚楚动人。扮演杨贵妃，是天赐良机与李慧芳的一个偶然，却让人感觉这个角色非李慧芳莫属。李慧芳凭借天生丽质，倚仗艺术功力，勤奋好

1941年李慧芳于上海大舞台四楼阳台

学，在话剧舞台上怎能不得心应手，光彩四射？

《杨贵妃》另辟蹊径，选用京剧须生坤伶演女主角杨贵妃，这在当时的话剧舞台上实为罕见。不知是谁独具慧眼，竟发现了戴着黑白髯口、穿着肥大老生行头的李慧芳那天赋的丽人之美：典雅的气质，修长的身材，细白的皮肤，乌黑的秀发，柔媚的容颜，粲然的微笑，豁亮的嗓子，纯正的京音……无一不为佼佼。李慧芳，这位窈窕淑女，正值桃李年华，她出演贵妃，可谓如鱼得水。伯乐一顾，李慧芳便婀娜登台，一展芳华。

一部话剧《杨贵妃》让李慧芳返璞归真，百媚生辉。《杨贵妃》亦因启用了才貌双全的李慧芳而事半功倍，别有洞天。刘琼一米八多，李慧芳一米七，两位"高人"形象般配，演艺精湛。一时间，观众追捧，票房火爆，李慧芳、刘琼版的话剧《杨贵妃》隆重而风光，在上海金城大剧院连演多场，时间长达一两月之久。毋庸置疑，作为《杨贵妃》的女主角，李慧芳功不可没。她演的杨贵妃，成功了！

生活所迫的偶然机遇让李慧芳在生疏的话剧舞台上作了新的艺术尝试，这意外的收获令人赏心悦目、惊叹不已：京剧老生李慧芳美妙饰演话剧杨贵妃，这株奇葩，蓓蕾初绽，便馨香扑鼻，芳蕊吐艳！

6

幸逢周信芳　改学青衣行

20世纪40年代前期，汪伪政权的辖区苏、浙、皖等省大部地区和沪、宁两市及鄂、湘、赣、鲁、豫等省的地区实行法西斯统治，汉奸特务清乡抓丁，通货膨胀，物价飞涨，苛捐杂税，多如牛毛，老百姓被敲骨吸髓，日子过得苦不堪言，唱戏卖艺也是朝不保夕。李慧芳从温州跋山涉水步行逃难到了上海后，在搭不上戏班生活没有着落时，幸好有了演话剧《杨贵妃》的机遇，但这只是养家糊口的权宜之计，毕竟李慧芳是唱京戏的，要维持全家生计，还是要操弄老本行，于是她一边演着话剧，一边想方设法再搭班唱戏。这时，她联系上了在南方站稳脚跟的京剧老生宋宝罗。宋宝罗也是北京人，出身于梨园家庭，7岁登台献艺便轰动北京，号称神童。他很年轻便自组班社到处巡演，他的戏班演员阵容强，戏码也很硬。宋宝罗不仅戏唱得好，人也十分善良。宋宝罗带着他的戏班在黑暗的世道中到处流落，与李慧芳同是天涯沦落人，因而他总想着找机会帮李慧芳搭班演戏……

李慧芳的祖父爱唱老生，所以李慧芳从小开蒙就是学老生，拜师李玉龙学的是老生，后来搭班唱戏就专工老生了。在这十几年中，李慧芳在新排的京戏里演过有数的三个女角：1941年，李慧芳和张翼鹏曾在

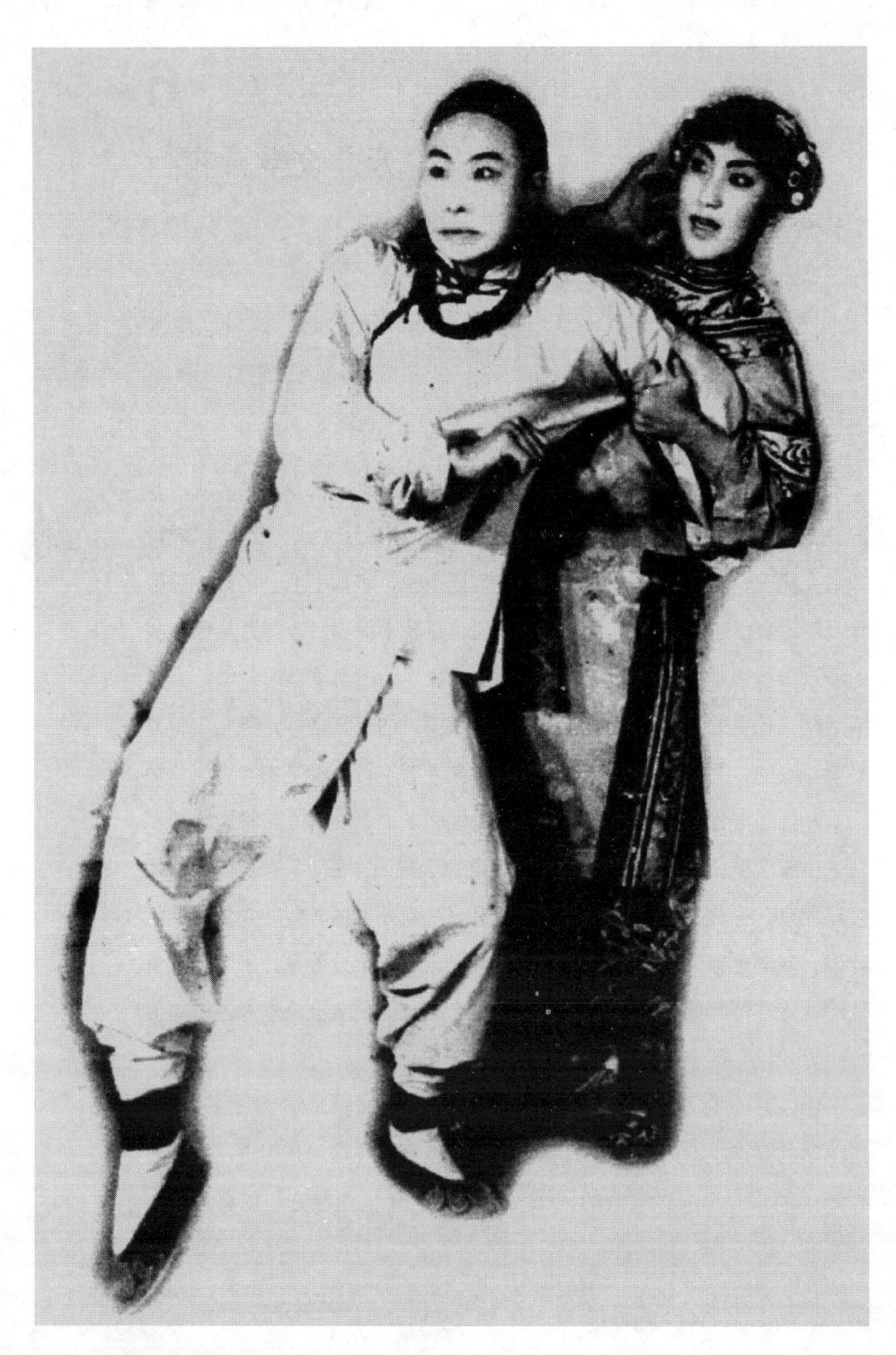

李慧芳与张翼鹏于 1941 年演出《年羹尧》剧照

上海大舞台合演过一部新编京剧《年羹尧》。这部戏是张翼鹏的父亲盖叫天早在二十多年前创排的,在这出清装戏中,盖叫天首创了耍辫子、舞大旗的表演技巧。诚然,张翼鹏邀请李慧芳搭班有对李慧芳艺术的赏识,但张翼鹏演盖叫天这部戏宗旨是展示子承父艺的高超技艺,而李慧芳在其中只是当了一个小配角,演年羹尧的妹妹。然而这个小角色对李慧芳来说意义不同寻常,这是李慧芳在舞台上第一次以女人的形象出现,也是在京剧舞台上第一次饰演女角。到了1942年,李慧芳在上海大舞台排演京剧时装戏时又演了一次女人,那是在《秦淮世家》饰演大小姐大春子。第三次则是在《信义村》中饰演了一个女孩子,角色不大,却不可小觑,就是这凤毛麟角的"小女人"改变了李慧芳的艺术大人生。

　　1943年12月,在上海地下党领导下,上海京剧界的进步青年成立了"艺友座谈会",李慧芳被召集去参加了这个座谈会。艺友座谈会由吕君樵、李瑞来、何毓如、梁次珊等发起,他们每周集会一次,讨论平(京)剧改革和艺术创作,中共地下党员姜椿芳还请来了音乐家沈知白、卫仲乐,戏剧家姚克等,为他们作艺术报告。1944年,艺友座谈会编写了宣传爱国思想的新京戏,名叫《信义村》。这部戏是写青年秦之所亦文亦武,一次误伤了猎户郑大光的儿子。郑大光恪守信义,忍痛释放了秦之所。后来一伙盗寇侵袭村庄,大敌当前,猎户们捐弃个人恩怨,联合起来,击退了入侵的强盗。秦之所杀敌立功,并提议把集贤庄改名为信义村。这个影射日寇侵华、强调团结御侮的戏由李瑞来执笔,12月下旬在上海兰心大戏院公演,主要演员有筱文林、李慧芳、吕君樵、朱春霖、徐鸿培、林鹏程、汪志奎、新谷莺等18人,李慧芳在戏中演了一个女孩子。《信义村》的演出,得到了周信芳、梅兰芳等人的支持。在兰心大戏院首演那天,周信芳等欣然到场观看。那天的舞台上,李慧芳由一向老气横秋的男人突变成端庄秀美的女人,这让许多人眼前一亮,尤其是引起了周信芳的格外注意。散戏合影留念后,周信芳专门找到李慧芳说:"你演得很不错,扮相漂亮,嗓音也好,你条件这么好的一个女孩子,为什么要唱老生呢?我看还是男的唱男的、女的唱女的好……"并希望她能改学青衣。周信芳寥寥数语,道出了还自然于本色之大美的艺术表演观念,真诚而热切,为李慧芳通往艺术高峰的道路又指出了一条更宽阔便捷的大道。周信芳的这番话不仅启发了李慧芳,而且还激发出李慧芳的自信,她重新认识到自己的天赋还没有利用,自己还有可挖掘的艺术潜力。于是她欣然接受了周信芳的善策,从此开始了转向旦角行当的舞台尝试。

改唱旦角后,还是上海二马路大舞台那位热心肠的人称"范四爷"的范老板,又建议她把当时的名字"李淑棠"改为"李慧芳",虽然这个名字改得不太可心,但范老板"名随艺转"的建议李慧芳觉得很有道理。善解人意的李慧芳,唯恐辜负了范老板的一番好意,她不再考虑自己心里的那份不如意,当即领情,真诚地感谢范老板,愉快地接受了这个新名字并一直沿用。

改演旦角的李慧芳毕竟是刚刚起步,她的旦角戏尚名不见经传,只得见缝插针地到处搭班,不管角色如何,需要演什么就演什么,忍屈受苦,不在话下。就在汪精卫日本毙命前后的那段日子中,时局动荡,四处不安,许多艺人举步维艰,宋宝罗在万般无奈中带着他那二十多人的戏班在上海大舞台加入了《封神榜》连台本戏班。宋宝罗利用他每个月的四个白天戏,让他所带的人都转演一遍,因而他就利用这个机会为李慧芳的演出搭了桥。李慧芳尊称宋宝罗为"四哥",和大她3岁的宋宝罗之大妹宋紫萍非常要好。宋紫萍是宋宝罗戏班中的当家青衣,虽是二牌演员,但扮相漂亮,功底扎实,表演规矩,擅演程派戏和梅派戏。已改学旦角的李慧芳便不失时机地向宋紫萍学了一些旦角老戏,在宋宝罗戏班也演过《乌龙院》一折中的阎惜姣、《游龙戏凤》中的李凤姐，也曾在宋宝罗的《七擒孟获》中演过小角色。宋家兄妹看到李慧芳不仅要供一大家人吃喝，还要负担父亲吸大烟，这沉重的家庭重担压得李慧芳喘不过气来，因而对她多有同情。宋紫萍热心肠，很愿意把自己会的青衣戏教给李慧芳。宋宝罗很耿直，也曾为保护李慧芳不赴当官宴请而顶撞过李慧芳那被烟瘾折磨糊涂的父亲。因而，李慧芳和宋宝罗虽然在舞台上合作不是很多，但在台下李慧芳与宋宝罗兄妹相处得如同亲兄弟姐妹。他们你来我往，彼此照应，无话不谈。后来因搭班跑码头分开了，但这段持续了约两年时间的友谊永远记在了宋宝罗和李慧芳心中。

改旦角以后的李慧芳

李慧芳天生丽质，有唱旦角的条件，唱老生只是受启蒙教育的局限，没有开发她这一艺术才智而已，后在周信芳的指点下，20岁才豁然开朗，改演青衣。李慧芳改行当并非是碍于名家指教的面子，也非心血来潮的轻率之举，她此时确实有了演青衣的足够本钱：嗓子，脆亮响堂；气质，大方稳重；扮相，雍容端庄，周信芳也正是据此而悉心点拨。

李慧芳唱老生时，对儿戏中的旦角戏她全会，比如《武家坡》《桑园会》等，旦角的许多唱腔表演手到擒来，因此她丝毫不觉得改行困难。尽管如此，李慧芳还是很有压力。京剧名角跑码头唱戏，绝不能就演一个角色。签订一期合同，演满一个台口，讲究的就是剧目繁多、角色各异，一期半月或12天，戏码不能返头，因此要能戏很多。若想把青衣唱响唱红，李慧芳觉得光凭这些现有的本事还远远不够，还要狠下一番功夫。于是她开始向程玉菁学王（瑶卿）派戏，向杨畹农学梅（兰芳）派戏。程、杨两位先生可谓入室登堂者：程玉菁是王瑶卿的掌门大弟子，在上海先从师林树森后改旦角，1925年他19岁时在上海拜师王瑶卿之后，随师归京，学艺于王瑶卿的书房"古瑁轩"，并由文化人李释戡将程玉美之名改为程玉菁，成为玉字辈第一传人。1927年春，程玉菁学会40余出青衣、刀马旦戏后，王瑶卿为他组织了玉兴社，在开明戏院演出了《御碑亭》及《金山寺》；头两本《虹霓关》《四郎探母》。随后又演出了《缇萦救父》《丹阳恨》《貂蝉》《禅宇寺》《忠烈鸳鸯》和《芦花河》六出王瑶卿为其编写的剧目和《乾坤福寿镜》等王派代表剧目，深受行内外赞誉。1928年末，程玉菁应约赴沪汇报演出，反响热烈，并应百代唱片公司之约灌制了《缇萦救父》，在蓓开唱片公司灌制了《芦花河》《宝莲灯》《困龙床》《贺后骂殿》，其艺术成就斐然可观。杨畹农是下海的票友，但他从少年时期就酷爱京剧，初学老生，入复旦大学后改学青衣。他嗓音甜美，酷似梅兰芳。由于杨畹农学养厚重，对人物、剧情、唱词的理解甚深，追摹梅兰芳唱腔"一字、一腔、一个气口、一个重音"近乎神似。极为爱才的梅兰芳曾不无钦佩地说："杨先生的嗓子，内外行都少见。"梅兰芳更欣赏杨畹农诚实憨厚的书卷气，亲自为他说戏教腔。1933年长江大水灾，梅兰芳筹款义演《四郎探母》，特邀杨畹农演萧太后，演至"盗令"一场，公主、太后的唱似出于一人之口，杨畹农的表演到了乱真的境界。人常说名师出高徒，此言确实不差。在艺术造诣如此精深的程、杨两位先生亲授下，李慧芳的旦角艺术日有长进，两位老师对她改学青衣鼎力相助，让李慧芳不由得发自肺腑感叹自己："我乃有福之人！"尤其是在杨畹农造诣精进的传授下，李慧芳学了很多梅派戏：《三娘教子》《西施》《洛神》《凤还巢》《生死恨》《宇宙锋》《十三妹》《穆柯寨》《贵妃醉酒》等，收获甚丰。一个正在走红的刚健苍劲、飘逸潇洒的须生迥然变为庄重娴静、秀雅柔婉的青衣正旦，氍毹之上，李慧芳又树起自己在青衣行当中光彩夺目的形象。

人们常把对自己有很大帮助的人尊称为贵人。李慧芳在求艺途中，有幸遇到了周信芳。经大师慧眼点拨，李慧芳的旦角艺术潜质很快就被发掘出来。幸运再次眷顾李慧芳，她又遇到了程玉菁和杨畹农，在两位名师口传心授下，李慧芳的旦角艺术焕发出俏丽的光芒。周信芳、程玉菁、杨畹农他们正是李慧芳艺术人生中至关重要的贵人。

"世之奇伟、瑰怪、非常之观，常在于险远，而人之所罕至焉，故非有志者不能至也。"放弃唱了十几年并且唱得颇有功力的老生本工改学旦角，能否成功还是未知，李慧芳在追寻无限风光的路途中走上一条险远的路。改学旦角，固然要有天赋，但真正唱红成角、让观众接受也并非易事，天下没有坐享其成的事情。李慧芳自小就有闯劲，励志敢为先，她凭着天赋，辛勤不辍。人常说有志者事竟成，这话一点不错。李慧芳的旦角演技日渐跃升，名气很快传播开来，她的成功改行应验了"天道酬勤"这四个字。

旧时代学戏很难，出于各种想法，有的艺人怕教会徒弟饿死师父，不愿意教戏；学艺的人有时想跟一些名角学戏又受地域、时间、经济等各种条件的限制。所以，李慧芳在公开跟师父努力学戏的同时还要专心致志地"偷戏"。当时，四大名旦演的一些戏都有剧本卖，李慧芳就先把剧本买来，先把戏背会储存在脑子里，然后只要有机会欣赏四大名旦的戏，李慧芳绝不放过。就这样，绳锯木断，水滴石穿，四大名旦的戏李慧芳"偷"学了不少，如程派《锁麟囊》《荒山泪》，荀派的《红楼二尤》《红娘》《钗头凤》，尚派的《汉明妃》《失子惊疯》等。

天赋和勤奋总会让李慧芳与成功相遇，改学青衣后，但凡名家来沪演出，李慧芳必想方设法去观摩"偷戏"。四大名旦的戏绝不漏下，余、谭、言的老生戏依然用心，生旦两抱，艺不压身。这时的李慧芳心里装着厚厚的两重爱：爱家人、爱京戏。这沉甸甸的爱驱使李慧芳学戏不知累，不畏难，大刀阔斧而不失精雕细琢，终于闯出一片属于自己的艺术新天地。

1946年夏，李慧芳已正式改为旦角，此时她正在苏州与周信芳的弟子陈鹤峰演《樊梨花》，她演樊梨花，陈鹤峰演薛丁山，她的旦角艺术正日臻完善。这时周信芳的麒麟社也正准备在黄金大戏院演出，周信芳便向他早已看好的李慧芳发出诚挚的邀请。其实，当年周信芳发现李慧芳的旦角潜质是不经意之为，但建议李慧芳改行却是蓄意之点，他很想把李慧芳这个扮相姣好、才艺双全的演员吸收到他的班社里来。周信芳不愧为大师，他睿智过人，不仅塑造人物入木三分，物色人才也是独具慧眼。李慧芳结束了苏州演出后，马上回到上海参加了周信芳的班子。当时周信芳的班底坐包相当硬，裘盛戎、高盛麟、赵桐珊等名角云集。能傍上这些名角，不能不说是李慧芳的幸运和造化。这期间，李慧芳给周信芳配演了不少戏：《徽钦二帝》，李慧芳演李师师；《四进士》，李慧芳一人演杨素贞和万氏两角；《斩经堂》，李慧芳饰吴妻；《坐楼杀惜》，李慧芳饰阎婆惜……难得的是，李慧芳在台上不是单纯为周信芳配戏，而是边演、边学习、边提高。周信芳的表演很富有激情，唱念曲折跌宕，自然生动。他表演功力深厚，善把水袖、身段、步法与眼神和面部表情结合，浓墨重彩地抒发人物情绪。李慧芳给周信芳演对手戏，戏中需要人物对视时，周信芳总是用传神的眼睛与李慧芳交流，他的一招一式都很有分量，极具感染力。在他的引领下，李慧芳自然而然地就入了戏。周信芳根据李慧芳的表演随时作出相应的细腻反应，眉眼一动，都蕴含着非常深厚的表演功力，真实动人。在这样的表演互动中，李慧芳在入微之处也随之强化了表现人物感情的意识。在舞台合作中，周信芳的激情时时都在调动激发李慧芳的表演情绪，潜移默化中，培养了她塑造人物神形兼得的表演风格。李慧芳每回想起与和周信芳同台合作的那段时光，总是抑制不住对周信芳精湛技艺的无比敬佩，总是不忘周信芳对自己艺术学习的呵护备至，总是不无感慨地说："与周大师合作，无论从表演上，还是在戏德上，我都深受教益，终生难忘。"

离开周信芳后，李慧芳又跟着周信芳的弟子高百岁到南京演出。高百岁文武兼长、戏路宽广，他的表演很有艺术魅力，李慧芳与他合作，在艺术上也很有收益。后来李慧芳自己挑班到各码头演出，为了丰富戏码，四大名旦的戏她都演，老生戏也时常演几出。就这样，李慧芳始终保持着小嗓儿莺回燕转、大嗓儿苍劲浑厚。她以青衣为主，老生为辅，亦旦亦生，唱做俱美，吸引了不少人的目光，"李慧芳"这个名字红了起来。

新中国成立前夕，李慧芳凭着旦角艺术即在南京挂头牌挑班。当时南京中央大舞台有个经理叫华子献，此人口碑很不错，人也极聪明，他组织的班底很硬，二路演员有李宝櫈、王玉让、崔熹云、张玉兰、孙正阳等。华子献很赏识李慧芳，希望李慧芳也能来他的大舞台演出，并预期一定能成功。李慧芳欣然应邀前往，果然，李慧芳不负华子献所望，她的旦角艺术在众人帮衬下大放光彩，演出异常火爆，票房很高。

李慧芳一边对自己的表演精益求精，一边把帮衬自己的名角、班底演员都当成自己的父兄姐妹一样敬重爱戴，不分高低，这使大家感情融洽，和睦相处，保证了一台戏的演出质量。不仅如此，她还把戏迷观众当成衣食父母，时时把观众的喜好和反响当成衡量自己演艺优劣的标准。师长提掖，绿叶扶衬，观众追捧，李慧芳这朵红花愈发娇艳夺目！

7

电影《吕四娘》 潇洒吐馨香

　　1925年，邵醉翁四兄弟创办了天一影片公司，他们最初完成的两部影片中有一部叫《女侠李飞飞》，这是中国第一部武侠电影。其中饰演李飞飞的粉菊花，是第一个拍电影的京剧女伶。此后，跨行跻身影坛演主角或客串的京剧女演员逐渐增多，旦角童芷苓和言慧珠是京剧演员中步入影坛的先驱。启用京剧女艺人演电影，除了她们的本色与剧中人物相吻合的因素外，许多京剧女演员风姿卓越，扮相俊美，文武双全，能歌善舞，这大概是吸引电影公司目光的主要原因。艺术材质优秀的京剧女演员旁涉影坛便成为当年一种流行的艺术时尚。20世纪40年代，风华正茂的李慧芳在京剧舞台上业已名声大噪，加之她明眸皓齿、清纯秀雅，有一副旧时代女演员少有的一米七高的修美身条，帅气洒脱，极引人注目。因而，被电影人盯上尽在情理之中。

　　1947年，台湾一家电影公司欲拍一部"女泰山"影片，需要一位身材高大、年轻貌美的女演员，于是他们便看好了符合条件且极富表现力的京剧演员李慧芳。李慧芳不论遇到什么事情几乎都不打怵，即便完成这件事情有难度，她也有胆识，敢于知难而进。这胆大除了天性使然外，更多来自生活重担压肩不得已而为之的勇气。当然，演电影的新鲜刺激，对年轻的李慧芳也有着很大的诱惑。文化学习也开拓了李慧芳的眼界，她乐于接受新事物，萌生出对艺术的广泛追求，她很愿意尝试一下电影表演艺术，感受一下做影人的"美"与"乐"。在银幕上能一睹自己的风貌是件很令人冲动的快事，于是她欣然接受了台湾的拍片邀请。正在此时，柳中浩经营的上海国泰电影制片厂也来邀请李慧芳拍古装电影《吕四娘》。李慧芳一身难许两家，她颇感为难。但国泰电影公司诚邀之心迫切，执意劝说李慧芳加盟他们的《吕四娘》，回绝台湾电影公司之邀的一切琐事由他们负责出面交涉。盛情难却，于是，李慧芳就接受了上海国泰《吕四娘》的拍摄。

　　柳中浩是上海滩很有影响的实业家，从开办大戏院起家，以搞影业公司享有盛名。1946年7月，国泰影业公司成立。柳中浩任总经理，其兄柳中亮任董事长，并先后聘请应云卫、吴天、周伯勋等参加制片工作，田汉、于伶、洪深等为特约编剧。国泰影业公司是20世纪40年代规模较大的民营公司之一，他们拍摄的电影，大多是以中国的民间故事为主题的。柳中浩极具慧眼，爱惜人才，"金嗓子"周旋就是被他提携而蜚声影坛。所以聘请李慧芳参加《吕四娘》的拍摄，也是柳中浩别具慧眼的又一次知人善任。

　　《吕四娘》的故事取材于清代吕四娘飞剑斩雍正的传说。雍正皇帝大兴文字狱，吕四娘全家被害，只身脱逃，为生活所迫，四娘上街卖艺，遭恶徒扰乱，寡不敌众，被恶徒抓住，幸得师兄朱生及时相救。二人来到北京，朱生之父与四娘父女相称，将四娘介绍给同党。年轻的党人们行刺雍正被围，朱父救出四娘与朱生后身陷虎口。后得独臂和尚广慈相助随广慈上峨眉习武。雍正气数将近时，四娘与朱生趁夜混入御书房，手刃雍正，二人终结百年。这部片子由朱瘦菊编剧，徐欣夫导演，李慧芳饰演吕四娘，上影演员凌之浩饰演雍正，国泰演员杨志卿饰演朱

电影《吕四娘》导演（中）与演员李慧芳（左）、杨志清合影

电影《吕四娘》李慧芳饰吕四娘（左）、杨志清饰朱生

生、姜修、周起、马骥、沈亚伦也分别饰演了不同的角色。片中有几处惊险镜头：吕四娘趁夜潜入皇宫，纵身上楼，由窗口进入殿内，飞身扑向雍正，吕四娘与雍正过了几招之后，便抛出宝剑，直取雍正首级……吕四娘是剧中的绝对主角人物。

李慧芳饰演吕四娘是在继演杨贵妃之后又一次在京剧舞台之外返璞归真、顺乎自然地扮演女性角色的尝试，但这次演电影中的吕四娘与演话剧中的杨贵妃相比，分量显然重之又重。杨贵妃仅在话剧舞台上演了月余，而吕四娘则要永久在胶片拷贝上经受观众的反复观赏、仔细琢磨、百般挑剔，不能有半点疏漏。另外，虽然人物扮相都是古装，但杨贵妃身着的唐朝服装，与京戏着装相近一些，而吕四娘则身穿清朝服装，"短打扮"的清装与她以往演京剧人物的扮相着装差异很大，同时要求表演做派要富有时代感，这对穿惯了京剧行头表演的李慧芳来说也有个克服身段表演的习惯问题。

京剧演员演电影，生搬硬套戏剧表演的东西是绝对行不通的。李慧芳知道：电影艺术和京剧艺术的表演有很大差异。电影表演是生活化的表演，京剧舞台上的虚拟夸张表演恰恰是演电影的大忌。电影表演来不得半点虚假和做作，它要求演员表演要和真实自然的人别无二致。因此，要成功地在银幕上创作一个角色，仅凭自己的天赋和胆大不足以完成，还必须有一份后天的表演功力。几年来，李慧芳在上海搭班演戏之余，对其他艺术也都充满兴趣，她时常看话剧，比如观赏戏剧家唐槐秋的长女、中国旅行剧团台柱唐若青的《日出》《雷雨》等，也时常去看电影……李慧芳观看这些不是一般的消遣解闷，而是从艺术的角度去观摩话剧演员和电影演员的表演技艺，揣摩不同艺术形式的表演特点。这种心得积累便形成了她涉猎话剧和电影的一种艺术潜能。另外，她6岁始卖唱走码头演京戏的艺术生涯，让她见多识广，使她对表演艺术有了极

1948年的李慧芳

强的驾驭力和自信心。所以，让李慧芳演电影中这样一位吕四娘，她丝毫不感到紧张。这种松弛的心理为她自如地表演人物提供了良好的精神保障。片子中有吕四娘舞剑等一系列的难度表演，这恰恰让有京剧四功五法基础的李慧芳凸显矫健身手，大有用武之地。影片中还有吕四娘骑马的外景，这又让李慧芳展现了"巾帼骑士"的另一番英姿……艺高人胆大，胆大艺更高。身怀超常悟性和深厚功力的李慧芳正是这样的艺高胆大人。演吕四娘，她游刃有余！中国民族乐派音乐家许如辉作曲、《申报》馆董事长兼社长潘公展作词的《吕四娘》插曲，也由李慧芳来担纲主唱。在电影中，李慧芳"唱念做打"一人兼得，这在那个时代的影坛上也并不多见。

　　一部电影《吕四娘》，李慧芳亦演亦唱，载歌载"武"，如鱼得水，她甚至感觉演电影比演京戏更轻松、更愉快。《吕四娘》上映后，一时间，李慧芳又在影坛声名鹊起，给许多电影观众留下了难以磨灭的印象。难怪京城民俗专家翟鸿起回忆观看《吕四娘》时说道："当时我还不知道李慧芳是京剧演员，但对她演的吕四娘十分佩服……""这使我记起了上世纪40年代，书店有电影连环画，影名记不得了，只记得女主人公扮男装，戴墨镜、礼帽，就是李慧芳扮演的。"年代久远，李慧

菊苑双葩　慧丽同芳　李慧芳

芳也记不清楚自己在这部电影中戴过什么了。尽管他们的记忆似乎都有些模糊不清，尽管现在的许多人都没看过这部电影，但李慧芳饰演的吕四娘秀雅端庄的脸庞、刘海下的明眸笑靥留在了黑白照片上；骑马舞剑，潇洒刚烈也一直被时人传为美谈。不可置否，她出演的柔情侠女吕四娘，浓妆淡抹，相得益彰；刚柔并济，风采过人。唱京戏的李慧芳当年演的电影《吕四娘》轰动一时。

李慧芳主演《黑河魂》电影海报

1948年，国泰电影制片厂借《吕四娘》拍摄成功之东风，再度邀请李慧芳加盟电影《黑河魂》。这部由邹霆编剧、陈翼青导演的《黑河魂》，讲的是安乐镇恶霸周虎臣控制着全镇势力范围，与镇长狼狈为奸欺压百姓。黑水河时常泛滥成灾，镇上百姓民不聊生。周虎臣强占青年农民大牛的房地并逼他做长工。大牛巧遇邻家女孩秀玲，二人相怜。周府的人倚观仗势欺辱秀玲未遂反污大牛，二人惨遭毒打，最后秀玲在被活埋前逃到省城告发了周虎臣的恶行。一个现代农家女孩秀玲的嫉恶如仇、刚毅执著，被李慧芳演得有声有色，真实动人，颇有时代感。在此片中李慧芳担任主角，她谦虚随和，与男主角乔奇及其他演员杨志卿、周起、房珊、马骥、康泰等合作得很愉快，使这部影片顺利拍摄上映。李慧芳清新的外貌、上乘的表演，深深地留在许多电影观众的记忆中。

《 069

7 电影《吕四娘》 潇洒吐馨香

演电影不比唱大戏，要去掉身上的行头、脸上的浓妆，一改程式化的虚拟夸张表演为真实自然的生活本色表演，这让李慧芳在新鲜中感受到趣味，在陌生中学会探索。触及旁类艺术，把有益的元素注入自己的京剧表演中，使自己的京剧生命又勃发出新的光彩，艺术间的彼此相通渗透、反哺温润让李慧芳感叹：受益匪浅！

在艺术的版图中，李慧芳是一条不拒细流而呈宽广绵长的江河，潺潺汇入，湍湍奔腾！

8

颠沛流离中 破晓见光明

演话剧、拍电影毕竟不是李慧芳的本行，在拍电影一年的时间里，李慧芳也没有完全放弃京剧舞台，依然利用拍片空档演戏。结束国泰电影制片厂的拍片后，李慧芳又全身心地回到戏台上操练起老本行。当时李慧芳虽然已是挂头牌的京剧名演员，并在影坛崭露头角，但艺人的社会地位低下依然如故，人身也不得保障。搭班唱戏跑码头，挣钱养家，一期12天，满了合同，再继续搭新班，日复一日，月复一月，勤耕不辍，辛苦求生。

1946年夏，蒋介石发起全国规模的内战，国民党政府将徐州绥靖公署改组，蒋介石先后从南京、杭州调遣兵力到徐州装备成主力军和预备军向苏皖解放区发起进攻。在战役中受伤的和逃回的官兵均在徐州集中，再重新整顿、补充、恢复。国无宁日，家无安居。1946年底到1947年，战乱中的李慧芳仍然在为一家人的生计四处奔波，所不同的是，李慧芳搭班唱戏不再单枪匹马，走到哪儿她都带上妹妹李丽芳。她们姐妹流落到徐州时，搭上了富连成社"盛"字科"武生三杰"之一的李盛斌和著名京剧谭派老生王琴生的班子。在徐州唱戏很苦，那时李慧芳每天要演四场戏，早上开锣要先给国民党伤兵演一场，然后是营业的白天戏、晚上戏。晚上散戏后，夜间还要给国民党的军官再加演一场。早上给伤兵演的和夜间给军官演的都是"义务戏"，即分文不得。艺人无权无势，要吃饭活命，这种极其辛苦的无奈之举也难以逃避。一次在苏州跑码头演戏，刚演到一半，国民党兵为抢座打起架来，他们打架可不是一般地动动拳脚，而是端起机枪扫射，这些演员还没有遭遇过此种境况，顿时都吓到后台去了，观众也惶恐不安地四处躲逃；在无锡，还没开戏，不买票的国民党伤兵就都坐满了，她们只能分文不得地出演……那时，李慧芳姐妹在兵荒马乱的岁月中常常这样胆战心惊地苦苦维持着自己的演艺生涯。

1947 年蒋介石将迎来他 60 岁的生日，一些国民党官员为了讨好蒋介石给他祝寿，1946 年便紧锣密鼓地在南京洪武路上大兴土木，建造了一座"介寿堂"。这是一座灰色的半中半洋的三层楼房，囊括剧场、影院、球场、宾馆、餐厅等等。或许是因为蒋介石爱看京剧，介寿堂的剧场建得很阔绰。据当年常在此演出的老艺人介绍：剧场设有两层，楼上正面有一圈座位，上下两层加起来约有 1200 个座席。楼下前排座位均是沙发椅。舞台和后台都很宽敞洁净。在这里除召开庆典、会议外，更多的是供京戏班演出。由于介寿堂剧场条件好，吸引了许多名角，观众也多。李慧芳以前和马宗慧等搭班演戏时常在南京中央大舞台，自打有了介寿堂剧场，便常来这里演出。时至 1948 年冬，介寿堂剧场的演出阵容壮观，角色齐全，花脸有金少臣、王玉让……旦角有李慧芳、顾正秋……老生有宋宝罗、关正明、丁英奇……武生有李桐春、李庆春、李凤祥……小生有马世昌……硬里子老生有李宝櫆……还有许多各路名角也都先后在这里演出过。

当时南京中华剧场经理华子献在介寿堂剧场当老板。华子献是位程派票友，酷爱京戏，人虽其貌不扬，但很有口才，为人细致，做事周密，在京剧界颇有人缘。华子献干练的上下左右协调能力和精打细算的商业经营眼光，使得南京介寿堂剧场生意一直兴隆。李慧芳当时已经很红，在介寿堂的演出一档接一档，天天客满，华子献很高兴，他非常愿意邀请李慧芳来演。因而，李慧芳到南京演出时，一般就落脚在这里。当时，李慧芳凭仗着强悍的票房号召力，在介寿堂演出拿的是加票。比如，别人票价一块，李慧芳则是一块二，那两毛就归李慧芳。华子献和李慧芳一位凭头脑，一位凭才艺，双双火爆，各有所得。

据说，蒋介石比较喜欢看丁英奇的戏。丁英奇是马派老生，和李慧芳合作过。此前，丁英奇曾约李慧芳去台湾演出，因时局不稳，兵连祸结，李慧芳的母亲又很恋故土，所以李慧芳没有去。一次，蒋介石在南京介寿堂观看李慧芳、丁英奇同场的戏。那天，蒋介石端坐在剧场前面的一个单人大沙发上，李慧芳先演的《玉堂春》，演完就离开剧场了。散戏后，蒋介石接见演员时只剩下了丁英奇等部分演员。次日，蒋经国又补设西式茶点，招待了昨晚没有被蒋介石接见的李慧芳等人。招待宴会上，身着浅米色长袍的蒋经国，一副和蔼面孔，话语不多，以惯常辞令礼貌地简单答谢……多年过去，演戏偶见蒋氏父子的历史往事也早已像一块风化的岩石，纹路已模糊不清。李慧芳只依稀记得蒋氏父子一胖一瘦，一个看似威严，一个看似亲和……毕竟这仅是一面之照，李慧芳也仅是台上的一位演员而已。

1948年9月至1949年1月，中国人民解放军在同国民党军队进行的辽沈、淮海、平津三大战役的较量中取得了决定性的胜利。1949年的第一天，南京的蒋介石向全国发布了闪烁隐晦、悲凉忧伤的《元旦文告》。与此同时，红色圣地西柏坡的毛泽东发出的新年献词则是磊落清晰、铿锵有声的《将革命进行到底》。国共两党首脑态度一明一暗的强烈对比使中国政局更为明朗：国民党政府的统治如强弩末矢，大势已去。尽管蒋介石踌躇满志，对金陵情有独钟，但对蒋家王朝不可救药的颓势，心高气傲的蒋氏已回天乏术。南京的萧瑟衰败导致了物价飞涨，百姓人心惶惶，都急忙把手中的金圆券换成"袁大头"。这时，岁月的磨炼使李慧芳的母亲梁玉环变得越来越精明强干，家里的大事小情都由她做主。每天她都要结账算账，把李慧芳晚上唱戏挣来的钱次日一早就匆忙换成"袁大头"，唯恐女儿的辛苦变成一堆废纸。

那时，李慧芳在南京介寿堂剧场唱得很红火，邀约不断，12天一期或18天一期，演了足有半年多。1948年到1949年初，李慧芳不仅自己经常在介寿堂剧场演出，而且每演必带上李丽芳。当时，李丽芳年轻稚嫩，艺术尚不成熟，李慧芳也想借此机会好好带一带李丽芳。她常常让李丽芳唱主角，自己唱配角。比如演《弓砚缘》，李丽芳演十三妹，李慧芳就演张金凤。姐妹同台，颇受关注。那时，李慧芳和宗谭学马的纪玉良演出的《四郎探母》以及和其他名角同台演出的一些老戏也很受欢迎。国民党空军总司令周至柔是个戏迷，因而，在南京他所辖的空军俱乐部常有戏班出入，宋宝罗等一些京剧名角常常在那里演出，李慧芳也多次受邀在那里演戏……就在这期间，一场天翻地覆的变化正在中国大地酝酿着。

1949年的春天，南京这个古都虽然还时有冷空气袭来，但这偶有的倒春寒怎能挡住春天越来越近的脚步！此时，解放军百万雄师已集结于长江千里防线，蓄势待发。4月20日谈判最后的签订期限到了，国民党政府拒绝在和平协定上签字。毛泽东主席和朱德总司令随即发布了《向全国进军的命令》，命令中国人民解放军"奋勇前进，坚决、彻底、干净、全部地歼灭中国境内一切敢于抵抗的国民党反动派，解放全国人民，保卫中国领土主权的独立和完整"。

解放南京的战役打响了，当时李慧芳全家包括一个亲戚共7口人，只有李慧芳父亲一人留守上海的家中。上海马路传言增多，加之通讯及交通不便，所传之说是真是假，难以证实。许多社会底层的穷苦百姓平时听惯了国民党的宣传，对解放军并不了解。饱尝战争之苦的父亲听说又要打仗了，在上海心急火燎，寝食难安，天天来电话催母亲，要她带着儿女们快回上海。因华子献总是诚意挽留，所以李慧芳迟迟未归。最后，急得寡言少语的父亲在电话中大骂了母亲一顿。人心惶恐，父亲紧催，李慧芳母女和许多穷苦百姓一样，虽身在南京，但对时局也不了解。情急之下，李慧芳和母亲再作商量后决定立即回上海，无论华子献怎么劝说，李慧芳去意已定。1949年4月22日，介寿堂还有李慧芳的一场《红娘》。进入战时状态的南京，紧张气氛与日俱增，各娱乐场所已乏人光顾，但戏报早已贴出，这种局势下能否演出难以预料，所以她不能走。全家人商议决定，战事已起，能早走就早走，能先走几人就先走几人。李丽芳携弟弟们跟二表姨便先动身回上海，除了留下李慧芳演《红娘》需要的行头外，全部行李和全部戏服都随之在南京下关车站托运去上海。

南京下关车站位于下关区龙江路8号，1908年沪宁铁路建成通车后，称为沪宁铁路南京车站。国民政府定都南京后，改称南京下关车站。汪伪时期，一度称为南京车站。1949年4月23日清晨，国民党军队对车站中央大厅进行撤退前的毁坏。也不知下关行李房何时起了火，李慧芳家托运的行李和演出用的全部行头都被大火烧光。李丽芳一行4人乘坐的火车也在京沪线途中临近苏州站的"戚字堰"小站受阻无法前行。一时不知所措的李丽芳突然想起了苏州城的阎皓明。阎皓明是"红生泰斗"林树森的女婿，为人仗义，那时阎皓明正在苏州，他上演的清装戏《血滴子》红极一时。姐姐慧芳曾搭过林树森的戏班，也曾与阎皓明同台献艺并相处得情如手足……想到此，李丽芳便下了火车带着弟弟们、二表姨立即步行去苏州投奔阎皓明。

　　1949年4月23日，在解放军强大的军事威慑下，南京国民党守军匆忙撤退，南京城内一片混乱，李慧芳和母亲就在这天去南京火车站准备坐火车回上海。那一日，南京火车站偌大的候车大厅内垃圾遍地，污秽不堪。车站到处是残垣断壁，已被国民党工兵破坏得面目全非。一列列过往的火车上，车厢像沙丁鱼罐头，里面人摞人。车厢顶也都坐满了人，甚至车头上凡是能站人的地方都有人，能抓的地方也"挂"上了人。李慧芳和母亲乘坐的火车到了镇江后再也无法前行了，她们只好下车步行，从京杭国道徒步赶往上海。

　　在潮涌般的逃难人群中，母女二人紧紧拉着手依偎着往前赶。吃饭，靠好心人沿途设点施舍的稀粥，虽吃不饱但总比饿肚子强；睡觉，靠沿途一些说书场的八仙桌，虽硬邦邦地难以安眠，但能有个地方躺上一会儿，也能稍微歇息一下困顿肿胀的腿脚。一路上，拥塞着各种机动车、人力车、牲畜拉的车。有钱人雇车捎脚，连行李带家具一起拉着走；无钱人便肩扛手提破铺盖卷，扶老携幼，步履蹒跚地往前挪。撤退的国民党部队和躲避战火的老百姓都挤在一起，摩肩接踵，簇拥前行。李慧芳母女没有钱，只有一套演戏才能派上用场的红娘戏服，所以只能靠两条腿走。她们风餐露宿，随着逃难的人流走了整整五天五夜，临近杭州时，母亲累病，再也难以迈动灌了铅似的双腿，李慧芳也两腿僵直，只能一点点挪动。窄窄的马路上，人车混流，汽车也只能慢腾腾地行驶。李慧芳看着母亲那疲惫不堪的样子，担心母亲有个三长两短。这时，她再也顾不上面子如何了，回过头来，发疯似的见车就拦。这些车自顾不暇，根本无力理她们母女的茬儿。忽然，李慧芳看到远处的路旁停下一辆撤退的国民党运兵车，就赶紧走过去壮着胆子去央求他们搭车。这时，车上一个小官儿模样的人问："你们是干什么的？"李慧芳如实说:"我们是唱戏的,家在上海,想回家去,但没有钱坐车,我母亲已累病,实在走不动了,如果这辆车去上海,请你们发发善心,可怜一下我母亲,捎个脚吧。"那人看了她们一眼,似乎觉得她们灰头灰脸的不像演戏的,有点不相信地说:"唱戏的?那你给我们唱段戏听听。"李慧芳一听马上就唱了起来,不知那人是喜欢听戏还是看她们母女可怜,立刻动了恻隐之心,没等李慧芳唱完,就急忙招招手说:"行了,行了,快上来吧。"说着,把李慧芳母女安排到驾驶室里。不久,车开了,一直把她们带到了上海。

到了上海后,母亲飞也似的扑进家门,眼睛匆匆朝四周一扫,没见到丽芳她们的人影儿,劈头就问父亲:"丽芳他们呢?"父亲说:"还没到啊!"母亲一听,不禁号啕大哭起来:"丽芳走得比我们早啊,这么多天了,早该到了啊!"母亲掉头就要出门去找丽芳她们,可到哪去找呢?丽芳4人生死未卜,母亲的眼泪像断了线的珠子一样不停地掉下来,就这样懵懵懂懂地哭了半天后,丽芳托一位商人捎的口信到了,得知丽芳他们住在苏州阎皓明家平安无事,母亲这才破涕为笑,一颗心落了地。但是,母亲护犊心切,为了孩子们,多少年来她一直忍辱负重,含辛茹苦,里里外外操劳着,执拗地恪守着母亲的责任。此时,哪怕赴汤蹈火,她也坚持无论如何都要马上动身,亲自奔苏州去见丽芳她们。母亲思子心切,这股韧性谁也阻止不了。不通车怎么办?经打听,可以乘小船走内河到陆家浜,转而到苏州。李慧芳一直是母亲的主心骨和帮手,每逢关键时刻,这母女二人总是同甘共苦,相依为命。此时,李慧芳虽行眠立盹,但她十分挂念弟妹们,便二话没说,陪母亲马不停蹄地坐小船辗转去了苏州。

兵荒马乱,母女二人一到船上就遇到了特务盘查,她们一路上提心吊胆,战战兢兢,好容易挨到了苏州。这时夜幕笼罩,苏州的城门都关上了，李慧芳母女就和一群逃难的百姓一起扯着嗓子向守城的解放军使劲喊话："解放军，我们是逃难的老百姓，我们想回家，请开开城门吧。"守城的解放军马上过来，查清后很快给她们打开了城门。这一次，解放军给李慧芳留下很好的印象——解放军对老百姓真和蔼！

苏州城的这个夜晚漆黑一片，不时传来尖啸的枪炮声，李慧芳母女疲惫仓皇地闯进了阎皓明的家，终于见到丽芳他们。山穷水尽后的柳暗花明顿时让栉风沐雨的母亲一下子瘫坐不起……阎皓明热忱地安顿下连日饱受惊吓折磨的李慧芳母女。过去搭班唱戏，阎皓明曾善待过李慧芳，今天避难到此，阎皓明待李慧芳一家人更是同情有加。在那段非常时期，李慧芳家六口人都在阎皓明家吃住。阎皓明深知在这个世道里同行的生存之难，李慧芳及家人与自家挤在同一屋檐下非但没有丝毫嫌弃，反而唯恐不周，让李慧芳一家人感受到莫大的安慰。1949年5月27日，上海解放了。消息传来，李慧芳和家人谢别了苏州的阎皓明回到上海，全家人终于又团聚了。阎皓明为人的慷慨厚道、与李家的患难之交一直铭记在李慧芳全家人心中！

李慧芳回到刚刚解放了的上海。一眼望去，晴朗的大上海，马路上到处可见飘扬的红旗、鲜艳的标语、载歌载舞的青年人、扬眉吐气的老百姓，上海呈现出一派从没有过的令人振奋的新景象。在夜闯苏州城时，李慧芳对解放军已产生好感，但还不甚了解，尚怀几分生疏，当她再次在上海街头遇见待人有礼、说话和气的解放军官兵时，便对解放军又亲近一分；晚上，当她看到许多解放军官兵都整齐地露宿街头时，更感到震惊。李慧芳相信自己的眼睛，原来解放军是这样的军队啊！——有礼貌，不扰民，对老百姓亲切！打这时起，一次次耳闻目睹，解放军在李慧芳的心目中，形象变得更加美好、高大。

在旧社会卖艺闯荡的李慧芳，依靠着自己的艺术实力，推动着家庭这个大磨盘，艰难地一圈一圈地走啊走啊，无休无止，精疲力竭。从6岁卖唱开始，她吃了多少苦，受了多少累，搭了多少班，唱了多少戏，李慧芳自己也难以数得清。在战乱疾苦接连不断的漫漫长夜中，李慧芳这样的艺人也唯有如此千辛万苦地劳碌奔波，才能勉强度日。新中国成立了，李慧芳仰望着黎明初现的一缕曙光，终于能直起腰来舒口气啦！

9
挑班演头牌　唱红大江南

1949年10月1日，中华人民共和国成立。解放了，在和平温暖抚慰中的李慧芳不再受战乱之苦，可以安心地、安全地跑码头演戏了。但一波三折，好事多磨。南京解放时，李慧芳演戏的行头除一套红娘戏服外在南京下关火车站托运时全部被烧光。刚刚解放，李慧芳家境还很贫寒，一时做不起这么多行头。那时，主要演员唱戏都需备私房行头，没有行头谈何演出。李慧芳人缘好，运气佳，在困难时总能遇到贵人相助。有一位叫吴汉民的银行协理，上海人，是李慧芳在徐州跑码头时认识的戏迷，他很爱看李慧芳的戏，不仅酷爱京戏，而且心地善良，十分体谅那些贫寒的艺人。当他得知李慧芳演戏有了困难，便立即慷慨解囊，帮她们置办了一些戏服。这样，李慧芳终于又能登台演戏了。此时，李慧芳便带着妹妹李丽芳开始活跃在上海天蟾大舞台上。

据资料记载：天蟾舞台最早叫大新舞台，1925年由三元公司投资建于上海四马路（今福州路701号）。1926年春节，大新舞台落成，开台演员有李吉瑞、荀慧生、高庆奎、白玉昆等。不久南北各路京剧名角接踵而至，周信芳、盖叫天等一代开宗立派的大师都曾到此登台献艺。这个享有"远东第一大剧场"之誉的上海历时最为长久、最具规模的戏剧演出场所，在受到南北名伶巨匠青睐的同时，更扬"天蟾"美名，故而"不进天蟾不成名"便成为梨园界对天蟾舞台的最高褒誉。

能在天蟾舞台立足对艺人成名可谓举足轻重，李慧芳就在天蟾舞台常与妹妹演《红鬃烈马》。《红鬃烈马》的历史故事妇孺皆知，王宝钏、薛平贵、代战公主也成了戏迷票友津津乐道的人物，其唱段也是脍炙人口。无论青衣还是老生，都格外垂青《红鬃烈马》和其中那些脍炙人口的折子戏。以王宝钏为主要故事线索的"王八出"（《花园赠金》《彩楼配》《三击掌》《平贵别窑》《探寒窑》《武家坡》《算粮》《大登殿》)、以薛平贵的故事为主要线索的"薛八出"（《花园赠金》《彩楼配》《平贵别窑》《误卯三打》《赶三关》《武家坡》《算粮》《大登殿》）被历代名流名家不知道演绎了多少个来回，且绵绵无期。其中一些折子戏至今成为逢年过节给戏迷必上的一道美食佳肴，而戏迷们从来食不厌精，对每种风格烹饪的"红马"各个部分之美味必细细享受，取其戏核，或赞美或挑剔，最终自然是"横看成岭侧成峰，远近高低各不同"，这或许就是《红鬃烈马》吸引各路戏迷纷至沓来久演不衰的魅力吧。李氏姐妹常演"王八出"中的几折戏，她们不弃原汁，器皿翻新，很是能揣摩食客的求新求异。李慧芳则是醉翁之意不在酒，她是想在新杯老酒

1949年的李慧芳

中竭诚推出"心意"——在艺术上全力牵扶自己的妹妹。如前面李慧芳演《武家坡》中王宝钏，后面李丽芳就演《大登殿》中的王宝钏。李丽芳演王宝钏时，李慧芳则演代战公主。为了提携妹妹，李慧芳那时多演老生戏，旦角戏大都让给妹妹演。姐妹俩时而同演旦角，时而一生一旦，不断翻花，势头不减，因而她们的戏很有点钱塘江潮之魅力，多变而迷人，每次都有新意，让人总是看不够。一时间，李慧芳姐妹的才艺和新颖的演出极受追捧，不仅在上海舞台上美名传扬。在外码头，姐俩也名声远播并日见显赫，票房颇为可观。那时，李慧芳邀约不断，她便带着李丽芳和自己的琴师、容装师应接四方，转演各处。那时她们常去的地方

李慧芳（右）和李丽芳在上海

有苏州、南京、武汉、长沙、西安等地。一路巡回，风光不尽。

1950年，遐迩闻名的李慧芳周围聚集了几位头角峥嵘的演员，谋划要与她同台奏艺，其中几位便是上海戏剧学校正字科毕业的学生。上海戏剧学校可不同寻常。1939年10月8日，在上海法租界白莱尼蒙马浪路（今马当路）27号洋房一幢成立了一所培养京剧演员的学校，这

就是上海戏剧学校，由上海爱国实业家许晓初联系上海各界创立筹办，陈承荫任校长。这所戏剧学校和北京科班不一样，它学制为7年，实行走读，虽不供食宿，但学生免缴学费。除学习专业课外，兼学文化，录取的百余人均以正字排名。上海戏剧学校虽然仅存短短6年，但以教学质量高而留名于后世，所培养的学生中不乏综合素质上乘的优秀京剧人才，如顾正秋、张正芳、张正娟、关正明、汪正华、孙正阳等，成为赫赫有名的江南戏曲名校。对此李慧芳早有耳闻，因而也很看重这所学校。于是，在这几位正字科高材生的诚挚鼓励之下，1950年李慧芳挑头牌组织了一个京剧艺术小团体，起名为"李慧芳京剧团"，加盟其中的主要演员就是这所上海戏剧学校正字科中的几位优秀学生：与顾正秋并列为戏校尖子生的老生关正明、后享有"江南名丑"之誉的孙正阳、唱念做舞俱佳的旦角周正雯。除此，李慧芳还邀来了富连成末班出科的名武旦冀韵兰，与毛世来、李世芳、刘元彤同时先拜梅兰芳后求教于姜妙香的富连成世字科的小生张世兰。加盟李慧芳京剧团的还有拜张焕亭、霍仲三、刘砚亭为师专攻净角的苏维明。苏维明曾与谭富英、杨宝森、奚啸伯、李洪春、叶盛兰、荀慧生、张君秋等合作演出过，是位颇有实力的演员。另外还有冀韵兰带来的两个傍角打出手的演员，武艺也不一般。妹妹李丽芳一直跟随姐姐，自然也在其中。武净孙元增、老生迟世恭、花脸张洪奎、丑角郭元祥等，这些颇具影响的演员也都先后不一地参加过李慧芳京剧团的演出。因而李慧芳组的这个戏班可谓行当齐整，人才过硬。这个小剧团巡演时，主要演员是自己的，底包则用剧场邀请方的。李慧芳剧团人不是太多，但麻雀虽小五脏俱全，还有文武场琴师普德馨、查庚生、二銮，曾是奚啸伯底包的鼓师陈宝山，还有容装师、服装师、外联……李慧芳就带着自己的这个剧团由苏州、无锡、常州、镇江、南京等一路演下去。

旧时戏班，演员受邀到外地演出时，通常将自己最拿手的剧目放在最开始的几场演出中，以提高自己的知名度和影响，这些拿手剧目谓之"打炮戏"。李慧芳剧团的打炮戏自然不外乎几位主演最拿手和最有号召力的剧目。他们每到一处三天打炮戏，一晚三出。

开锣演武戏的冀韵兰才华横溢，他早在中华戏曲专科学校学戏时，因长得俊秀，学校分配他学旦角。1940年，中华戏校停办，他便转入富连成社继续学戏，归入韵字科，尚未出科时就因崭露锋芒而提前毕业。他的武戏不仅武打火炽、坚挺力拔，且身段优美、舒展俊朗，多有令人叫绝的过人之处，其拿手戏《泗州城》中他饰演水母一角很具震撼力。《泗州城》是一出神话剧，讲述女妖水母盘踞泗州城兴风作浪，孙悟空率神兵天将与之格斗，终将水母降服的故事。剧中武旦有多种不同的武术套路，表演上重在武功。短打武旦常常在神话戏里大显身手，冀韵兰饰演的水母，不仅扮相飒爽，其武打既稳、准、狠，又轻、帅、美，刚柔有度，很具观赏性。冀韵兰开锣登场，台下便有轰然彩声。

二出戏老生登台的关正明先声夺人，他扮演《空城计》中的诸葛亮，羽扇纶巾，飘逸潇洒，果敢睿智，古朴儒雅。一出《空城计》，关正明念唱迂回婉转、一波三折。他唱的【西皮二六】"我正在城楼观山景，耳听得城外乱纷纷。旌旗招展空幡影，却原来是司马发来的兵……"声韵袅袅，绕梁不绝。关正明的一副好嗓子，听得台下观众如酒过三巡、菜过五味，直呼痛快过瘾！

末尾唱大轴的是李慧芳，她戏路宽广，唱念做表皆有魅力。李慧芳演的红娘，柔媚娇娆，让人开颜。她一上台就引人瞩目：善良泼辣、轻盈谐趣，委婉俏丽、机智活泼。她唱的【西皮摇板】"春色撩人自消遣，深闺喜得片时闲，香尘芳径过庭院，呖呖鹦鹉巧笑言"，自然流畅，大方得体。李慧芳虽个子高，台上她演的红娘却"娇小"，俨然一个活泼天真、引领小姐游玩的小丫头，流露着少女自然的俏丽、轻盈、谐趣、活跃的神态和心境。细细品来，李慧芳的荀派戏不仅深得荀派甜润柔媚、三春杨柳之神韵，尚独有一份自然天成、大气舒展、清灵隽秀在其中。唱念做表绝无挟带分毫疯癫、挑逗、娇嗲、做作之俗。《红娘》虽是荀派代表剧目之一，而李慧芳又非荀门之徒，但她深得荀派神韵，这极为难得。因而，李慧芳的《红娘》在南京介寿堂剧场时就曾红极一时，久演不衰。在各码头上演，自然难逃观众的热力追捧。李慧芳的三天打炮戏天天翻新，今天演荀派《红娘》，明天或许就是演程派《锁麟囊》，后天就可能演一出梅派《生死恨》。但戏码也有重复的时候，凡此重复皆为弥补想看这出戏而没看到的观众之遗憾。比如演了《红娘》之后，还有许多观众要买这场戏票，那就间隔一两天再演一场《红娘》，中间插演《西施》或《玉堂春》或李慧芳两头演公主、中间反串小生杨宗保的《四郎探母》。

那时的演出时间长，从晚上 7 点多开始，一直演到半夜 11 点多，观众仍余兴未尽，依依不舍。演员也沉浸在成功和丰收的喜悦中，常常兴奋难眠。

李慧芳剧团人数不多，但演出的剧目可不少，他们常演的既有武旦

李慧芳饰演《红娘》中的红娘

"文革"后李慧芳、萧盛萱演出《十八扯》

戏《泗州城》《战金山》等,也有老生戏《空城计》《文昭关》等,更有名目繁多的旦角戏,四大名旦的戏李慧芳都演,梅派戏《宇宙锋》《生死恨》《贵妃醉酒》《霸王别姬》《凤还巢》《三娘教子》等,程派戏《锁麟囊》《荒山泪》,尚派戏《失子惊疯》《汉明妃》,荀派戏《红楼二尤》《红娘》《钗头凤》等,除此之外,《纺棉花》《戏迷小姐》《盗魂铃》《十八扯》这样多姿多彩的"热闹戏"李慧芳也演。

《纺棉花》说的是:商人张三发财还家,刚到门首,巧值其妻王氏在院内纺棉。王氏因寂寞难遣,乃唱诸般戏曲及小调自娱。张三在门外亦歌兴大发,唱起什杂曲艺,最后开门,夫妻团聚。20 世纪 40 年代戏曲界飘起"纺棉花"旋风。卷入此风的首先是吴素秋,紧随其后的有言慧珠、童芷苓、李慧芳等一批才华横溢的女演员。据说当年这出戏,"南下淞沪,北出幽燕,海报一出,不仅连演连满,而且台上台下声气相应,喝彩声如雷滚涛吼"。剧中土得掉渣的农妇王氏在舞台上竟然是个珠光宝气、时装新潮的摩登女郎。在舆论哗然、骂声载道中,舞台上这台"纺车"竟然不停不歇,纺出粗细各异、鲜亮多彩的线来,围观者亦甚众且大喜,于是,这棉花就一直持续"纺"了数年之久。对此戏,剧评论家尹丕杰从戏剧观赏性评说道:"《纺棉花》它和《大卖艺》以及京剧传统戏中的《盗魂铃》《撞天婚》《戏迷传》《十八扯》《花子拾金》等一样，不是靠剧情的悲欢离合，而是靠演员个人的玩意儿来号召观众的。剧目的这一特性向演员提出了严格的要求：必须多才多艺，十八般武艺样样精通。"《（纺棉花》）是在简陋的戏剧形式掩盖下的个人独唱音乐会。"事实正是如此，吴、言、童等卓荦超伦，李慧芳亦身怀绝技，她们多才多艺，善于"纺棉"，所以，她们才有勇气在众目睽睽之下摇动纺车。与《纺棉花》相似的时装轻喜剧《戏迷小姐》沿袭《戏迷传》而来，也是各就所能路数，随意演唱，属让演员展示才艺的戏目。对李慧芳来说，此戏也是"手到擒来"。李慧芳剧团的主演都有过人的拿手剧目，如此轮演，观众看得眼花缭乱、心旷神怡，李慧芳剧团也因此而名声大振。李慧芳的艺术极有号召力，许多戏迷就是奔李慧芳的戏而来，无论是她的旦角戏还是她一赶三的《盗魂铃》等都很招揽观众。尽管当时李慧芳剧团的票价很高，仍连卖满堂。

为了节省路费开支，李慧芳带团在沪宁线上巡回，演半个月到一个月再换码头。每到一处，八仙过海，各显其能，演一处红一处，一路下来一路红透。随着李慧芳小剧团的名声远扬，邀请他们的地方也越来越多。他们常驻扎在长沙、武汉等地，场场盛况不衰，演出最为红火之处

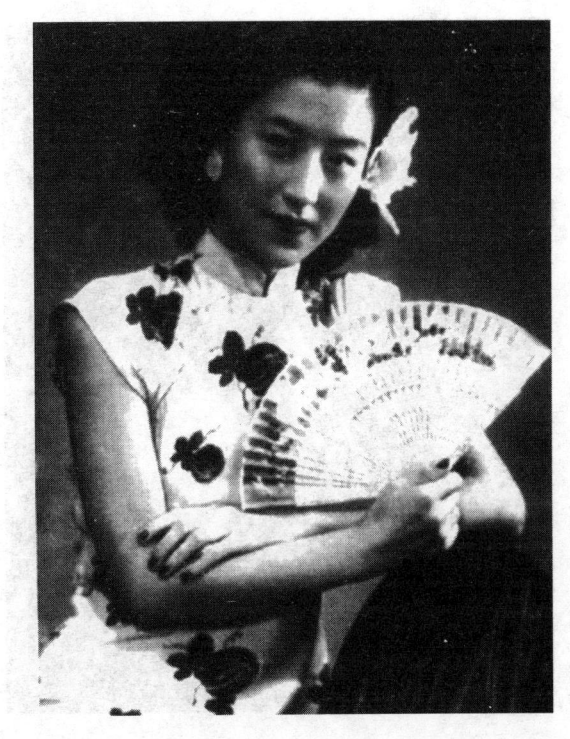

1950年的李慧芳

1950年李慧芳在武汉演出《锁麟囊》

当推武汉。

武汉历来是京剧的重镇码头。汉口有个老剧场叫民众乐园，民众乐园是闻名全国的老汉口娱乐大世界，它曾多次易名——最先叫"汉口新市场"；1926年改名"中央人民俱乐部"；1927年为"血花世界"；1928年为"汉口民众乐园"；1945年抗战胜利后，定名"民众乐园"至今。因它初名为"新市场"，故而汉口老一辈人习惯把民众乐园称之为"新市场"。

据资料记载：民众乐园是1918年仿上海大世界而建的武汉最大的综合性文化游乐中心。1919年建成以后，在园内布置有三个剧场、两个书场，外加杂技厅（雍和厅）、大舞台和新舞台。大舞台是和京剧演出关系最为密切的场所。大舞台建成后，既有过盛大的汉剧首演，也有流行文明戏的新鲜登台，但占据舞台最为持久的是当时处在第二个鼎盛期的京剧。自1925年大舞台改演京剧后，聘请过京、津、苏、沪等地名角张筱楼、陈筱穆、良艳芳等到此演出。此后，全国京剧名流接踵而至，这里便成为京剧演出的重大基地。1934年3月27日至4月1日，梅兰芳、谭富英、金少山等在此做了为期6天的演出，盛况空前。同年，马连良、李万春、周信芳等推波助澜，相继来武汉民众乐园演出。一时间，民众乐园的大舞台，京剧名角荟萃，流光溢彩，盛极一时。

李慧芳对武汉民众乐园极有感情，她常自信地开玩笑说那里是她"七进七出的长坂坡"。这话不假，李慧芳从18岁时就在武汉民众乐园搭阎皓明的班，那时人们还习惯称它新市场。"红生泰斗"林树森抗战初期曾多次在那演出，汉口沦陷期间，他的女婿小红生阎皓明这时改名为阎正明，在新市场挑梁演出。在那里，除阎正明挂头牌演出关羽戏《单刀会》等外，二牌女老生即为李慧芳，当时李慧芳还叫李淑棠，三牌花旦为雪艳香。李、雪二人当时不满20岁，花容月貌，嗓音淳美，她俩合作的生、旦传统戏《游龙戏凤》（又名《梅龙镇》）一剧轰动了美丽的白云黄鹤之乡。当时李慧芳唱老生，除给阎皓明配戏外，她的《群英会》《一捧雪》《四郎探母》等正工老生戏演得也颇有名气。后来，李慧芳改旦角后，曾和"江南一条腿"的武生王少楼在此合演过《天河配》，李慧芳扮演主角织女，武生王少楼扮演牛郎，演出不同凡响……李慧芳虽然改演了旦角，但她还是不忘过去的老生本行，常在此演全本《穆柯寨》，她先演穆桂英以旦行应工，后演杨延昭则以老生应工……解放前，李慧芳先是帅气的女老生，后亦生亦旦，在这里多次搭班，红透汉口。多年过去，风华正茂的李慧芳艺术更加老成练达，她回武汉献艺，无疑给民众乐园大舞台增添了许多精彩和轰动。武汉的老戏迷们喜出望外，奔走相告，传送着昔日李淑棠、今日李慧芳要来武汉演出的消息，津津乐道李慧芳当年的风采。另有名武旦冀韵兰、名老生关正明、名丑孙正阳等的加盟，戏码文武并重，让观众翘首期盼。因此，李慧芳京剧团人未到，武汉的民众乐园却先热闹起来。戏院前售票处排起了长队，观众们准备大饱眼福耳福。李慧芳京剧团来汉演出，不仅给武汉戏迷带来欢快，也给武汉戏院带来财源。武汉的民众乐园，对于李慧芳的惠顾，也总是表现出非同寻常的热情和兴奋。

不仅在民众乐园，乃至在整个武汉各个剧场，李慧芳都有一大批拥跫者。那时，李慧芳演出前，戏迷簇拥要她签名；扮上戏后，还有人"围追堵截"，要求签名；演出中，有人冲动地跑到台口想和她握手；谢幕时，观众更是争先恐后拥在台下向她致意；每次离场时都需要剧场管理人员保驾，才能在后台蜂拥的观众群中辟出一条窄窄的前行小路。更有痴迷的观众索性等候在她乘坐的车前执意要求签名留念，大有不达目的誓不甘休的架势。据说，武汉有一位文化人胡行之先生，他邀请李慧芳前来演出，首先考虑的就是给李慧芳派人保驾的问题，可见李慧芳当年在汉口是多么轰动。李慧芳重返故地演出，武汉的戏迷竞相争睹，对李慧芳"老"树又开的新花誉不绝口——这花，红得娇艳，红得耀眼！

年方21岁工文丑的孙正阳，他在上海戏剧学校正字班坐科时打下了扎实的功底。不知是否应了"人相聚有缘"的俗说，昔日，李慧芳年少时和孙正阳的姐姐就有合作。李慧芳唱老生，孙正阳的姐姐孙君萍唱旦角，她们小姐俩常常同台演出，煞是精彩。孙正阳和李丽芳同龄，当时都在母亲怀中哺乳。后来在上海，李、孙两家住得很近，李慧芳的母亲与孙正阳的母亲常来常往，关系甚好。没想到20年后，当年乳臭未干的孙正阳竟成了优秀的京剧小花脸，又来到慧芳大姐身边。在李慧芳主演的《女起解》《锁麟囊》《昭君出塞》等老戏中，孙正阳不仅有上乘表现，在《十八扯》《纺棉花》《戏迷小姐》等戏中，也时常展现出超常的艺术才华。戏中串戏，南腔北调，各行当流派都得模仿，他的表演常惹人耳目，为戏增光添彩。李慧芳待年轻艺高的孙正阳亲如手足，艺术上提携，生活上关照，从不怠慢一分。孙正阳在这个亲如兄弟姐妹的剧团演戏总有如鱼得水之欢悦。对孙正阳来说，李慧芳台上是炫人耳目的大角儿，台下则是宽厚仁慈的大姐和虚心好学的同行。平日拍戏，李慧芳常常征求孙正阳的意见："正阳，你看看我的手这样行不行？""你看我那样可以吗？"恳切真挚，从不摆谱，在孙正阳眼里，李慧芳不是大牌、角儿，她就是自己的亲大姐！

给李慧芳配戏的二旦周正雯是经孙正阳介绍到李慧芳剧团演戏的。周正雯是个专心致志演戏、两耳不闻杂事的女孩儿，老实本分，单纯善良。她虽是上海戏剧学校的尖子生，但她来到李慧芳剧团情愿从头路改为二路。初见李慧芳时，她如实相告："我家贫，没有行头。"李慧芳当即说："我有啊，多的是，你尽管放心唱戏就是啦！"李慧芳的善良豪爽给周正雯留下了深刻的第一印象——李慧芳这个北方人直爽、痛快！其实，二路演员演好也不容易，必须把握好分寸，揣度头路表演的思路，给头路演员的表演"穿针引线""铺路架桥"，满足头路演员的表演需求。台上，周正雯恪守艺德，从不抢戏，一心

1950年为欢送中国人民志愿军赴朝，李慧芳（左）与孙正阳表演打腰鼓节目

一意甘为陪衬。李慧芳在《红娘》中饰演红娘，周正雯便饰演崔莺莺；《战太平》中李慧芳演花云，周正雯就演孙夫人；《西施》中李慧芳演西施，周正雯即演旋波；《四郎探母》李慧芳演铁镜公主，周正雯则演萧太后……她们默契配合，愉快合作，上演的戏很能叫座。这对善良美丽的舞台姐妹，年龄相差一两岁，身材相仿，都是一米七的个头；一位直率，一位内秀，性格互补。两人既是艺术上的好搭档，也是生活中的好朋友。李慧芳把周正雯当成自己的亲妹妹，有什么好东西都不忘与周正雯分享；李慧芳的母亲则把周正雯当成亲闺女，做好饭时，总是亲切地

20世纪50年代梅兰芳演出《霸王别姬》后与几位演员合影。梅兰芳（后排中）与周正雯（前排左一）等

招呼周正雯："闺女啊，快来吃饭啦！"而周正雯也总是亲切地叫李慧芳"慧芳姐"、叫李慧芳的母亲"李大妈"，还经常愉快地帮助李慧芳、李大妈做些自己力所能及的事情，与她们相处得就像一家人。周正雯在李慧芳剧团，过得愉快，唱得舒心。她由衷地感叹："我傍慧芳大姐真是傍对了！"

同样，李慧芳与关正明、冀韵兰、张世兰等主要演员也相处得很融洽。不仅如此，也从不低看其他一般演职员。李慧芳认为：大家既是同行也是兄弟姐妹，更是同甘共苦的朋友。

李慧芳京剧团人不多但是名气不小，各地盛邀不断。1949年随中原军区来武汉的文化干部巴南岗，解放后在武汉市文化局当局长。这位老干部非常热爱管理文化事业的工作，他喜爱传统文化，因而特别关注李慧芳剧团，常常热情邀请李慧芳剧团到武汉演出，并对李慧芳剧团给予热情周到的接待。

这一时期，李慧芳还应邀在上海中国大戏院演双出戏，前面主演全本《红娘》，唱旦角，后又反串须生出演《战太平》的花云。在反串这出戏中，李慧芳所扮演的花云，不仅唱念酣畅淋漓，而且开打的一招一式，同样身手不凡。在戏里，花云的表演使用了一个"虎跳"的技巧。"虎跳"是京剧演员毯子功的必修课之一，演员双手按地，侧身翻过后，双脚落地，抬手拧身向前，这个动作也形象地称为"车轮"，即体操运动中的"侧手翻向外转体90度"。戏中，花云身披大靠做虎跳，这是一个高难度动作，李慧芳却完成得滴水不漏。每演到此，观众对李慧芳不同寻常的才艺展示总是心悦诚服地送上掌声彩声……解放初，凡是来上海中国大戏院演出，戏单上一律标注演出单位为新中国京剧团。因而，60余年过去，透过这张印有新中国京剧团李慧芳领衔主演《红娘》《战太平》的套红老戏单，仍然能感受到李慧芳的艺术当年是多么的光艳夺目！

《坐宫》李慧芳饰铁镜公主

李慧芳挑班，她的艺术号召力极强，一个人顶几人，大家都愿意傍她，李慧芳的名字就是最好的招牌，因而票房好，收入高。但是李慧芳对钱绝不贪婪，剧团的演员戏份分配根据上座与剧场分成，演员之间的戏份按每个人所定分数分配，这种分配较为科学合理，所以大家从来没有为经济收入闹过矛盾，彼此相处，亲如一家。坚持有福同享是李慧芳管理剧团的原则，她的豪爽厚道赢得了大家尊重。李慧芳这朵红花不仅以自己的艺术艳丽和芬芳引来了观众争相追捧，她的人格魅力也散发出光彩和馨香引来同行甘为绿叶。花，红得鲜艳；叶，绿得苍翠。红绿相间，迷人眼帘，每到之处，春满舞台。

《 093

9 挑班演头牌 唱红大江南

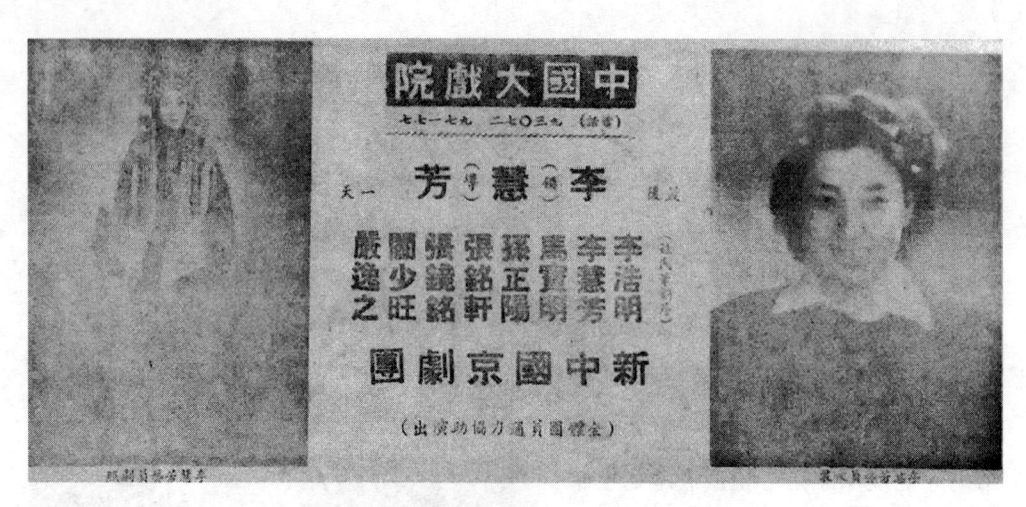

1950年上海中国大戏院演出戏单

　　小巧别致、风景独秀的李慧芳京剧团此时"步步皆风景，游人四海崖"，很让人羡慕。但就在这时，一场演出变故彻底将这座拥有美好景致的玲珑园林破坏殆尽。

　　1951年春节，李慧芳应当时上海天蟾舞台经励科陈福赉的邀请，兴致勃勃地带团去天蟾舞台准备演出。不知何故，据说是陈福赉又同时邀来中国戏曲研究院京剧实验工作团（即中国京剧院前身）来天蟾演新编历史故事剧《江汉渔歌》。《江汉渔歌》表述的是南宋抗金历史中以渔父为代表的爱国民众抗金兵保国的故事。自1950年10月中国人民志愿军赴朝参加抗美援朝后，得到了全中国人民的全力支持。1951年，我国文艺界紧跟形势，全国各地纷纷演出了一批宣扬爱国主义精神的戏剧，《江汉渔歌》便是其中一个剧目。面对北京来的国家大剧团、新编剧目，李慧芳这个私人小剧团、传统老戏，显然薄弱无根，不合时宜，难以与之竞争。李慧芳剧团与中戏实验团的演出是否因此而撞车不得而知，总之，李慧芳剧团当时被搁置到"旱岸"上了。旧时，京剧行话把没有搭

1950年上海大戏院演双出前《红娘》后《战太平》

上班儿的时候叫"落在旱岸上"，在"旱岸"晾晒，这本身就是让演员感到很尴尬的事，更有"演员春节不唱戏很丢脸面"的梨园习俗让人难堪。曾经让李慧芳飞扬得意的天蟾舞台此次却让李慧芳垂头丧气，这尴尬和难堪加在一起，让盛名之下的李慧芳丢尽面子，也让她无法跟自己剧团的演员交代，李慧芳难以接受这个现实。当时天蟾舞台的班底很硬，武旦有班世超，老生有谭元寿……人才齐备。因而陈福贽坚持，李慧芳剧团整个留下不行，老生、小生、武旦等都不需要，李慧芳是头牌名角，陈福贽很想把李慧芳留下。缺少小花脸，也想把孙正阳留下。李慧芳对此很生气，弃团自奔的事李慧芳绝不干，她坚决不留。孙正阳是个很讲义气的演员，他也认为大家一起来的，是一个整体，理应有福同享、有难同当，你弃他人不用，单留我，我也不能留下……

在天蟾舞台遭受冷遇后，李慧芳感觉自己很掉价，负气之下她作出了一个惊人的决定："不唱戏了，结婚！"于是经人介绍，李慧芳仓促嫁给了长沙一个轮船分公司经理，此君是上海人，也是一位戏迷，叫李宝昌，这人漫长白脸，高高瘦瘦，斯斯文文。结婚时，李宝昌对李慧芳提出一个条件："你若与我结婚，今后便不能再唱戏了。"旧时，女性结婚一般就不再工作了。这似乎也是约定俗成的"规矩"。李慧芳虽然心里割舍不下京戏，但是也难易俗，又恰逢此时正在赌气，便狠心一口答应道："不唱就不唱吧。"李慧芳不唱戏了，曾经红极一时的李慧芳剧团也就随之解散了，大家虽恋恋不舍，但为了生活，也只得各奔东西。

婚后，李慧芳才知道走路有些摇摇晃晃的李宝昌不仅仅是外表弱不禁风，他内里也有很多疾患，竟然还患有严重的肺功能疾病，天天咳喘不止，夜难成寐，甚至四邻也常被他的咳嗽吵得睡不安宁。不仅如此，他虽年长李慧芳好几岁，却无半点兄长之风，待李慧芳甚至有些冷漠无情。而此时的李慧芳才28岁，年轻漂亮，又是唱红江南的京剧名角，二人之间，划若鸿沟，又缺少了解，感情更无从谈起。也许李宝昌的可取之处就是他有财力能养活不再唱戏的李慧芳。李宝昌是戏迷，李慧芳是演员；一个爱看戏，一个爱演戏。戏，联结了二人。但李慧芳嫁给李宝昌后不再演戏，这根纽带便不再那么牢固，仅是一气之下匆匆为自己找个归属而已，待等把天蟾爽约导致剧团解散引发的火气慢慢消除后，她才幡然醒悟，自己的婚姻冷酷无爱，幸福似乎与自己无缘。

虽说李慧芳从6岁起卖唱是迫于生计，但爱唱是她的天性，她打骨子里爱戏。凭着天赋和汗水唱红的李慧芳在众人的仰慕下很有成就感，乍一离开舞台，不免有一种丢魂般的失落，坐立不安。李慧芳是个闲不住的人，婚后不唱戏的日子就成了她最为清闲无聊的时光，她很不习惯，怎么熬呢？于是她就主动跑到街道上去帮助人家打扫卫生，甚至去帮助人家搬砖运瓦，跑前忙后去做各种杂事，想借此排遣心中烦闷，打发无所事事的日子，但此举非长久之计。当没有事情可做的时候，李慧芳便又感到生活寡淡乏味，她常常怀念起为她带来光彩的舞台，因为只有在那里她才能看到自己的价值，感受到愉快。一想到这些，心中不禁为自己一时草率从事而后悔。李慧芳性格刚烈要强，此时她只能无奈地默默自斟苦酒。这样的日子过了不到一年，死水一般的生活又溅起波澜。

新中国成立初期，中国共产党发动领导了"三反""五反"运动。1951年底"三反"运动开始，1952年初"五反"运动接踵而至。也就是1951年底到1952年10月，在党政机关工作人员中开展的"反贪污、反浪费、反官僚主义"和在私营工商业者中开展的"反行贿、反偷税漏税、反盗骗国家财产、反偷工减料、反盗窃国家经济情报"的斗争。那时，李慧芳是家庭妇女，社会上的许多事情她都不太了解，她不知道到底是什么具体原因导致丈夫李宝昌失去工作，只知道一个事实，李宝昌在"三反""五反"中"下台"回家无事可做了。为了生活，这时李慧芳必须复出演戏，解决夫妻二人吃饭问题，所以这个决定李宝昌没有反对。李慧芳在江南久负盛名，氍毹之上总有她的立足之地。李慧芳重返舞台后，在苏州开明京剧团挂了头牌。在家中，李慧芳和李宝昌两人地位又调了个儿。每天，李慧芳随开明京剧团四处奔波，李宝昌则赋闲在家。身体虚弱的李宝昌肩不能扛，手不能提，百无聊赖，游手好闲。他是个戏迷，便常去看戏来消磨光阴。李宝昌不仅戏看得更精到，还顺手牵羊，把梨园陋习也学来不少，叼起了大烟袋到处晃

李慧芳1951年在长沙

悠；时常跑后台跟女演员逗闷子……

演员一般都是"饿唱"，李慧芳的习惯也不外乎空腹唱戏，戏唱完吃夜宵。唱完戏饥肠辘辘的李慧芳回到家里时却连口热汤热饭也没有，每每都是吃干巴巴的凉馒头……李慧芳多次向李宝昌提出意见都不见改善，李宝昌仍然是一人吃饱，全家不饿，对李慧芳的要求丝毫不在意。原本他们之间就缺乏了解，没有感情，现在家中，李慧芳连最起码的关爱呵护也感受不到，长此以往，李慧芳负气斗狠、仓促出嫁、临阵抱佛脚的这个婚姻怎么能不摇摇欲坠呢？夫妻双双，人近在咫尺，情却远隔千里，形同陌路，这种滋味只有李慧芳自己知道，她越来越无法忍受这种从百无聊赖到孤寂冷漠的生活。如果说当初李慧芳选择李宝昌，其唯一可取之处就是因他有财力能养活当时不唱戏的自己，那么现在李宝昌失去了工作也就意味着他失去了唯一的可取之处，这无疑更是让冷酷的婚姻雪上加霜。于是，李慧芳鼓起勇气向法院起诉，要结束这无情无义的生活。此时，李宝昌又言悔改，欲意挽回。但对他们的婚姻，法官严肃坦诚地谈了他们的意见："你们的婚姻就像建造在沙滩上的房屋，没有坚实的地基，还是离了吧。"法院判离。就此，李慧芳与李宝昌平静分手，结束了这段短暂的几乎断送了她京剧生涯的婚姻。感情用事、嫁汉吃饭的轻举，让李慧芳五味尝遍，她对人生又多了几分感慨。虽然与李宝昌只过了一年多贫乏无味的日子，但李慧芳人厚道豁达，念与李宝昌夫妻一场，虑其身体有疾，无所依赖，便把自己唱戏挣的钱和所有的家庭财产全部留给了李宝昌，把这段婚姻了结得仁至义尽。李慧芳这样想：不是夫妻也不必是冤家，给别人一条宽阔的生路，自己也求得个心安理得，李慧芳也是这样做的。从此，重整旗鼓的李慧芳又受邀各地，身心俱安地站到舞台上唱戏了。

李慧芳剧团在苏州颇有影响，李慧芳本人更是大名鼎鼎，当时苏州正在筹建开明京剧团，据说这是苏州文化局下属的一个规格较高的民营公助剧团。当时筹备组建开明京剧团的苏州文联干部、共产党员柳以真是筹建雏形开明京剧团的团长和党支部书记，他有文化，懂戏曲，对党的文艺工作怀有高涨的政治热情，所以开明京剧团的组建事宜均由柳以真挑大梁。柳以真代表苏州文联到上海找到李慧芳，热情邀请李慧芳参加开明京剧团，并把李慧芳请到苏州。苏州文联很重视李慧芳的到来，召开了欢迎会，苏州市委宣传部干部凡一、苏州文联干部钱缨等都到会讲了话，表示非常欢迎李慧芳参加开明京剧团。不仅如此，苏州文联还极为信赖李慧芳，让李慧芳任团长。在经济上也给予了优厚的待遇，每月工资1000元，这个数额属于20世纪50年代初的高薪金。

苏州市组建京剧团投入了很多财力，上上下下的热情何以如此之高，这有其一定的历史渊源。据史料记载，京剧是清代乾隆后期徽班进京逐渐在北京形成的剧种。道光后，部分随徽班进京的江苏籍艺人陆续南归，即带来了尚在孕育期的京剧。同治至宣统的数十年间，京剧在江苏境内逐渐流行。从1911年的辛亥革命至1936年的抗日战争前夕，江苏京剧发展迅猛。南京有了人们俗称为"戏茶厅"的小戏园，戏茶厅的京剧清唱加化妆彩演日见兴旺；江苏地处南北之汇，经济、交通发达，南北各地的京剧名角纷纷来此献艺；业余爱好者也日益增多，票戏成风，票房也随之产生。1937年至1949年新中国建立前夕，频繁的战争使江苏城市的京剧活动受到影响而大为减少，但中国共产党领导的苏北抗日民主根据地和解放区，京剧却颇有生机。

受历史上江苏京剧兴盛的影响，苏州的京剧活动历来表现频繁。从苏州开明大戏院的建造和演出历史也可追溯到苏州京剧曾呈现的盛况。1928年，开明大戏院由苏州振兴地产公司集资建造，翌年春节开张。始名"东吴乾坤大戏院"。参加开幕演出的京剧前辈和名流有李秀英、盖叫天、崔金花、夏良民、夏荫培等。戏院承租者与后台老板多次易人，戏院也多次易名，曾先后改为"大观园乾坤大戏院""发记大舞台""东方大戏院"。1931年戏院进行了整修，1933年改名为"开明大戏院"，于1月13日开幕，梅兰芳、马连良、金少山、萧长华等都参加了开幕演出。1951年，苏州市人民政府接管该院。开明大戏院从兴建伊始，就是苏州市京剧演出的主要场所。尚小云、程砚秋、荀慧生、周信芳、张君秋、唐韵笙、李万春、叶盛章、裘盛戎等，都曾来此演出。一批批名角轮番光顾开明大戏院，苏州开明大戏院便成为沪宁线上知名的剧场……苏州曾经活跃的京剧活动和苏州开明大戏院的历史背景表明：苏州人爱看戏，京剧之绿树在苏州有着深厚的肥壤沃土。所以，苏州市文联组建苏州开明京剧团的热忱便不难理解了。

其实，李慧芳对苏州并不陌生。20世纪40年代李慧芳搭班跑码头、50年代初挑班李慧芳京剧团屡进屡出苏州城，如今再落脚苏州，李慧芳便感受到了几分重返故地的温馨。因而，李慧芳接受了苏州的诚邀，把立足点果断地落到了苏州。李慧芳、梁慧超、关正明等在原开明大戏院班底基础上组建了开明京剧团，李慧芳在开明挂头牌，原李慧芳京剧团的部分演员也傍着李慧芳加入到开明京剧团中。新组建的开明京剧团还是沿袭了旧时戏班做法，"铁打的营盘流水的兵"，演员流动性很大。不久，老生关正明便投奔他处，先后参加开明剧团的老生演员有孙均卿、迟世恭、杨派女老生蒋慕萍，丑角先有孙正阳后有郭元祥，净角王玉田、朱玉良，小生有张世兰和当时刚下海的闵兆华，二旦还是周正雯，鼓师是陈宝山，还有大家习惯叫他阿二的琴师普德馨……

建团初期，开明剧场不仅是开明京剧团的演出排练场所，也是开明京剧团演员生活所在地。当时剧场的楼梯旁有一个小房间，每逢演戏前后总是关着门。周正雯4岁的女儿顾国莲很好奇，就趴到房间墙壁上的

1953年李慧芳领衔于开明京剧团

小洞往里面瞧，里面好像有什么在动，越看不清，小国莲好奇心越是强，她踮着脚尖就在墙上七八个小洞洞上换来换去，终于看清了：原来是"大大"阿姨在里面化妆、换戏服。因李慧芳个子高大，所以小国莲叫她"大大"阿姨。大大阿姨很喜欢她，常常给她好玩、好吃的东西。李慧芳曾送给她一个很漂亮的"魔力球"，这是当时很时髦的外国玩具，小国莲爱不释手，所以，小国莲也很亲近大大阿姨。每次演戏时，小国莲都要悄悄地踮着脚尖，扒着墙壁，从那一个个小窟窿眼儿上向里张望……在顾国莲的记忆中,开明大戏院是很陈旧的建筑。事实也确实如此,开明剧场当时虽然是苏州的大戏院之一,但年久失修,已破旧不堪。那时刚解放,国家还很穷,开明京剧团条件很艰苦,剧团的演员和家属都没有宿舍。晚上,大家都住在后台,后台住不下,散戏后还有一些人要睡在舞台上。后来条件稍有改善,家属和演员才搬到了剧院马路对面的平房中。

虽然条件艰苦一些,但开明京剧团与李慧芳京剧团相比,还是有了许多发展,管理更正规,实力更雄厚,演出的剧目更多,演出的水平也更高。旦角李慧芳挂头牌,所以演出的剧目一般都是围绕着李慧芳的特色而定。四大名旦的戏继续演,演出的主要剧目有《红娘》《大探二》《宇宙锋》《西施》《玉堂春》《秦香莲》《盗魂铃》《昭君出塞》等等。由于演出剧目众多,每到一地根据观众的喜爱程度,还会临时筛选合适的剧目。李慧芳除唱旦角外,还时有反串。在《铫期》中,她唱言派老生的汉光武刘秀。除在《盗魂铃》中唱四大名旦的唱段外,还唱言派的《卧龙吊孝》。在《四郎探母》中,她先演公主,中间演小生杨宗保,回令又赶回再扮演公主。李慧芳演唱姜派(妙香)的杨宗保惟妙惟肖,几可乱真,每演都必受欢迎。

李慧芳在开明京剧团很舒心,不仅收入可观,生活也愉快;不仅被观众追捧,也被同事们敬重。贫贱志不短,富足不吝啬,这是李慧芳难能可贵之处,因而她无论与谁相处,都能散发出磁石般的人格魅力,令大家紧紧围绕在她身边。或许是李慧芳从小演老生的缘故,或许是与生俱来的秉性和气质,亦或许是苦海游历的磨炼,李慧芳的美丽中总透出一股刚烈爽快的大丈夫气概。她器宇轩昂,风度翩翩,这大概就是女人的豪放之美。李慧芳以大方仗义、施惠于人著称,不仅团里同行愿意与她合作,文联的同志们也都很爱护她,并喜欢与她交往。苏州文联干部李华英与李慧芳就是从那时认识的，最后两人有缘都落足北京，一直保持着友谊，然而她们的友好往来却始于李慧芳"学""史湘云醉卧芍药园"这段趣事上。李华英也是艺术工作者，她是搞美声的，对京剧并没有太大的兴致，但对李慧芳很是佩服。虽说隔行如隔山，却没有隔住她们姐妹之间的交往。李慧芳喜好喝点酒，有一次在苏州开明京剧院演《秦香莲》，演出很受欢迎，李慧芳一高兴，吃饭时喝多了酒，回家路过一个小公园，走着走着就坐在小公园的石凳上打起盹来，无论怎么叫都不醒。优雅文静的李华英不顾过往游人的注目，就默默地坐在那里照看着酒酣熟睡于苏州小公园石凳上的李慧芳，一直等到她醒来并把她送回家，李慧芳很感激李华英。于是，李慧芳这恣意一醉便从此引发出两人长达半个多世纪的姐妹友情。李慧芳的性格也从那时起便添上一层粗犷豪放、率直本真而不失皎洁美好的传奇色彩。

晴朗的天空，和煦的阳光，花儿怎能不盛开？开明京剧团的和谐温馨让李慧芳心情更添舒畅。这个时期，李慧芳的京剧奇才更为凸显，她以个人的艺术魅力和人格魅力赢得了身边大小演员的心悦诚服，也获得苏州文联上下的支持。大家都竭尽己能，甘为捧月之众星。那时间，李慧芳"挂帅"的开明京剧团始终在全国各地奔流涌动，他们不仅活跃在苏州、无锡、常州、长沙、汉口等南国舞台上，还走进了天津、石家庄、济南、青岛、大连等北国戏院中，李慧芳多姿多彩的艺术也随之远播于大江南北，为更多的戏迷观众所喜爱。

李慧芳的艺术此时已呈大家风范，许多看过她演戏的观众都有这样的感触：看李慧芳的戏，如饮美酒，一醉方休！李慧芳的戏极具观赏性，她的旦角戏，雍容华美、妩媚俏丽、遒劲婀娜、深沉委婉，从其风情万种的表演中可欣赏到梅、尚、程、荀四大流派的神韵之美。再听她的老生戏，时而高亢挺拔、苍劲明亮，孙、谭、汪、刘峻峭古朴之余韵

开明京剧团时的李慧芳

犹存；时而又精巧华丽、跌宕朴拙，言派清雅婉约之音潺潺而来。观其反串小生，她能神形兼备地再现姜妙香那珠圆玉润的声腔和风流倜傥的身段，让人如沐春风，如饮甘露……

　　李慧芳能戏甚多，她的表演不是一般地应景，而是以名不虚传的过人才华展现出京剧流派的绚烂多姿。她的专工与反串，学谁像谁，唱什么像什么，不仅形似更具神韵。这种既能唱青衣、花旦，也能唱老生、花脸、小生、老旦的旦角演员极为少见，堪称奇才。她涉猎之广之深，与生俱来那种悟性灵动，令人拍手叫绝。因而李慧芳极有观众缘，她无论是唱任何一个行当、流派，无论是在哪个城市演出，只要她一登台，都能骤起飓风，席卷观众，大有令山呼海啸的气势……

不仅如此，李慧芳领衔的苏州开明京剧团也备受关注，不少名角都先后加盟过这个剧团，壮大了开明京剧团的声威，半个多世纪过去了，开明京剧团的演出在一些老戏迷脑海中还留有深刻印象。如在苏州开明大戏院演出的《秦香莲》，李慧芳演秦香莲、朱玉良演包拯、闵兆华演陈世美、徐荣奎演王延龄、刘五立演韩琪，名角荟萃，轰动一时。在青岛永安大戏院演出的《秦香莲》《龙凤呈祥》也很叫座，李慧芳主演秦香莲，女老生蒋慕萍扮演陈世美，朱玉良演包拯，观众至今记得清楚："当包公唱出'头上摘去乌纱帽'，陈世美已悄悄解开了盔头的带子，顺利地将头盔向后甩出……"

演员不是神，舞台上都有过或多或少的失误。有一次李慧芳在天津贴演《荒山泪》，突患感冒，勉强唱了一半，嗓子便失声。她心里着急，怕对不住观众，这一着急，嗓子更嘶哑，最后几乎唱不出声，但是她还是坚持演完。天津的戏迷观众素来欣赏水平高，眼光很挑剔，喊倒好的事儿时有发生，但是，他们面对李慧芳的"失误"，却表现出极度的谅解和宽容。他们了解李慧芳的艺术造诣，知道这是突发事故，绝不是李慧芳的艺术失误，所以仍然不时给台上的李慧芳送去掌声。李慧芳的这种"待遇"不是每个演员都能享受到的。也是在天津，一次，有位老生的演唱有句唱"呲"了，尽管他已是有名气的演员，台下观众仍然毫不留情地鼓起倒掌来，那不依不饶的态势让演员一时尴尬不堪……因而李慧芳的这种观众缘和艺术亲和力让同行也很佩服。

大红大紫后的李慧芳虚怀若谷，她更加敬畏艺术，虔敬观众，舞台上不敢有半点粗疏。台下喜爱有加的喝彩没有让她沉醉，她清楚，艺无止境。要想让自己的艺术日臻完善，必须要听到不同的艺术评论，所以每次演出后她都反思。不仅如此,她还"微服"于台下倾听观众对自己表演的肺腑之言。这一招还真灵,好话孬话尽收耳底。有一次,李慧芳演完戏,赶快卸妆"混"在观众中听大家对自己品头论足。一位观众说:"这李慧芳演得真不错,但是我总觉得她身上有点硬。"寥寥数语被李慧芳牢牢记在心里,她更加注意观察学习别人的旦角表演,在排练和演出中使自己的旦角身段表演日趋柔美起来。

1952年的李慧芳

1953年,江苏省组织了大型的艺术演出团去扬州等地慰问抗美援朝志愿军伤病员。苏州开明京剧团参加了慰问演出活动。临行时,领导在动员大会上告诉大家,这次是"代表毛主席去慰问志愿军伤病员"的,慰问演出是很重要、很光荣的任务……

扬州,是李慧芳解放前跑码头、逃难屡进屡出的地方,李慧芳对这里真是太熟悉了。一下火车,同行的人问扬州有什么好吃的,李慧芳便高门大嗓地说:"扬州的包子好吃啊。"没想到这句心不在焉的随意一答被负责接待慰问演出团的人听到了,第二天就安排她们吃了包子。李慧芳和许多演员都是第一次参加这样的活动,她们对参加这样的活动还没有切身的感触,因而大家依然谈笑风生,所以李慧芳才心直口快地为大家"要来"了一顿扬州包子。此时刚到扬州,李慧芳除了有故地重游的几分兴奋外,还有对初次参加慰问活动的几分新鲜。

菊苑双葩　慧丽同芳　李慧芳

解放初那几年，国家还很贫穷，百废待兴，慰问演出条件也很艰苦。身为艺人，饱尝旧社会艰辛的李慧芳，二十多年一直在为挣钱养家而唱戏，参加这样带有政治意义慰问的演出尚属首次。她还不懂什么叫政治上要求进步，也没有入党的认识，但是她有一颗质朴善良的心。她热爱新中国，热爱解放军，关心人民。李慧芳对团员们说："人家志愿军保家卫国，非常辛苦，慰问他们这是我们应该做的，艰苦一点怕什么？"

到了扬州，在剧场演出完后，李慧芳和周正雯她们还来到了医院重症病房慰问伤病员。一进医院病房，她们一下子怔住了：病房里躺满了伤员，许多战士已经肢体不全，缠满了白色纱布的截肢手术部位，透出了殷红的血迹……顿时，一股揪心般的疼痛袭来，眼泪止不住"哗"地流了下来。她们实在不忍心看那些伤员，他们还是那么年轻啊！后来她们了解到，朝鲜多山区，冬天极为寒冷，一些志愿军战士还没有穿上冬装就战斗在朝鲜的冰天雪地里，鞋和袜子、手和枪支都被冻在一起，但依然坚持作战，最后伤肢坏死，只能截肢……看着战士们受了这么重的伤，脸上还保持了那么坚毅的神情，她们被深深感动了。李慧芳异常激动，她楼上楼下来回跑，一会儿跑到楼下低头对这个伤员说："我给您唱一段吧。"唱完，又跑到楼上亲切地对那个伤员说："您想听什么？我给您唱。"她就这样来回忙碌着，恨不得把自己浑身的劲儿都使出来，尽力地去抚慰这些伤病员的痛苦，让他们感受到温暖。有些伤病员听说她们是毛主席派来的，便激动地争相和她们握手，然后再把握过的手放到心口窝上说："我和毛主席握手了！"这些朴实的话语让李慧芳、周正雯很受感动，她们顿时有了光荣的使命感和责任感。

那段时间，志愿军战士们的英雄形象和事迹不断地震撼着李慧芳，一连几天，她寝食难安，重游扬州之兴荡然无存。晚上，李慧芳辗转反侧，年轻伤病员的身影总是在她眼前晃动。她思绪不断：谁人不是父母

1952年于苏州饰演《西施》中西施

生养的血肉之躯啊？谁人不想健康幸福安宁呢？这些年轻的志愿军战胜了求生畏死的人之本能，需要何等的精神和勇气啊……慰问结束后，她真诚地对剧团同志们说："这些志愿军战士图的是什么呢？不是为了保家卫国才负伤的吗？今后我唱戏也不能只图挣钱吃饭，我也要向志愿军学习，为国家出力，为人民服务！"

扬州等地一行的慰问活动，拓宽了李慧芳的人生视野，李慧芳的世界观、价值观发生了巨大的变化。慰问归来，她更加热爱给老百姓带来幸福的共产党。当她了解到许多志愿军战士都是共产党员时，她马上怀着一腔朴素的感情写了入党申请书，立志做一名共产党员，以志愿军的英雄战士为榜样，为国家作贡献。从那时起，李慧芳的艺术人生增添了新的意义："人，不能只为吃饭而活着。只为吃活着、为活着而吃，那和动物有什么两样？人要有理想，有追求。我是个演员，就要把戏演好，要追求内容美、形式美、风格亦美的表演艺术风范……"当李慧芳的理想目标变得宏伟远大时，她也随之而高瞻远瞩。

解放初期，在"社会主义改造"的高潮中，"国营"一词美好而时尚。当时社会正处

108 »

菊苑双葩　慧丽同芳　李慧芳

在"国营象征革命"的氛围中，因为国营单位是由国家和政府经营的部门，在国营单位工作会让人产生一种政治上的优越和自信，从而感到光荣而自豪。在戏曲界，许多民营剧团也在积极要求转为国营，许多思想进步的艺人开始把视线转向国营剧团。李慧芳是从旧社会一路闯荡过来的演员，她对新旧社会两重天的艺人生活有着切肤之感，虽然她的文化程度不高，但她的思想觉悟不低。她对党和政府给予艺人的关怀爱护感恩戴德，尤其在参加了慰问志愿军的活动后，她更是向往革命，羡慕参加革命工作的人。她认为："参加国家领导的剧团就是参加革命，而参加了革命就能为国家服务、为人民服务了。"这时，思想进步的李慧芳怀着一腔淳朴的感情，把眼光投向了国家领导的京剧团。20世纪50年代初，国家领导的京剧团仅有中国京剧团。于是，李慧芳作出了"放弃开明京剧团高薪、参加中国京剧团"的决定。

李慧芳于1953年

至此，李慧芳不再满足衣食无忧的物质生活，她带着为人民服务的理想，带着攀登艺术高峰的抱负，1954年，她义无反顾地离开苏州，先回到了上海的家中，准备与中国京剧团联系。

10
甘做毛遂勇自荐　加入中国京剧团

其实，蜚声京剧舞台多年的李慧芳早就被中国京剧团前身中国戏曲研究院京剧实验工作团所赏识。那是1950年，中国京剧团由薛恩厚、李和曾、张云溪率领，到上海天蟾舞台演出《三打祝家庄》《江汉渔歌》时，张云溪曾到李慧芳家来邀请她参加中国京剧团，遗憾的是李慧芳当时不在家，错过了机会。现在李慧芳想参加了，可人家又没有邀请，怎么办呢？于是李慧芳就给张云溪写了封自荐信："我想参加中国京剧团，演什么角儿都行，给多少钱都干……"张云溪回信说："欢迎你来，但现在参加中国京剧团需要通过考试录取。"考试，对李慧芳来说是从没有遇到过的新鲜事，她多年和名家搭班合作，又挂头牌挑班，走南闯北，红得发紫，这样的演员还需要考试？谁来考她？但你要想走进规范的国家剧团就要遵守这样的章程，这里没有徇私情、找关系可言。要说考试，对李慧芳来说绝不是一件难事，她并不害怕，但是李慧芳毕竟是名角，参加一个剧团还要考试，难道信不过她的艺术水准，她感到面子上很过不去。所以，看了信后，左思右想，心里有点别扭。经过一番思想斗争后，李慧芳最终还是想通了："参加革命嘛，要遵守人家的规矩，考就考吧。"于是她抛开了脸面，放下了架子，于1954年春天，只身一人从上海赶往北京应试。

考场是在北池子中国京剧团院内一进门的一个小礼堂里。那天，小礼堂里没有往日练功排戏的热闹气氛，取而代之的是中国京剧团全体考官正襟危坐带来的几分肃穆。李慧芳携《宇宙锋》前来参加考试，赵炳啸、马永涵等为她配戏。中国京剧团也表现出一片热忱，为她提供了演出行头……演《宇宙锋》，李慧芳轻车熟路，既不用说戏也不用对词儿。开戏了，李慧芳一出场，小礼堂顿时有了生气，台上的李慧芳，大家风度，光靓照人！考官们不禁为之一振：难怪红透江南，果然名不虚传！此时，

李慧芳于1954年

考官们的眼睛都聚焦在李慧芳身上，李慧芳不但没有丝毫拘谨，表演的欲望和激情反倒比往日更为强烈。她越演越松弛，场场入戏，段段精彩，唱念做表，无处不见其深厚功力，实在让人心服口服。演出完毕，经全体考官讨论，意见一致，全票通过。张云溪很快就把这个消息通知了李慧芳，并连她上班的具体时间都告诉了她，李慧芳高兴极了。一出《宇宙锋》就定了音，李慧芳实现了自己的愿望——参加了国家的剧团，走进了革命的队伍。

李慧芳来到中国京剧团，工薪待遇和当年被誉为四大坤伶之一的雪艳琴一样，但每个月500元的工资，比在江苏开明京剧团时少了一半。1950年3月，中共中央公布了《关于统一国家财政经济工作的决定》，实行了"三个统一"，即统一全国财政收支、统一全国物资调

度、统一全国现金管理，开始扭转经济困难的局面，使财政收支逐步接近平衡。为了保证职工的实际收入基本稳定，在发放工薪时，大都采用实物（如北方用小米、面粉，南方用大米）以及"折实单位"来计算。所以当时李慧芳的月工资就是几百斤小米，这一切李慧芳全不在乎。后来剧团评级，李慧芳是文艺三级，工资又由500元降到了333元。对此，李慧芳眉不皱，心不动，没有丝毫后悔。李慧芳思想很进步，她认为：唱戏不仅仅是为了吃饭，也是为国家出力、为人民服务。当初自荐参加中国京剧团时她就表示过，给多少钱都干……李慧芳胸中有了革命理想，少拿工资也心甘情愿。她的世界观、价值观确实发生了巨大的变化。

"艺人"是利用自己本身的技艺与才能娱乐他人而仅为赚取报酬的人，"艺术家"则不然，他对艺术的追求已不再仅是因为生活的需要，而是上升为一种理想，一种对美的执著。一位艺术家不仅有较好的艺术天赋和较高的艺术修养，还有较高的思想修养……此时的李慧芳揣着报效祖国的一颗赤心，怀着对艺术的一片痴情，带着自己的精湛艺术，跻身京剧表演艺术家的行列。这是李慧芳从艺以来心灵境界的美丽升华，是艺术劳动中质的精彩飞跃。它标志着李慧芳完成了艺术人生中一次里程碑式的跨越。

中国京剧团是新中国成立后的第一个国家直属京剧院团，1955年1月在北京成立，从成立之日起，由中国京剧团改称为中国京剧院，下属有一团、二团、三团。不久，中国人民解放军军委总政治部京剧团集体转业到中国京剧院，组建为四团。李慧芳先是被分配到二团，和张云溪、张春华、云燕铭、李宗义、王泉奎、徐和才等在一起，后来又调到一团，和叶盛兰、杜近芳、李盛藻、雪艳琴、萧盛萱、李金鸿、王玉让等在一起，1958年京剧院对几个团的阵容再次进行了调整，于

中国京剧院部分演职员合影。前左起：李宗义、李慧芳、李洪春、叶盛兰

是，李慧芳便和叶盛章、李宗义、王泉奎、徐和才、赵炳啸等人正式归入了三团。

李慧芳考入中国京剧院后与北京观众首次见面的剧目是和李宗义、王泉奎演出的传统京剧《大保国·探皇陵·二进宫》，这出传统戏是老生、花脸、青衣三个行当并重的一出唱功戏，《大·探·二》的剧情人们耳熟能详。那时，北京的一些戏迷称李慧芳、李宗义、王泉奎为中国京剧院的"铁三角"。李慧芳四大名旦的戏都能唱，唱谁是谁。李宗义主要唱高派，兼余、马之长，唱功极具欣赏性。王泉奎有"金嗓子铜锤"之称，是解放后最好的铜锤花脸之一，相当有号召力。《大·探·二》观众要看的不再是什么故事情节，而是听他们的唱。李慧芳恰恰就是唱功非凡，不拘一格。原来工老生时她就常演此戏，现在改唱青衣，李慧芳照样信手拈来，驾驭自如，仅听她的唱，舞台上的人物便有声有色，栩栩如生。他们演出的此剧不仅轰动了北京，在津、沪也很有反响。

李慧芳参加中国京剧院以后，在二团，首先参加排演的戏是新改编京剧《秦香莲》。该剧又名《铡美案》，是戏曲舞台上非常流行的传统剧目之一，许多剧种都演此戏。据记载，此剧原始版本是梆子戏《明公断》。北京京剧团王雁把它移植改编为北京京剧团演出的京剧版

《铡美案》（左起）李慧芳饰秦香莲、王泉奎饰包拯、徐和才饰陈世美

后,由张君秋(秦香莲)、谭富英(陈世美)、马连良(王延龄)、裘盛戎(包拯)进行了首演并一炮打响,极为轰动,成为后演楷模。妇孺皆知的传统经典故事一经名家珠联璧合的精彩呈现,顿时洛阳纸贵。《秦香莲》虽后来被公认是张派代表剧目,但当时并不妨碍多流派多名家接踵而演。中国京剧院二团云燕铭排演了此戏。李慧芳调到二团后,剧院领导也让她排演了这出戏。李慧芳演秦香莲,王泉奎演包拯,由徐和才演陈世美,李宗义演王延龄。四位都是久负盛名的角儿,实力强大,阵容整齐,更何况这都是他们过去没来中国京剧院时就常演的剧目,故而这出戏很快就排好,上演即红,四处盛邀,常演不衰。譬如由名净王泉奎扮演的包拯,以酣畅淋漓的演唱,震惊四座;高派老生名家李宗义扮演的王延龄,嗓音醇厚清亮,表演雍容端方,唱念俱佳;当时中国京剧院的小生名家之一徐和才出演的陈世美,其表演儒雅倜傥,唱腔华美明快。以小生行当扮演陈世美这个角色,在京剧界来说并不多见,因而观众感到耳目一新。再看身为北京生人且艺术启蒙于北京的李慧芳,回到阔别多年的家乡,她一登上北京的京剧舞台,便清新超群,分外抢眼,给观众留下了深刻的第一印象——精彩夺目的大青衣。许多观众不由得赞叹:"真不愧享誉江南、声震北方的头牌名角儿!"

1959年12月29日,在全国政协礼堂的新年晚会上,一出《战宛城》赢得了众人的喝彩,剧中描绘了曹操从踌躇满志进军宛城,大获全胜,又因贪恋酒色而损兵折将,狼狈逃窜的过程。京剧《战宛城》原为昆曲剧目,曾被梆子移植。京剧演员夏月恒又由梆子移植为皮黄,演于嵩祝班("嵩祝班"是始现于清嘉庆年间的北京"四大徽班"之外的又一引人注目的徽班)。他自饰张绣,田桂凤演邹氏,金秀山饰曹操,草上飞演胡车,典韦由金茂或春化饰演。后来余叔岩演出时,自饰张绣,筱

李慧芳在中国京剧院演出《秦香莲》

翠花饰邹氏，侯喜瑞饰曹操，傅小山饰胡车，杨小楼饰典韦（有时也演张绣），行当齐整，阵容强大。有人说："京剧《战宛城》是一出大'合作戏'，每次演出必须集聚各种行当的著名演员分饰剧中人物，如曹操、张绣、典韦、邹氏等。每个演员当行出色，演出效果必然精彩。剧中的配角以及龙套、兵卒皆有戏可演，且分量不轻。"这次新年晚会的《战宛城》，剧中的张绣由李少春扮演，曹操由袁世海扮演，胡车由叶盛章扮演，邹氏由李慧芳扮演，名角联袂，精彩十分！李慧芳的邹氏是由筱翠花（于连泉）亲授的。其实，李慧芳在改旦角之初所拍剧照中早就有《战宛城》剧照，但这只是为了表示自己的旦角角色多样而拍摄的招贴剧照而已，她并没有学过这出戏，也没有演过这出戏。时隔近二十年后，在中国京剧院名家荟萃的良好艺术氛围中，李慧芳才有机会和条件学习排演这出戏，圆了自己演《战宛城》的梦。

在追求艺术发展的时候，李慧芳始终没有忘记自己参加中国京剧院就是为了参加革命的初衷，她把为工农兵服务当成光荣的革命工作，并赋之以极大的热情。她总是敦促自己：不仅要学好戏，排好戏，还要把这些戏送给工农兵看。李慧芳是劳动人民出身，她总是非常体恤基层劳动者，在京剧院组织为工农兵演出时，李慧芳从不提任何条件，不讲任

菊苑双葩　慧丽同芳　李慧芳

何代价，常常是自愿报名下乡、下工地、下连队去慰问演出。翻开一组老照片，它真实记录了那段工作的部分场面：1958年李慧芳参加送戏下乡演出，和农民同劳动，收工回村，李慧芳与赵贞、叶盛章、徐和才、韩少芳、李宗义、周金莲等坐在农民的马拉大车上，李慧芳脚蹬黑布"老头鞋"，愉快地笑着；1959年李慧芳在卢沟桥公社三路居生产队演出，头蒙白羊肚毛巾参加完劳动，愉快地和当地农民的孩子们亲切交谈并教他们唱戏；1959年李慧芳和云燕铭、周巍峙等下煤矿劳动，李慧芳和同事们头戴矿井安全帽，身着采矿工作装，手握钻机，认真地体验煤炭开采……

还有更多次没有记录在胶片上的为工农兵演出、与他们同吃同住同劳动的场景：李慧芳和同事们经常到北京的一些建设工地演出，那时演出条件很艰苦，他们不但要为民工演唱，还要与民工一起劳动。推小车、挑土，这样的演出和劳动，李慧芳毫不含糊。晚上要像民工一样睡在大席棚里，天气很冷，早上起来，夜间睡觉呼吸的"哈气"都会使枕巾结上冰碴，这样的住宿，李慧芳满不在乎。李慧芳想得很朴实："人家工人不是也这样生活吗？而且

李慧芳改旦角之初试装饰《战宛城》中邹氏

10 甘做毛遂勇自荐 加入中国京剧团

李慧芳和农民交谈

李慧芳和农民在一起打麦子

李慧芳在矿井

人家工人是长时间地这样生活，我们才来住几天？这点苦算什么。我更应该好好为他们服务，为他们唱好戏。"就这样，李慧芳总是积极要求去基层演出，仅十三陵水库就去了三次。李慧芳还积极多次参加其他送戏下乡活动。有一次，李慧芳去北京远郊为农民演出，不幸途中发生了车祸，李慧芳受了重伤，左边肋骨断了两根，右手关节粉碎性骨折，幸亏附近部队抢救及时才得以脱险。李慧芳虽然身在病房里，但她的心在舞台上，还挂念着演出的情况，她对前来探望她的同志表示："伤好后我还要继续为农民演出。"

来到中国京剧院后，院里给李慧芳又做了新的行头，李慧芳很感

1958年李慧芳李宗义演出《芦花记》

动，总想为院里贡献点什么，最后把跟随了自己多年的一大箱私房行头全部捐献给了京剧院。

新中国日新月异，李慧芳的思想也在不断提升，不可否认，人有利己性，李慧芳不例外，但可贵的是，李慧芳在关爱的对象上，把"小我"变成了"大我"，把"小家"变成了"大家"。她认识到：一个京剧演员，演戏不再是营生的唯一，理想和责任赋予了艺术更高的目标和更多的内容。李慧芳决意要扎扎实实地追求艺术真谛，兢兢业业、认认真真为祖国和人民服务！

11

"白蛇""蝴蝶"《五侯宴》 各具风骚舞翩翩

不久,李慧芳由二团又调到了一团。在中国京剧院一团,李慧芳排演的第一出戏是《白蛇传》。《白蛇传》的故事是妇孺皆知的中国四大民间传说之一:峨眉山蛇仙白素贞和青儿因思凡来到人间,化成主仆同游西湖。书生许仙雨中借伞与她,白爱许为人忠厚,嫁与他,金山寺禅师法海不能容忍许和蛇仙结为伉俪,便施计离间,唆使许在端午节劝白饮雄黄酒,白醉后显形,许被吓昏死。白盗仙草救活许。法海又诱骗许离家并把许软禁于金山寺内,白与青儿施法力水漫金山救许仙,白因有孕不敌,败回杭州,在断桥与逃出的许仙相遇,夫妻和好恩爱如初。白产子满月时,法海用金钵将白擒去,镇压于雷峰塔下。

京剧四大名旦都曾各有侧重地演出过该剧,荀慧生以"白娘子"命名演了全剧;梅兰芳以昆曲形式演了《金山寺》和《断桥》两折,他先在北京向乔蕙兰、陈德霖等戏曲界老先生学习,迁居上海后,又向昆曲前辈丁兰荪学身段,与俞振飞等研究唱腔,经过他在唱腔、身段、化装等各方面注入许多新的因素后,使之成为梅派艺术的精品;尚小云以《金山寺》《雷峰塔》为重点演;程砚秋演了《金山寺》和《断桥》两折。

左起：李宗义、李慧芳、张玉禅（1955年秋）

  1950年，田汉曾将传统神话剧《白蛇传》改编为25场京剧《金钵记》，1953年再度修改剧本恢复原剧名《白蛇传》。新中国成立后改编的《白蛇传》，由中国戏校刘秀荣、谢锐青首演，后又由杜近芳、李慧芳、赵燕侠等演出。众多的京剧名家在这出优秀传统剧目中展示出的不同艺术风采，使人目不暇接，大开眼界，许多观众回忆说："看不同的艺术家演出的这同一出戏，感觉也是迥然不同的，她们各具风采，都展示了自己的艺术才华。"

  现在常演的京剧《白蛇传》大多是按田汉本演出。从白蛇、青蛇下

中国京剧院

一团演出

白蛇传

叶盛兰　李慧芳

主　演

编　　剧：田汉　　　　郑亦秋
导　　演：焦菊隐　　　郑亦秋
音樂設計：吕君樵　　　
美術設計：傅雪漪　　　庞金声
舞蹈設計：李金鸿　　　赵金海
灯光設計：吴長海

人民剧场

一九五六年一月廿二日

《白蛇传》戏单

山游湖起,到青蛇毁塔、白娘子和许仙团圆止,中间包括结亲、酒变、盗草、上山、水斗、断桥、合钵等情节。中国京剧院的《白蛇传》由田汉编剧、李紫贵导演、王瑶卿设计唱腔,大师们的慧思妙手赋予了这出戏无穷的生命力,久演不衰。

1955年李慧芳成功上演了《白蛇传》,李慧芳演白素贞,中华戏曲专科学校和字科毕业的高材生、姜妙香的高徒之一徐和才演许仙,中华戏曲专科学校金字科毕业的高材生周金莲演小青,幼承家学、富连成盛字班出科的名丑萧盛萱演艄公,富连成韵字班出科的高材生曹韵清演法海,富连成元字班出科、著名武丑李一车之子李元瑞演鹤童。这真可谓黄金搭档,一上台便金光闪闪,熠熠生辉。后来,中国京剧院《白蛇传》的另一组演员杜近芳、叶盛兰、徐玉川等去兰州演出,由于主演杜近芳突然患病,嗓子嘶哑,李慧芳便被急调去参演了《白蛇传》,李慧芳不仅顺利地完成了救场任务,她扮演的白娘子还受到观众的热烈欢迎。兰州一家报纸发表了艺术评论文章,对她的表演给予了高度赞誉。

1956年1月19日,中国京剧院一团的李慧芳和叶盛兰、黄玉华联袂在北京人民剧场上演的《白蛇传》,叶绿花红,煞是精彩,给不少观众留下深刻的印象。李慧芳饰演的蛇仙独树一帜:宽厚透亮的嗓音,刚柔相济;清纯无邪的目光,端庄典雅,卓然特立,令人耳目一新!她修长的身材,一袭白衣,潇洒飘逸,美丽传神,毫无妖媚之气,给白娘子平添几分贤淑端庄、亲和宽容。李慧芳的白娘子把世间女子的聪慧与蛇仙的美丽融为一身,把对许仙轰轰烈烈的爱表现得那般含情脉脉,烈而不狂,温而不腻,与她多情婉转、娇媚跌宕的唱腔巧妙地融合,风韵别致,脱俗不凡,让人不禁对憨厚老实的许仙心生几分羡慕。李慧芳的白娘子与他人的白娘子"唱词曲调相同,风貌神韵互异",亦人亦仙,相得益彰。那几日,李、叶版的《白蛇传》接连上演。1月22日晚,人民剧场还是演这出戏,演出阵容是李慧芳扮演白素贞、叶盛兰扮演许仙、周金莲扮演小青、萧盛萱演老艄公、曹韵清演法海、李元瑞演鹿童、李金鸿演鹤童、李甫春演南极翁等。乐队有李瑞斌、钟世章、高文诚等。剧场内仍座无虚席,彩声不断。半个多世纪过去了,李慧芳的白娘子还留在不少观众的脑海中,北京的老戏迷钮季冬至今仍然珍藏着那晚的戏单。

其实,排演《白蛇传》对李慧芳来说并非轻而易举。她虽自幼从艺,但学的是老生,重唱功,没有正规练过武功,恰恰《白蛇传》这出戏中"金山寺""盗草"等许多地方对武功有很高的要求,有许多需要持刀枪对打的场面。李慧芳感觉自己的武功在这出戏里还不够用,但是艺术的自信还是让李慧芳果断地接下了这部戏。为了演好这出戏,李慧芳开始补练武功。三十多岁的人,练武功谈何容易?每天早上7点,李慧芳就在排练场上开始练"私功",从耗腿、下腰、踢腿、耍枪等京剧基本功练起,经常练得恶心呕吐。每天从北池子中国京剧院出来去坐3路公交车,腿疼得连上车都困难。但艺术上好强上进的李慧芳从不气馁,咬牙忍痛,边练边排。

那时李慧芳苦练不仅靠她良好的身体和坚毅的秉性,更有汩汩如泉的精神力量和同志情谊的支撑。李慧芳"唱戏养家"的原始心田在新生活、新思想、新文化的雨露润泽下,生长出欣欣向荣的艺术新绿。她更加钟情于自己的京剧事业,满腔热忱地倾洒汗水,练功排戏,敬业不二。当时,中国京剧院演员们学习艺术、苦练功夫蔚然成风,同志们都佩服李慧芳忘我执著的精神,都愿意无私地帮助她。李金鸿、何金海、李元瑞、夏韵龙等经常陪她练武功,给她说戏,同志们齐心协力给她开的"小灶",让她吸收了许多艺术营养,使她的表演更加丰满。这位从小流浪卖唱的艺人沐浴着新中国的融融春光,在中国京剧院这个大家庭里感受着从没有过的温馨暖意，她知乐而知足，把身心全部投入到表演创作中去。

中国有句古话："授人以鱼，不如授人以渔"，那时的中国京剧院的导演对演员实施的就是这种教育理念。在艺术上，导演和演员共同详细讨论剧本人物后，导演对演员的表演不进行一招一式的硬性规定和指教。比如出场，导演只告诉演员，你这里要出场了，至于如何出场表演则让演员根据自己的理解和感悟去设计具体的出场表演动作，极大地发挥演员的表演创作热情。排演《白蛇传》时，导演吕君樵和郑亦秋循循善诱，他们告诫李慧芳不要刻意模仿别人，要按自己的理解来演白素贞。在两位导演的启发下，李慧芳的表演创作激情被调动出来，她排演《白蛇传》，在表演上绝不傍人篱壁，始终尊重剧中人物感情，把握剧情脉络，追求舞台意境。在排戏中，她从不消极盲从，总是潜心揣摩，把自己对唱腔、表演的感悟随时与导演和音乐设计沟通，积极提出建议。

李慧芳在剧中许多地方的表演都遵循合情合理的原则，有自己的创意，敢为人先。比如在"游湖"一场中，李慧芳根据人物的感情，几次让白素贞和小青调换位置，看似简简单单的站位处理，却别有一番新意，把人物之间的主次关系和人物的情绪表现得更加恰当明确；演"盗草"一场，李慧芳也有自己独到见解和处理，她边唱边出场，紧接着跑圆场，以表现出白素贞救许仙的急切心情。当唱【高拨子回龙】"不由我一阵阵珠泪不干"、【高拨子摇板】"当初不听青儿语，端阳佳节把杯贪"这几句时，为表现白素贞此时悔恨复杂的心情，李慧芳的动作表演、唱腔节奏都随之有了变化，她把唱腔处理得起伏迂回，强弱不等，强化了人物感情的表现力：白素贞虽救许仙心切，但她心地善良，只想赶快寻找救命仙草，不想与前来阻拦的鹿童、鹤童动武，更不想伤害他们，但在她盗不成、求不行、空手而回更不能的时候，万不得已，方与鹿童、鹤童厮杀，当取得仙草后便不再恋战而匆忙离去，李慧芳在理解了人物的思想感情后，在表演中把白素贞的善良本质和百般无奈的心情都表现得恰如其分……

在《白蛇传》"断桥"一场中，因许仙糊涂听信谗言，辜负了白娘子爱心一片，小青恨许仙，一怒之下高举龙泉宝剑唱到"无义的人儿吃我的龙泉"欲斩许仙时，白素贞爱怨交织，一边身护许仙，一边手挡宝剑，同时唱出"小青妹且慢举龙泉宝剑"。李慧芳认为这样演唱，节奏拖沓，其表演不符合当时人物之间矛盾白热化那种一触即发的境况，于是她向导演建议，改"青妹慢举"为念白，此时用手一推龙泉宝剑，接唱【西皮导板】"龙泉宝剑"，念白急促高亢，手臂用力一推，这样表演，加快了演唱速度，加大了表现力度，展现出矛盾冲突的急剧变化，烘托了此时白素贞那种既不忍伤害青妹爱护自己的情感又唯恐小青怒伤郎君性命的矛盾心情。如此一改，简练而明确，导演很赞同李慧芳这一创新演法。从此，"青妹慢举龙泉宝剑"念半句唱半句的演法便流传开来，很受同行认可和观众的欣赏。

断桥，是白素贞与许仙一见钟情的地方，待三人冲突平息后，按以往的表演：白素贞看到夫妻团聚，三人重归于好，便喜形于色，与许仙、小青跳跃欢快地边歌边舞圆场而下。李慧芳觉得这样不合乎剧情，也不合乎常理，便一改以往的这种表演套路，从人物情感和实际出发，把身怀六甲的白素贞对许仙的爱表现得更为真实细腻、含蓄深刻。李慧芳认为：这时，即将分娩的白素贞经过前面的打斗非常疲惫，由许仙、小青一左一右搀扶着慢行。离去时，白素贞对和许仙的初恋之地要有一步三回头的依依不舍，以表达白素贞对许仙的宽恕谅解和忠贞不变。这期间，白素贞有一句唱："猛回头，避雨处，风景依然"，这一往情深的双关语，既有白娘子对萌生爱情之地的眷恋，也有白娘子对失而复得的爱情的珍视。情因景生，以景衬情，李慧芳没有空泛而唱，她在唱中融入了情感的表演：白素贞唱"猛回头"后眼睛看许仙，示意那"避雨

1956年1月19日李慧芳在与叶盛兰合演的《白蛇传》中饰白素贞

处"就是当初我们爱恋的地方,把对许仙的执著之爱意再次含蓄地传达给许仙。这时眼睛提神,唱出"风景",接着眼含柔光,甜美地徐徐唱出爱意绵绵的"依然"二字。然后,三人相依,慢回首,缓缓而下……李慧芳一明一暗的眼神,一强一弱的声音,刚柔相济,虚实有度,把至死不渝、相依相伴的爱恋演绎得真真切切,至善至美。李慧芳的表演,情景交融,意味深长,使白、许的炽热爱情更赋古典含蓄之美,此处虽无翩翩起舞,却情深意长。每演到此处,惹人遐思的委婉缠绵之意境便

菊苑双葩　慧丽同芳　李慧芳

赢得台下叫好连连。

《白蛇传》这出文武并重的剧目展示了李慧芳的表演才华，李慧芳、叶盛兰版的《白蛇传》告捷后久演不衰，观众写出李、叶版《白蛇传》的艺术赏析洋洋洒洒见于报端，更对李慧芳鼓舞备至。李慧芳与徐和才演的《白蛇传》，同样细腻精妙，观众掌声不减。从此，李慧芳的表演创作激情便一发不可收。

1956年年初，李慧芳演出非常繁忙，在人民剧场连演了《白蛇传》后，还在人民剧场演出了传统老戏，比如《起解·玉堂春·团圆》，李慧芳主演苏三，叶盛兰演王金龙，贾松龄演崇公道，李甫春演潘必正，李世章演刘秉义……贾松龄（永安）坐科于斌庆社永字班，李甫春毕业于荣春社，李世章坐科在富连成世字科。这出戏无论是主演还是配角，都是实力相当雄厚的名角，李慧芳在他们的帮衬下，演得极为精彩。当时，他们演出的这些传统戏同样有自己的亮点，所以也很受戏迷喜爱。

继《白蛇传》之后，李慧芳又排演了《蝴蝶杯》。《蝴蝶杯》讲述的是这样一个故事：明嘉靖年间，两湖提督卢林之子卢世宽游龟山，将渔翁胡彦打死。江夏县令田云山之子田玉川打抱不平又将卢世宽误杀遭官兵追捕，胡彦之女胡凤莲将其藏于舟中，患难生情，玉川以家传蝴蝶杯订姻，凤莲持杯见田父。卢林到田家因田玉川不在欲以田父代罪，胡凤莲闯堂鸣冤，从中调停的布政使董温收其为义女。卢林受命出征受困，被化名为雷全州的田玉川所救。全剧以卢林报恩，免田玉川罪告结。

《蝴蝶杯》故事情节曲折，纵横交错，人物个性丰满，无论是胡凤莲的勇敢机智、田玉川的少年气盛，还是田云山的刚正秉直、田夫人的慈蔼世故、卢林的恃权骄横……均刻画细微，让人过目不忘。《蝴蝶杯》原是秦腔剧目中很受群众欢迎的老剧目，最早从秦腔移植该剧的是徐碧云，后翁偶虹于1940年根据《蝴蝶杯》为中华戏曲学校改编为京剧，

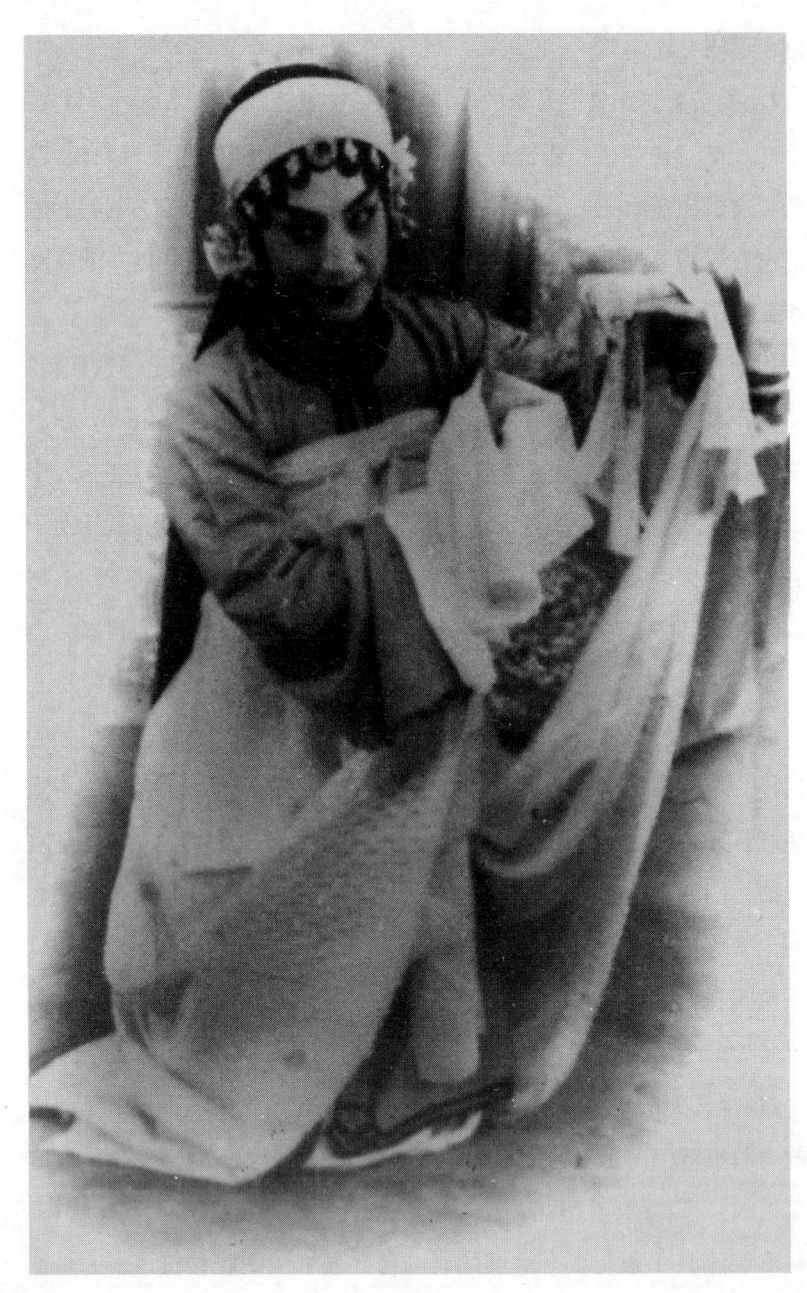

李慧芳《蝴蝶杯》饰胡凤莲

易名《凤双飞》。1955年范钧宏、吕瑞明又根据《凤双飞》加以改编为《蝴蝶杯》，1956年1月在北京由中国京剧团首次以京剧形式演出。李慧芳扮演胡凤莲。中国京剧院一团头把交椅的老生李盛藻饰演田云山，享誉四大坤伶之冠的雪艳琴饰演田夫人，被同业称为"红生宗师"的李洪春演渔翁胡彦，姜妙香之高徒徐和才演田玉川，名家联袂，声势赫奕。

李慧芳很有艺术个性，从不坐等导演"摆弄"，而是主动参与创作。拍老戏，她不落窠臼；排新戏，她苦心孤诣。新戏《蝴蝶杯》胡凤莲的许多表演都出自她潜心构思、细腻考究，新颖而独到。譬如，当胡凤莲搭救了田玉川二人相慕后，胡凤莲接田玉川订姻信物蝴蝶杯时，先是心怦然而动，神慌意乱，然后欲接怕羞，把手放到身后，田玉川就势把蝴蝶杯往胡凤莲手中一塞，胡凤莲拿起一看，甜蜜而喜悦，但身子轻轻一扭，娇嗔一笑。这时田玉川一副疑惑、吃惊的神态，胡凤莲见状转而幸福满足地把蝴蝶杯双手胸前一捧，然后斜瞥一眼田玉川，与田玉川期盼的目光刚一对视，唱"羞答答将杯儿藏在身边"，娇羞一笑低头把蝴蝶杯藏入怀中。李慧芳几个欲接还羞的细小动作和眼神就把情窦初开、含羞脉脉的少女胡凤莲血肉丰满地表现出来，人物刻画得委婉细腻、活灵活现。胡凤莲送走田玉川转而奔田家报信，一见到田家父母，胡凤莲低声禀告，讲述完自己和田玉川的遭遇后，在田母的有意追问之下，胡凤莲撩衣裙垂首跪拜在二老座前，面呈羞怯，手举蝴蝶杯，当田父母一起追问传家之宝蝴蝶杯为何落入她手时，胡凤莲羞怯怯一声低唤："啊，公爹、婆母娘啊"，忙低头用衣袖遮掩羞颜，这一唤一掩，不仅把蝴蝶杯到手的缘由表白，同时也把胡凤莲此时的心境全部表达了出来。李慧芳的表演，举手投足，皆有人物情感融入，细致微妙，时而有声有色，时而无声胜有声……她的念唱做表在《蝴蝶杯》中达到了很高的艺术境界。

首演那天，摄影家蒋齐生为《蝴蝶杯》留下了这样两张舞台黑白剧

《蝴蝶杯》中李慧芳饰胡凤莲，徐和才饰田玉川

照：田玉川爱慕的眼神投向胡凤莲，胡凤莲素缟红颜，捧定情信物蝴蝶杯于胸前，几多柔情、几许娇矜、几分哀楚，都在那双手一捧、美眸一凝的瞬间，那份不可多得的清纯秀美不禁让英俊少年更添怜香惜玉之情，不能不说李慧芳神韵丰满的表演为这幅秀女慕英雄，豪杰怜佳人的美图再添几抹动人色彩；在田家父母面前，侧首低眉、羞涩含笑的胡凤莲欠身一坐，既有秀而不媚、寒而不清的碧玉之貌，又有笑靥浅露、眉目温婉的闺秀之范，娴静端庄，大方美丽。李慧芳一招一式，一颦一笑，把渔家少女胡凤莲的善心柔肠、聪明果敢表现得细致入微，恰到好处。

132 »

菊苑双葩　慧丽同芳　李慧芳

一个侠骨柔情的胡凤莲便亭亭玉立于红氍毹之上，久驻于观众心中。

李慧芳不是出身于梨园世家，更没有上层关系和社会背景，在中国京剧院也没有任何"裙带关系"，但是她从没有因此而被冷落过。京剧院创作班子的主创人员编戏排戏非常善于挖掘人才，给演员提供展示才能的机会和条件，让李慧芳总有"海阔凭鱼跃，天高任鸟飞"的感触。当时中国京剧院不兴"女唱男"，只有文武老生杨菊芬这位老演员在唱，所以李慧芳在京剧院一次也没唱过老生。但是京剧院领导了解李慧芳的过去，知道她是唱老生出身，所以在排戏时就注意了"量体裁衣"。有一次，中国京剧院领导马少波找李慧芳谈话，向她传达了京剧院排演《五侯宴》的意图：为了纪念关汉卿，中国京剧院要排这出戏，考虑到李慧芳有大嗓这一特点，所以决定剧中18年后的李氏就采用老旦应工，让她前演青衣后演老旦，希望她能挑起这个担子……俗话说："没有金刚钻，别揽瓷器活儿。"李慧芳恰恰就有揽瓷器活儿的金刚钻，所以她愉快大胆地接受了这个任务。就这样，《五侯宴》就成了中国京剧院为李慧芳"度身定做"的一出新戏。

《五侯宴》是元代大戏剧家关汉卿所作，全名《刘夫人庆赏五侯宴》。全剧共五折一楔子。剧情是：五代时，潞州王屠之妻李氏，因夫死无力葬夫，只得卖子为夫发丧，后典身豪绅赵则诚家为乳母，三年为期。赵则诚骗改典身契为卖身契，百般虐待李氏，并逼李氏将其子王阿三弃至荒郊雪地，王阿三被前来行猎的河东将官李嗣源收养，取名李从珂。18年后，李从珂成为一位屡立战功的武将，被封为五侯之一，李嗣源的母亲刘夫人摆设"五侯宴"庆功，李从珂赴宴途中路遇李氏因受虐待正欲跳井，问起缘由，李氏痛述往事念念不忘儿子。在"五侯宴"上，李从珂诉说此事，怀疑自己不是李嗣源亲生，李嗣源支吾其词，从珂乃以死相要挟，刘夫人遂说明缘由。李从珂赶回潞州，处死赵则诚父

李慧芳饰《五侯宴》中的李氏

子,与母亲团圆。

1958年,中国京剧院上演了《五侯宴》,剧本由马少波、景孤血改编,由郑亦秋担任导演,老年李氏的唱腔由李金泉设计,乐队鼓师是白登云,黄天麟、迟天彪操琴,文武场实力雄厚,闻声而震。演员强手云集,重装上阵,个个都有光彩。李慧芳扮演李氏,李宗义扮演李嗣源,徐和才扮演李从珂,赵炳啸扮演赵则诚,韩少芳扮演刘夫人,冯玉增扮演赵伯秋。强大的创作导演班子,强大的演员阵容。李慧芳既能大嗓,也能小嗓,前演青衣,后演老旦,一人两能。细品李慧芳的表演艺术,她的老旦丝毫不输于她的青衣。她演的老旦,在唱念上,在原有老生大嗓的基础上去掉老生的平直刚劲糅入老旦的婉转迂回,雌音、哀音两全,通透清亮,宽厚高亢,苍劲有力,韵味醇厚,诉说世事的沧桑,字字啼血,声声含泪,颇具震撼。在做表上,她扮相质朴自然,苍迈慈爱,表演凝重大气,声情并茂。尤其李氏在井台前的那段"独角"演唱,李慧芳重点突出了"情",让人听起来有悲泪纵横之感。

【二黄慢板】
被寒风吹得我身麻体颤,
心头跳脚冻僵我手难拳,

雪打得眼难开只把身掩，
拿不住这绳索紧耸双肩。

【二黄原板】
这大雪落地上白茫一片，
倒叫我想起了十八年前舍子那一天。
这雪花今冬不见明年见，
唯有那亲生子再见也难。
我那难见的儿啊。

【二黄散板】
娘临死把我儿再叫几遍，
母子们除非是梦里团圆。
实指望儿长大来把娘见，
又谁知如灯灭不见回还。
无奈何我只得寻短见。

这段由【二黄慢板】转【原板】最后转【散板】，12分钟的唱念做表，李慧芳声情并茂，一气呵成，荡气回肠，动人肺腑，把李氏这个人物从外形到内心都刻画得淋漓尽致，神形兼备。李慧芳悲伤倾诉中的"哭腔"既不拘泥于京剧的虚拟含蓄，又不同于地方戏的夸张直白，她把情感宣泄得恰如其分。这种表演的分寸感，是她多年旁涉其他剧种并不断在京剧舞台实践的结晶。在李慧芳的精心塑造下，年迈凄楚、贫寒孤苦、绝望无助、思子心切的李氏，真实感人，让观众难以忘怀！

语言学家、山东大学教授吉常宏，从小就爱听京戏，他在家中那个老留声机里听过杨小楼、郝寿臣的《连环套》，李世芳16岁唱的《宇宙锋》，毛世来和艾世菊的《铁弓缘》等许多戏。20世纪三四十年代在济

李慧芳饰《慈母泪》中的孙淑林

南北洋大戏院还看过白玉昆、马连良、奚啸伯、程砚秋、荀慧生、毛世来等许多名角的戏,称得上是个资深戏迷。1954年吉常宏在北京大学中文系毕业留校任教,他所住的青年教师单身宿舍里,还住着研究楚辞的能唱麒派的京剧社成员金开诚、喜爱收藏京剧戏票和节目单的教写作课的胡双宝。他们三人嗜好京剧,趣味相投,每逢周六和周日,就与历史系的几个同好相邀去护国寺人民剧场看戏。20世纪50年代末到60

年代初，国家正处于经济困难时期，这些青年教师节衣缩食与京戏相伴，感到精神富足、快乐。中国京剧院的戏他们看了不少，而且还颇有研究。李慧芳主演的许多戏都在那里上演过，但给吉常宏留下深刻印象的则是李慧芳反串老旦的戏，李慧芳的老生戏和青衣戏早就闻名遐迩，看她演老旦反倒是增加了许多新鲜感，吉常宏想：老生开蒙的李慧芳唱老旦会是什么样呢？结果，李慧芳演的老旦是出乎意料地好——唱念是地地道道的老旦，听不出丝毫老生声韵的痕迹，做表亦然。李慧芳身材高，扮相好，台风相当稳健，举手投足，非常抓人……吉常宏由衷地赞叹道："李慧芳演老生、青衣，造诣深厚自不必说，反串老旦依然是大家风采，这样的女演员在当时的京剧舞台上并不多。"

确实如此，能达到像李慧芳那样一专多能且能得精彩的演员，实不多见。因而《五侯宴》就成为20世纪50年代由李慧芳独家上演的一出剧目，也是多年来无人能及的一出戏。李慧芳还演过根据传统剧目《三进士》改编整理的《慈母泪》，这个老旦角色李慧芳演得也是十分动人。李慧芳反串老旦的戏不多，却能让人过目不忘，实在难能可贵！

12
主席总理相邀请　艺术骄女展才情

在中国京剧院期间，李慧芳真切感受到自己社会地位的提升，从旧社会的卖唱"戏子"成为受人尊重的艺术家，不仅受百姓爱戴，还受到党和国家领导人的尊重。那时她常常被邀请去中南海为中央首长演唱，也常参加一些外事活动中的演唱。1956年8月中旬的一天，李慧芳接到了国务院总理周恩来的邀请函："为欢迎以老挝王国首相梭发那·富马亲王殿下为首的老挝王国政府代表团访华订于一九五六年八月二十一日（星期二）下午七时半在北京饭店举行宴会　敬请光临　周恩来"。李慧芳清楚记得那晚，她在北京饭店宴会厅坐定后，环顾四周，看到许多中央领导都在，中国京剧院院长梅兰芳那晚也去了。晚会开始后不久，李慧芳突然听到晚会主持人报道：请李慧芳上台为大家演唱……李慧芳并不知道晚会安排了她演唱，先是微微一怔，转而站起身来，拽拽衣服，用手理了一下头发，微笑着大方地走上台去。这就是李慧芳，她的表演素质很过硬，有备与无备同样从容。高挑瘦削的李慧芳身着中式旗袍，端庄典雅，翩然走上台来，她款款深鞠一躬，为大家演唱了《霸王别姬》"四面楚歌"中虞姬帐中劝酒宽慰霸王项羽、自己强颜带笑舞剑时唱的那段【西皮二六】"劝君王饮酒听虞歌"。

李慧芳 同志

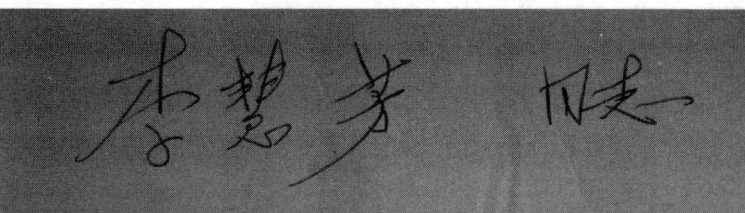

中华人民共和国国务院

为欢迎以老挝王国首相梭發那·富馬親王殿下为首的老挝王國政府代表团訪華訂于一九五六年八月二十一日（星期二）下午七时半在北京飯店举行宴会敬請

光　臨

周　恩　來

周恩来总理发给李慧芳的邀请函

　　这是许多人耳熟能详的唱段，李慧芳唱完"宽心饮酒宝帐坐"，她雍容华美的精彩演唱立刻引起台下一片掌声，因中间有十五六秒的过门才能唱最后一句，许多观众舍不得停下鼓动的手掌，就在这持续热烈的气氛中，李慧芳没有唱"且听军情报如何"就谦逊地鞠躬致谢走下台去。

　　演唱结束后的晚宴上，梅兰芳陪周总理逐桌敬酒致意，当来到李慧芳落座的桌前时，大家起立向总理问好，总理举杯向大家致谢，梅兰芳

《 139

12　主席总理相邀请　艺术骄女展才情

1960年的李慧芳

笑着对李慧芳说:"下次再唱,要把那条'腿'封上啊。"原来,京剧有句行话"留腿儿"。指一个唱段唱到最后一句时,暂时留下不唱,接着进行表演,然后再由这个角色或其他角色接唱留下的一句。留腿儿后接唱的最后一句称"缝腿儿"或"封腿儿"。梅兰芳嘱咐李慧芳要接唱末一句,是为了这个唱段的完整性,毕竟这是清唱,不是舞台彩唱。周总理听了梅兰芳的话后笑着对李慧芳说:"听到梅先生说的了吗?要记住啊,下次要唱完。"李慧芳愉快地连忙答应:"记住了,记住了。"当时周总理的语气就像把李慧芳当成自家孩子那样叮嘱,这让李慧芳感到非常亲切。这是李慧芳第一次见周总理。

时隔半年多,印度的"影子"剧团访华演出。这是一种用舞台灯光把艺术家的形体表演都折射到白色银幕上的表演艺术,李慧芳应邀参加观摩。演出结束后,周总理在首都剧场三楼大厅设宴答谢中外宾朋。这时,李慧芳又见到了周总理,总理虽然只见了李慧芳一面,但仍一眼就认出她来,总理亲切地对李慧芳说:"你叫李慧芳。"自己只是一个演员,与总理只见过一面,他就记住了自己,总理的超强记忆力让李慧芳感到惊讶。"李慧芳"三字,总理是加上重音拉长节拍清晰地说出来的,非常和蔼。周总理还热情地邀请李慧芳跳舞。李慧芳虽然戏演得好,但跳舞很不在行,舞步生疏凌乱,时常踩周总理的脚,李慧芳很不好意思地对总理说:"总理,我总踩您……"周总理笑呵呵地说:"没有关系,熟能生巧嘛。"依然谈笑风生。周总理的温文儒雅、善解人意消除了李慧芳的尴尬不安,周总理的平易近人更是让李慧芳永远记在了心里。

20世纪60年代初,李慧芳曾多次被邀请去怀仁堂为中央领导演唱。每次去,毛泽东主席都在场。毛主席经常是身着浅灰色中山装,微笑着随意地坐在那个宽大的沙发上。李慧芳每次见到毛主席,都要礼貌地向毛主席鞠躬问好,毛主席总要伸出温厚的大手与她握手致意。有一次,毛主席请李慧芳唱程派的《贺后骂殿》。《贺后骂殿》是本戏《烛影记》中的一折,原来是传统剧目中的一出青衣戏,后来经过京剧大师程砚秋的加工,成为程派戏的代表作。这出戏说的是宋太祖赵匡胤死后,其弟赵光义继承帝位。贺后因丈夫死得不明,遂带长子德昭上殿质问,赵光义恼羞之下欲斩侄儿,德昭被逼撞死在柱下。贺后乃携次子德芳上殿,手扶殿柱,悲愤高骂,历数赵光义之过。赵光义在众目睽睽之下,理屈谢罪,封贺后为太后,加封德芳为八贤王。毛主席点的这段唱就是贺后在殿上对赵光义的高声怒骂,剧中成套的二黄唱腔充分展示了程派声腔悠远委婉的特点，这出戏很受程派戏迷的喜爱。李慧芳会不少程派戏，但是这出戏李慧芳没有学过。毛主席通晓文史，爱看历史掌故丰富的传统戏，尤其青睐程派戏。李慧芳很不忍让毛主席扫兴。李慧芳舞台经验很多，但是要开口唱生段子，也不是简单可行的，这可怎么办呢？李慧芳天赋超人，很有自信，又有在旧社会闯江湖摔打出来的功夫底子，因而唱戏时不论遇到什么情况，她从不紧张。另外，这段唱李慧芳虽然没有学过，但她听过，也看过这出戏，所以，脑子里也留有不浅的印迹。这时，李慧芳和乐队"嘀咕"了片刻就登台开唱了。这一大段唱是板式多变的二黄唱腔：导板·回龙·慢板·快三眼，难度较大，唱下来共需十二三分钟。神态自若的李慧芳往那一站，凛然大方，锐气压台，她放开高亢明亮的嗓子，随着一声【二黄导板】"有贺后在金殿一声高骂"便蜿蜒起伏地"怒骂"了起来，李慧芳带着悲伤激愤的情绪完全投入剧情人物之中；唱到【快三眼】"遭不幸老王爷晏了御驾"时，李慧芳抑扬顿挫，字字珠玑。毛主席表情凝重，聚精会神，倾耳而听，时而情不自禁打着节拍，时而高兴地举手鼓掌。台上唱得酣畅淋漓，台下听得痛快过瘾，李慧芳神韵双佳，有条不紊，一气呵成。先天的演唱悟性和后天的演唱功力李慧芳兼而有之，这么长的一个大段子经李慧芳重叹轻吟后，让人听起来就是那么有味儿、那么开怀！

"古人唱歌兼唱情，今人唱歌唯唱声。"唐代诗人白居易的诗句表明，自古以来人们就重视歌唱中的"情"，强调歌唱必声情并茂方可动人，李慧芳演唱这段恰恰就是倾情于殿上高骂的贺后，通过演唱的形体身段、手势眼神把贺后殿上啼哭叫骂、历数赵光义之罪的悲愤渲染到极致，收到情景交融、流畅跌宕的艺术感染效果。疾风知劲草，烈火见真金，李慧芳的《贺后骂殿》，生段熟唱，实乃艺术功力所为！

言派也是毛主席的偏爱，《让徐州》是毛主席非常爱看的一出戏，老生原是李慧芳的本工，李慧芳酷爱言派也尤擅长言派。她的言派唱腔，出神入化，游刃有余。《让徐州》中的"未开言"便是李慧芳十分拿手的一段唱，也是观众非常欣赏的李慧芳老生唱腔中的一个保留段子。李慧芳上台清唱这段，跌宕委婉，韵味浓郁，常常是一句一个好。有时李慧芳上台唱了旦角的段子，不等鞠躬下台，台下就会响起观众的热烈叫喊声："《让徐州》！《让徐州》！"随后，掌声、彩声骤起。这火爆场景大有不唱《让徐州》观众便不让她下台之态势。因而，这段唱是李慧芳再熟不过的段子，但李慧芳总是熟段生唱，每唱必先打动自身，她总是情感饱满，郑重开口，无一丝油滑之腔，无一字轻率之韵。一段"未开言不由人珠泪滚滚"经李慧芳一唱，凄楚悲凉，让人立刻产生出苍迈和感怆的意境，曲述衷肠，实在是大家风范！毛主席每听这段，必开眉展眼，不吝鼓掌。

毛主席喜欢京剧，常看戏，和许多京剧演员成了朋友。毛主席很欣赏他们的艺术，也很尊重和关心他们。李慧芳是多才多艺的京剧名家，毛主席很赏识她的才艺，他不仅自己特别喜爱看李慧芳演戏，也愿意把李慧芳引荐给别人，与别人分享李慧芳汁厚味浓的多流派京韵之美。在一次怀仁堂的演唱会前，毛主席和李慧芳坐在观众席上谈话。这时，会场的侧门开了，进来了一位身材瘦高、穿着打扮与众不同的女人，进门后就近落座在侧门附近的单人沙发上。这时毛主席对李慧芳说："来，我带你去认识一下。"说着站起身来，缓缓迈动着大步，带着李慧芳走向那位留着齐耳短发、戴着秀琅眼镜的女人。走近后，毛主席指着这个看似有些孤傲冷峻的女人微笑着对李慧芳说："这是江青同志。"李慧芳礼貌地上前鞠躬问好，江青也马上起身露出笑意和李慧芳握手。李慧芳虽早就听说过江青，但这却是第一次亲眼见江青。仔细打量过去，只见江青身披一袭黑色斗篷，文质彬彬中平添了些许侠气和神秘。看上去，江青人不是太漂亮，但皮肤白皙，很显年轻，一副清高的样子，气质别具一格。其实，在常人的眼里，江青那件大披风的黑色似乎没有让她显得安稳凝重，反而给她增添了几分躁动张狂，让人一时辨不清她是艺术家，是文人，还是军人？毛主席介绍李慧芳认识了江青后转身离去，江青便示意请李慧芳坐在以茶几相隔的并排单人沙发上。也许是因为毛主席很欣赏李慧芳的演唱影响了江青，也许江青因为自己演过京剧而对京剧有着一份特殊的感情，也许因为李慧芳是40年代就远近闻名的京剧名角，也许因为江青还没有正式登上政治舞台……不管是出于哪种缘故，那天，江青没有表现出传闻中的刁钻、骄横、冷漠、暴戾，反而给李慧芳一种和气、虚心、热忱、文雅的印象。这时，江青操着她那略带山东诸城乡音的很不标准的普通话细声慢语地和李慧芳聊了起来。李慧芳虽是个直率爽朗的人，但江青毕竟是早年绯闻不断、现今高高在上的国家第一夫人，她对江青除了保持足够的尊重外，还存有几分戒备和谨慎，对江青的侃侃而谈，李慧芳只是出于礼貌而机械地点头应付着。突然，江青精神一振，身体略微前倾，似乎很谦逊地对李慧芳说道："我向你请教，用京剧的表演方法可以演现代戏吗？"一听江青谈到自己的京剧本行，李慧芳这才有了精神，她看到江青眼镜片下的目光满是期待和恳切，李慧芳的淳朴率真、直言快语的性格便立刻显现出来，她不善矫饰，不会恭维，凭借自己多年演传统戏、时装戏的舞台实践，直截了当地回答江青说："当然可以，完全可以！"江青听罢，把李慧芳简短的回答稍加体味后，把身体往沙发背上一靠，满意地颔首笑了。与其说江青这一笑是"满意"不如说是她"得意"，这似乎是江青在欣赏自己胸中酝酿的"艺术高见"时情不自禁流露出的一份洋洋自得。

那时，在怀仁堂的演唱会上，李慧芳还见到过刘少奇主席、贺龙元帅、罗瑞卿大将、李先念副总理等许多国家领导人。有一次，李先念

中国京剧院部分演职员合影,第一排由左至右:王玉让、李宗义、黄玉华、李慧芳、叶盛兰、杜近芳、栗金池、李洪春、周英鹏,第二排由左至右:庚金群、萧盛萱、何金海、李元瑞、冯玉增、李金鸿、王玉敏、徐志良、郑亦秋、曹韵清

副总理和蔼地对李慧芳说:"你演的《武家坡》我看过了,你演得很好啊!"贺龙元帅也竖大拇指夸奖她的演唱……李慧芳听了李副总理、贺龙元帅等首长的赞扬,心里特别高兴。那些年,李慧芳经常参加晚会、宴会,多次与中央首长联欢,气氛总是那样温馨愉快。还与国家领导人进行过交谈,他们总是那样亲切和蔼……这一切让李慧芳深深感受到:在旧社会,自己被人贬称为"戏子",闯江湖,走码头,卑微低下。在新社会,被国家领导人和人民大众尊称为艺术家,进中央,下基层,备受尊重。新旧社会,天壤之别!只有在新中国她才能受到如此的厚爱和尊重,在艺术道路上才能变踽踽而行为阔步向前。李慧芳由衷地发出天之骄子的感慨:"我真幸福!"这珍贵的一个个历史片段也永久镌刻在她的记忆深处。

在这样的环境中,李慧芳对艺术的追求愈发执著,对自己的表演艺术要求也越来越高。她周围有很多著名导演和剧作家、戏曲音乐专家，如阿甲、郑亦秋、范钧宏、樊放、刘吉典等，李慧芳常向他们请教，听他们讲剧本、讲创作、讲表演、讲创腔……有这么多优秀的编剧、导演、音乐创作专家无私地指引她、帮助她，她从没有过如此的幸运愉快！她周围还有许多杰出的同行，如袁世海、叶盛兰、李盛藻、李宗义、王泉奎、徐和才、张云溪、雪艳琴等，与这些人同台献艺，切磋交流，她从没有过如此的舒心惬意！在中国京剧院的五六年间，她主演了大量的传统剧目和新编剧目，如：《金水桥》《程咬金招亲》《奇双会》《秋江》《天门阵》《玉堂春》《白蛇传》《蝴蝶杯》《秦香莲》《木兰从军》《五侯宴》《佘赛花》《三打祝家庄》《红鬃烈马》《吕布与貂蝉》《洪湖赤卫队》《赠书记》《香港怒潮》《安源大罢工》等等，迎来了自己表演艺术的辉煌时期，成为令人羡慕的艺术骄女。天时、地利、人和，李慧芳的艺术根植于祖国的沃土，在新中国的春风、雨露、阳光沐浴下，众手浇灌，日益枝叶扶疏，生机勃勃！

13

继承发展勇探遂　创排《洪湖赤卫队》

　　歌剧《洪湖赤卫队》由朱本知、张敬安、欧阳谦叔、杨会召、梅少山编剧，张敬安、欧阳谦叔作曲，1959年由湖北省实验歌剧团首演于武汉。此剧描写的是20世纪30年代初湘鄂西工农红军与国民党反动派及地主进行斗争的故事，塑造了党支部书记韩英、赤卫队长刘闯等生动形象。《洪湖赤卫队》是中国歌剧史上的不朽经典，该剧公演之初，就在全国产生了广泛而巨大的影响，许多剧种争相移植。京剧乃国粹，作为国家级的中国京剧院自然当仁不让，很快，根据歌剧改编的京剧版《洪湖赤卫队》剧本诞生了，中国京剧院三团马上全力投入排演，团里决定由李慧芳出演韩英这一重要角色。李慧芳真是艺术的宠儿，《洪湖赤卫队》剧本改编不仅出自大手笔范钧宏、袁韵宜，导演也是一代名家阿甲和樊放（执行导演），更有刘吉典、张正治这样的造诣深有创意的戏曲音乐专家担任音乐设计。

　　传统古典戏中的人物与现代戏中的人物无论在唱腔还是做派上表现相去甚远，尤其与韩英这样的现代革命女杰的表现上更是迥然不同。在此之前，李慧芳从没演过这类题材的现代京剧，这对一直演传统戏的李慧芳来说是个不小的挑战。李慧芳积极参与了《洪湖赤卫队》的艺术探

现代京剧《洪湖赤卫队》中李慧芳（后）饰韩英、徐玉川饰秋菊

索。在人物的创作中，李慧芳认为：《洪湖赤卫队》中的赤卫队党支部书记韩英是现代革命女英雄，如果按照传统旦角的念白是不符合韩英这一现代人物身份的，要很好地表现韩英的粗犷豪放、坚贞不屈的英雄气概，应该考虑采用大嗓京白的念法。李慧芳的考虑不是没有道理的，现代戏的表演要有时代感，比如念到："同志们！"按照文艺创作的革命英雄主义的审美标准和审美习惯，大嗓宽厚，以此念白则可添烽火巾帼的大义凛然之势。小嗓尖细，用以念白则会带有嫔妃碧玉及古典女性的娇媚柔弱之感。李慧芳又考虑到：用大嗓念白，完全用小嗓唱也有失协调。她便尝试用真假声结合来演唱，于是便建议把老生腔适当糅入到韩英的创腔中去，以加强英豪之气，使韩英的唱念衔接更为和谐；从剧情人物出发，李慧芳感觉有的唱段板式不适合人物在某一特定情况下表达细腻感情的演唱，她很想采用一个叙说性的板式，去掉胡琴，只用弹拨乐，这使李慧芳想起来早时的越剧"的笃板"来，随着一个小小竹板的的笃笃的敲打声，才子佳人的低吟浅唱便情韵尽致地流淌出来。能否借鉴地方戏的干板清唱和无字吟唱等方法呢？但是李慧芳没有学过乐理和音乐创作，她的这个想法需要求教音乐设计专家，于是她大胆地把自己的想法告诉了刘吉典。刘吉典不愧是才华横溢的"京剧音

乐革新创造不可忽缺的一棵梁柱",他设计出了一段韩英在牢中会见母亲时唱的新板式【清板】。【清板】是从某些地方戏借鉴而来的,以无伴奏吟唱为主,或用一些极为清淡的乐器伴奏为衬,多是在人物抒发内心深情时使用。《洪湖赤卫队》韩英在牢中会见了母亲,当韩英回想到自己一家早年被彭霸天残害的情节时,"那一年,数九寒天北风狂……"唱腔就进入了【四平调·清板】,人物清唱只用了有限的几件极清脆又刚劲的弹拨乐器进行伴奏,把人物那种回忆叙说深化为是"在一种极其深邃又凝重的心境下的苦吟、倾诉",这种展示人物内心世界的细腻手法,把唱

李慧芳在现代京剧《洪湖赤卫队》中饰韩英

腔的意境表达得十分完美。李慧芳的创作激情与刘吉典的音乐才华在继承创新中屡屡碰撞出耀眼和谐的火花,他们切磋交流,探索实践,不仅创作出"拭眼泪,免悲伤"这个大段的精美唱腔,把唱段中"我韩英""百炼成钢"等细小处唱腔的连贯性和完整性也都一一分析处理,使唱腔把唱词的意义表现得更为完美。

在创排过程中,团结的暖流始终涌动在这个创作集体中,尤其在创腔时,李慧芳不是消极等待唱腔创出,而是以演员的强烈责任感积极参与其中。她十分尊重戏曲音乐专家,在愉快地探讨中去认真学习、琢磨、实践。李慧芳与刘吉典相处得十分融洽,她的求知好学和坦率真诚常常打动刘吉典。他们废寝忘食,全心投入,在酝酿唱腔时产生出许多

艺术共鸣。李慧芳每有新的想法总是及时地传达给刘吉典,刘吉典谦逊谨慎,每次都能很好地领会李慧芳的建议,把有益的部分用音乐形式完美地表达出来,进而把人们带入更深层次的美学追求。

就在李慧芳如醉如痴地创演韩英、在唱法上用大小嗓结合尝试时,因练得太苦,声带超负荷,患了声带小结。生就一副好嗓子一直是李慧芳的资本和骄傲,此时正在艺术上大有作为时嗓子出了问题,李慧芳的苦恼可想而知。但是,李慧芳性格刚强,她仍然沉浸在创作的冲动中,没有半步退却。她一边在韩英的表演上不断思索体会,一边积极治疗。经过医生精心施行手术后,幸好李慧芳的嗓子没受到任何影响。她的小嗓,莺歌燕鸣;大嗓,龙吟虎啸。真假声转换自如,响亮依然。李慧芳的嗓子恢复得如此之快之好,连给她治病的医生也感到神奇。李慧芳赞扬医生"妙手回春",医生惊叹李慧芳嗓子"泼辣硬朗",医患互赞,其乐融融。李慧芳再度感慨自己幸运,又全力以赴投入到表演创作中去。

20世纪五六十年代,正在废墟上建设的国家还很贫穷,中国京剧院虽然是国家最大的京剧院,但条件仍然简陋,然而大家投入的创作激情却是旺盛的。1960年,中国京剧院三团移植的现代京戏《洪湖赤卫队》正式公演,首演阵容是李慧芳、叶盛章、李宗义、张玉禅、赵炳啸、夏韵龙、徐玉川、韩少芳等。《洪湖赤卫队》犹如一股清新的春风,给京剧舞台上带来了令人心动的新绿,观众喜形于色,拍手称快,这出戏没有辜负创作团体的辛勤汗水,它以崭新的面貌告捷成功。李慧芳在戏中对现代京剧人物表演作了首次尝试,她所饰演的韩英唱腔多有创新,其表演也得到了大家的肯定和赞扬。在这一艺术实践中,从传统戏表演跨入现代戏的表演,李慧芳仍然有过人的悟性和超强的表现力,如果说天赋的灵性来自父母的恩赐,那后天的悟性便源于她演话剧、拍电影、排时装戏的艺术积淀。艺术血脉息息相通,一位演员旁涉多种艺术,收获

1964年6月1日重排的《洪湖赤卫队》首演广告

必丰。"博学多才，艺不压身；劳谦君子，天道酬勤。"这些再简单不过的凡情俗理，让李慧芳从中屡屡尝到了甜头。

京剧《洪湖赤卫队》的编创没有满足上演引起的轰动，大家经过不断打磨，使之日趋成熟，愈发引人注目。后来中国京剧院三团下放到北京市，再转为北京市京剧二团，《洪湖赤卫队》又在此开始重排，由刘景毅、钱元通导演，演员阵容也很强大。重排时，李慧芳仍然扮演韩英，李元春演刘闯，于世文演地下党员张副官，李韵秋、韩少芳分别演韩英的母亲。

京剧现代戏观摩演出大会

北京京剧二团演出

洪湖赤卫队

根据湖北省实验歌剧团集体创作的同名歌剧改编

改　　编：范钧宏　袁韵宜
导　　演：刘景毅　钱元通
音乐设计：刘吉典　张正治
舞蹈设计：李元春
装置设计：韩西宇
服装设计：鄢修民
灯光设计：方堃林

中华人民共和国文化部主办

1964·北京

戏单封面

在《洪湖赤卫队》里扮演主要人物刘闯的李元春,时年30岁,幼习武生,先拜李兰亭为师,并受教于尚和玉。20世纪40年代开始搭班演出,演出剧目以短打武生戏为主,在京、津、东北一带颇有名气,后与其妹李韵秋曾组织北京春秋京剧团,并共同领衔主演。扮演韩母的李韵秋比哥哥小4岁,自幼随父李永华学艺。后拜陆叔田为师,习老旦。1950年,再拜赵绮霞攻习刀马旦、花旦,她也是一位多才多艺、文武兼长的好演员。除李元春兄妹之外,李宗义和名老生方英培扮演地下联络员胡子爹,徐玉川演赤卫队员秋菊,茹绍瑞、罗长德、衡广泉分别演赤卫队小队长黑牯、文虎、春生,刘进才演赤卫队员小刘,任二娟演胡子爹孙女小红,名小生姚玉刚演彭霸天,王泉奎演保安团冯团长,贾松龄演狗腿子老么,张松林演叛徒王金标,众演员均颇有实力,人人各显其能,锦上添花。司鼓裴世长、王玉海,胡琴夏奎连、姜凤山,他们鼓艺娴熟,琴艺高超,再助威声。

1964年6月1日北京市京剧二团在北京市工人俱乐部首演经过重排的《洪湖赤卫队》,5月29日《北京日报》登载了首演售票广告后,李慧芳领衔的6月1日晚场的票仅几个小时便告售罄。复排后的《洪湖赤卫队》一经上演即受到观众如此热烈的欢迎,这让二团极为振奋,信心倍增。北京市京剧二团就是以这样整齐、强大的演员阵容参加了1964年北京举行的中华人民共和国文化部主办的全国京剧现代戏观摩演出大会。大会演出共分六轮,二团的《洪湖赤卫队》安排在第二轮中,李慧芳饰演的韩英无论在表演上还是念唱上,都更上层楼,继承中有创新,艺术上有建树,整个演出受到了上下好评。周恩来总理在天桥剧场观看了《洪湖赤卫队》演出后,上台接见演员时给予肯定:现代戏《洪湖赤卫队》"有京剧特点……"周总理的亲切接见和鼓励,为李慧芳他们再鼓风帆。参加完观摩演出后,大家一鼓作气,又在北京二七剧场、丰台影剧院、民族文化宫、吉祥剧院等各剧场巡回演出，每逢休息日都要加演日场。所以从一开始就有三套演员阵容竭诚为观众服务，连演数十场，场场客满。毋庸置疑，京剧《洪湖赤卫队》创排和上演是成功的，对以后此类题材的现代戏创作演出作了有益的探索，它也因此而成为北京京剧二团的品牌剧目。

《洪湖赤卫队》在旦角唱腔上作了许多新的尝试，其中"秋风阵阵催湖浪，冷月寒星照牢房"这组【反二黄】是韩英全剧中静场成套的唱段，唱腔平稳深沉，反映了革命者在困境中益发坚定的信念和崇高的气节，流传很广。后来，李慧芳还应邀在中央人民广播电台教唱过这个段子。《洪湖赤卫队》的唱段创腔其革新成就有目共睹，有的观众甚至曾经怀疑把名歌剧改为京剧其唱法能否成功，看过后他们心悦诚服。欣赏了动听的唱腔后，服了刘吉典的唱腔处理，服了李慧芳的演唱，当然，也服了以范钧宏、袁韵宜为主的剧本改编。

1964年6月，中国戏剧出版社出版发行了北京京剧二团演出的《洪湖赤卫队》剧本，翻开第一场的剧照，就令读者眼前一亮，李慧芳饰演的韩英——扮相亮丽俊美，姿态飒爽豪放，表情细腻传神。韩英的台词说："我们像葵花向阳一样，永远和党连在一起！"无声的剧照即刻就把人们带入有声的情境，让人细致入微地感受到韩英对党的一腔忠诚和无限深情，仅此，便可感受到李慧芳在《洪湖赤卫队》中表演的几分精彩，转而让人兴趣横生，想立即走入剧院，去欣赏李慧芳那新颖别致、英姿勃发、富有时代感的艺术新作。

京剧《洪湖赤卫队》成功上演在得到广大观众的赞赏同时也得了毛主席的青睐，他老人家也喜爱这出现代京戏，尤其喜爱韩英的唱段。

中南海里有一座宫苑书斋式建筑叫春耦斋。这座四角攒尖顶建筑，单檐微翘，灰色的砖墙筒瓦，外观古朴典雅；雕梁红柱，彩绘饰顶，内里富丽堂皇；这座面宽五间，进深三间的建筑外有游廊，前有宽敞平台，立于水上，四周皆有白石栏杆围护，对岸有戏台……一眼望去，当年凝重沉寂中时有的喧嚣热闹犹如仍在眼前。从"春耦斋"字义上看，"耦"同"偶"，古意为两人并肩耕作，后泛指耕种。据资料记载：春耦斋建成于乾隆二十二年，即1757年，是清帝在临近的丰泽园劝课农桑后的休息之所。民国初年春耦斋被北洋政府控制，袁世凯和段祺瑞曾在此召开过财政会议。在民国八九年，总统办公处曾设在这里。新中国成立后，中央领导同志和中央办公厅、中央军委也曾在这里举行会议。中央领导和中央部分机关搬进中南海后，每逢周三、周末晚上，这里一反静谧超然，时而有欢快轻盈、抒情优雅的乐曲悄然飘出，时而又有行云流水、裂石停云的强音穿壁而过，轻歌曼妙、温馨摇曳后的苍劲悠远、回肠荡气，不禁使这座古老的建筑更凸显出几分厚重和沧桑，这里正在举行舞会和京剧演唱会。原来，环境幽然的春耦斋已经成为中央领导同志休闲放松的主要舞场了。开始时，每周在这里举办一场舞会，也许是考虑到中央领导同志的活动太少，为了增加他们的健身运动量，后来就改成了每周两场。

  毛主席喜爱运动，也爱跳舞这种健身活动，他身边的工作人员向他建议：举办舞会时，如请京剧名家来唱戏，既跳舞又听戏，还活跃了舞会。毛主席赞同说：举行舞会时，可以请一些京戏名演员来清唱。但注意不要影响人家的演出任务。毛主席酷爱京戏，欢乐的舞曲丝毫不能打消他对京剧这门艺术的眷恋。从20世纪60年代初，毛主席常邀请京剧名家来春耦斋参加舞会并请他们在舞会上演唱，李慧芳就曾多次来这里演唱。但大家都有演出任务，舞会不可能次次都邀请到这些名家，所以毛主席来春耦斋参加舞会期间，在没有京剧艺术家们到场演唱的情况下，他每跳完一支舞曲，扩音器就要播放一段京剧。这些京剧唱段都是毛主席最喜爱听的，其中就有李慧芳演唱的现代京剧《洪湖赤卫队》韩英那段13分钟多的【反二黄】"秋风阵阵催湖浪"。也许，带领金戈铁马夺取新中国胜利的统帅毛主席心系"洪湖赤卫队"，军旅情结难以释怀；也许，韩英那深情的唱腔让拥有诗人情怀的毛主席思涌出对革命战友的景慕和咏叹；也许，李慧芳委婉高亢的明亮嗓音和她刚柔并济的演唱风格让酷爱京剧的毛主席情有独钟……

一部现代京剧《洪湖赤卫队》让李慧芳又名声大噪，她饰韩英从中国京剧院的首演一直到北京市京剧二团的复演，对现代京剧人物的旦角演唱进行了大胆地探索和实践，她的艺术创新魄力为自己的京剧表演艺术再添新篇，在观众的掌声中，李慧芳忘掉了耕作的辛苦，享受着丰收的喜悦，誉丰不傲，困阻不却，继续奋力前行！

14

亲炙梅兰芳　同行受益长

一位京剧演员能与梅兰芳先生在一起从事艺术活动，乃是幸运之事。如果一位梅派青衣演员能在梅兰芳先生身边从事艺术创作，更是三生有幸。李慧芳就是这样的幸运者，正当她追寻梅派艺术真谛的时候，良机佳缘就悄然而至，由于剧院改制，李慧芳来到梅兰芳剧团，成为梅派艺术的宠儿。

1960年4月15日，北京市人民委员会任命梅兰芳为梅兰芳剧团团长。这一年，中国京剧院三团解体，大部分演职员转而调入北京市所属各个剧团，李慧芳便顺理成章地进入了梅兰芳剧团。当时李慧芳知道了这个消息后却闷闷不乐，这是为什么呢？原来，李慧芳经历了旧社会私人戏班，饱尝了闯江湖跑码头的艰辛，她对共产党建立的新中国有着实实在在的感受，因而她向往象征新中国革命工作的中国京剧院，对中国京剧院冠有"中国"二字极为珍视，她认为"中国"二字代表了国家。李慧芳在中国京剧院期间，艺术步入辉煌，她对中国京剧院怀有朴素纯真的情感，这其中包含有理想和抱负、信任和依赖。此时，李慧芳对梅兰芳剧团的性质不了解，她认为，梅兰芳剧团是以个人的名字命名的剧团，这意味着和旧社会个人挑班的私人剧团没什么两样，自己当初为了

梅兰芳和梅剧团的部分主演和领导合影。前排左起：李宗义、姜妙香、梅兰芳、李慧芳、刘景毅、叶盛章；后排左起：刘连荣、王泉奎、梅葆玖、姚玉芙

追求进步，为了参加中国京剧院，连给她高薪的苏州开明京剧团这样的公助剧团都放弃了，现在又要她回到私人剧团，所以她很不情愿参加梅兰芳剧团。李慧芳秉性直率，她对三团团长如实说出自己的疑虑，团长听后耐心地给李慧芳讲清了梅兰芳剧团的性质，并对她郑重地说："梅兰芳剧团现在是国家的，也是共产党领导的，你放心去吧。"这样，李慧芳打消了疑虑，非常高兴地加入了梅兰芳剧团。来到梅兰芳剧团不久，李慧芳便感受到这里非同一般的艺术氛围，体会到在梅兰芳身边钻

菊苑双葩　慧丽同芳　李慧芳

研艺术的喜悦和收获艺术的幸福。

过去演员学艺，除了偷戏外，还要想方设法去接近大师、名角，比如给大师名家当底包。底包亦称班底，指旧时京剧戏班的基层人员，包括龙套、武行、宫女丫鬟、旗、锣、伞、报等群众演员，以及琴师、鼓师等后台工作人员。给梅大师当底包演员，那真是求之不得的好事，据说过去连言慧珠这样有名气的旦角演员都曾"抢"着给梅兰芳当宫女，为的就是能在舞台上近距离观摩梅兰芳的舞台表演艺术。当底包跑宫女还真能学到不少东西，往台上一站，就可以平心静气地近距离观摩梅兰芳演出时精彩细腻的表演了。曾跟李慧芳演二旦的周正雯给梅兰芳当底包宫女两年，跟着梅兰芳每年的春秋两季演出，学了四出大戏——《霸王别姬》《贵妃醉酒》《宇宙锋》《凤还巢》。这可是真传，受益匪浅，算起来，比拜师学艺要"经济实惠"。如今，李慧芳要和梅大师在一个团工作了，这是多么令人羡慕不已的好事啊，李慧芳当然非常高兴！

《穆桂英挂帅》中梅兰芳饰穆桂英

李慧芳朴实憨直，不善言辞，她从没有在梅先生左右问长问短、追逐讨教梅先生的演唱艺术，梅先生也不善于喋喋不休地教导学生。是李慧芳不知道学，还是梅先生不乐意教？二者皆非，性格使然，教与学的方式使然。李慧芳学戏，眼观重于嘴问；梅兰芳教戏，身教重于言传。梅兰芳和李慧芳他们师生的艺术交流是在演出、排练中不同于一般的语言问答的形式下进行的。这种"无声胜有声"的观摩表演学习有它的独到之处，它往往能把艺术中用语言表达不全的只可意会的细腻表演更直接形象地呈现在学习者面前，启发学习者的悟性，李慧芳就这样跟梅先生学到了许多妙不可言的表演艺术。更为珍贵的是舞台上的边学习边实践。梅兰芳带团到各地巡回演出，每到一处，梅先生先演一轮——七场戏，在梅先生演出时，李慧芳不放过任何一个机会观摩梅先生的表演。她常常默默站在幕条边，拿着小本，时而抬头看，时而低头记，时而凝神想。对梅先生的戏，李慧芳总是先用心了解学习，把大致的表演程序弄清楚，然后待到观摩演出时，再带着问题看，越细小之处越细心观察。换言之，每观看梅先生演出，李慧芳要做的功课首先是预习剧目和表演。李慧芳看到，梅先生在舞台上，脖子一"梗"、袖子一"扔"、眉头一"蹙"，千言万语、无限哀怨尽在不言中，与剧中人物情感贴切得丝丝入扣。梅先生演完一轮后休息时，李慧芳和其他演员们就开始演，在舞台上，李慧芳非常注意把观摩梅先生演出时学到的东西融会贯通到自己所演的戏中去。

　　李慧芳感悟到，梅先生的表演分分秒秒都有戏，精小细微之处，正是人物神韵刻画之精华所在，也正是她要细心体味的细腻之点。她观察到，在舞台上，梅先生的眼神美，淡定从容，朴实内敛，没有刀砍斧凿之痕，蔼蔼含光的眼睛总是那样温润平和，随着人物情绪的起伏和剧情的变化，梅先生的眼神收放有致；收则温文尔雅，脉脉含情；放则炯炯有神，魅力四射，欲扬先抑，绝非总是目光如炬。在梅先生舞台艺术示范的耳濡目染、潜移默化下，李慧芳练就了一双明暗相济、顾盼生辉的眼神。许多欣赏过李慧芳表演的观众都赞赏，李慧芳在舞台上有一双会说话的眼睛，喜怒哀乐，眉目传情，摄人心魄。李慧芳感到：梅先生饰演的人物分寸掌握得是那样完美，这种高层次的艺术表现，是梅派艺术的结晶，非一朝一夕可得，它是来自生活又高于生活的舞台艺术的凝练。因此她用心捕捉、浓缩提炼生活中人物的形态和情感表现，再揣摩梅派艺术的神韵。

《霸王别姬》中的虞姬是梅兰芳在戏剧舞台上表演的众多优美动人的艺术形象之一。虞姬的服装扮相、表演身段、唱念做打，梅兰芳全部根据剧中人物的身份和情感而创造设计。梅兰芳塑造的虞姬不仅雍容华贵、稳重英武、温婉贤淑，还善良勇敢、知书达理，有远见卓识。梅兰芳在《别姬》一折舞剑前的几句潜台词大意为：您那边喝酒，我去更衣，去去就来。其表演是边走边做手势，接近边幕转身而偷泣，把虞姬的双重身份刻画得非常准确，她既是霸王的爱妃，又是霸王的谋臣，四面楚歌中，虞姬"面羽则喜，背羽则悲"，强颜欢笑和忧心忡忡的复杂感情交织变换。梅兰芳饰演的虞姬，在什么情况下，都是那样优美动人，不需开口念白和唱腔衬托，只在霸王身边一站，虞姬的身份地位就表现得十分得体。得体也是一种美，自然、含蓄、恬静，达到了出神入化，润物无声的境界，虞姬对霸王的爱戴和尊崇都细腻地糅入她对霸王恰到好处的一搀一扶之中。梅先生的虞姬，集古典之美、含蓄之美、造型之美、唱念之美、舞蹈之美、音乐之美于一身。李慧芳赞叹：梅先生艺术之巅的虞姬——美中极品！李慧芳把梅兰芳的虞姬之美融入自身，她表演注重上下合身，将脚步迈得稳而不碎，舒展大方；她杜绝换装取剑与霸王暂别时痛苦于形色的苍白表演，以克制悲凄、强作笑颜的温雅含蓄而代之……李慧芳正是从梅先生的表演艺术中观摩到如此这般风景，她表现的虞姬才与梅先生创造的虞姬心有灵犀。

《贵妃醉酒》是梅兰芳倾尽毕生心血精雕细刻、加工点缀而成的梅

李慧芳主演《贵妃醉酒》

派经典代表剧目之一,其表演十分细腻精致。李慧芳在梅兰芳身边,多次专心致志观摩学习梅兰芳的"醉酒"艺术表演,得其真传。她感悟到:杨贵妃眼神的表演要多样化才能展现出皇帝宠妃由骄傲、自负、矜持到失意、微醉、隐痛的情感变化,把一腔幽幽"深宫怨"通过眼神淋漓尽致地倾泻出来。李慧芳对唱念融会贯通,在表演中,注意了既要美又不能脱离人物感情,比如【四平调】中"奴似嫦娥离月宫",在唱到"嫦娥"时,眼放光彩伴随"长身",以示唯我独美和趾高气扬参半的心理状态;在杨贵妃念到"六宫粉黛三千众,三千宠爱一身专"时,依然提眼放光,腰部上提微挺……这些都是表现杨贵妃对自己美貌的自信及自我欣赏的那份愉悦自得。如此细腻传神的表演处理便衬托出了杨贵妃那种美若天仙、舍我其谁却落得孤芳自赏、清冷孤寂的心态,一人之下万人之上的宠妃此时变成借酒浇愁、释怀苦闷的醉妃……细致入微的表演必定会带来细腻传神的效果,一个真实的杨贵妃便会血肉丰满地展现在观众眼前。

梅兰芳的眼神表现力给了李慧芳有益的延伸启示,她体会到:眼神丰富而美,渲染人物有喜乐之美,也有哀怨之美。不同身份的角色尽有不同。受封建礼教约束的古代妇女,眼神要拘谨,动作要稳重。譬如《武家坡》中的王宝钏,与薛平贵面对绝对不可直视对答,应以垂首侧面回避对方的目光,偶尔正视一眼,也要闪烁羞涩,不可瞠目久停,这得体的眼神符合时代,符合人物,不失或嗔怒或娇嗔的古典之美。

梅先生尊重艺术人物,尊重自己的艺术形象,尊重观众的欣赏视觉,在艺术上方方面面都极为严谨:梅先生牙不太好,他带上牙套;皮肤松弛,他把脸绷紧,演《凤还巢》,都到了最后洞房一场戏进帐子里的时候,他还要找机会搌粉补妆,不留一点瑕疵,以完美的形象谢幕,让观众眼中没有遗憾……梅先生在舞台上一言一行极为庄敬,他不仅对做念唱舞的艺术心存敬畏,对容颜扮相、服饰装点等化妆艺术也从无轻忽。李慧芳不择细流、不拒微尘,把梅兰芳舞台艺术的琐碎细微都看到眼里,记在心中。

1960年10月14日,梅兰芳先生率梅兰芳京剧团抵达济南演出。10月15日至10月31日的演出全部安排在山东剧院进行,17天演出了19场,场场爆满。此次演出剧团阵容非常整齐,主要演员有武丑叶盛章、老生李宗义、梅葆玥、青衣李慧芳、梅葆玖,小生姜妙香,花脸刘连荣、王泉奎,武生李元瑞等,演出剧目也非常丰富,梅兰芳主演的剧目有《贵妃醉酒》《霸王别姬》《凤还巢》《宇宙锋》《穆桂英挂帅》,都是梅兰芳舞台艺术的精华剧目。此外还有《蝴蝶杯》《三打祝家庄》《天门阵》三出大戏，以及《玉堂春》《将相和》《奇双会》《挑华车》《击鼓骂曹》《时迁偷鸡》《打瓜园》等十几出折子戏。

在这次演出中，梅兰芳演了七天，后面的时间几乎都是由李慧芳主演，《霸王别姬》《红娘》《秦香莲》《佘赛花》《蝴蝶杯》等等。在李慧芳演《蝴蝶杯》那天，梅兰芳坐在幕条边的一把椅子上，从头至尾聚精会神地观看了李慧芳的全场演出。演出完毕，李慧芳虔诚地站在梅兰芳面前说："老师，您给我提提意见吧。"看着李慧芳期待的目光，梅兰芳吟吟一笑，用肯定的口气说："你演得好！"

梅兰芳剧团在济南的展演，让济南观众过足了戏瘾。李慧芳的频频精彩亮相，使她迅速红透泉城，一时间，济南街头巷尾的戏迷们都纷纷赞赏这位梅派大青衣，许多人至今不忘她舞台上那浓妆淡抹总相宜的万种风情。有一位76岁的老戏迷回忆当年在山东剧院看李慧芳和刘连荣的《霸王别姬》时说："只记得那天剧院内座无虚席，后面和两边也站满了观众，李慧芳演得太好了！我和老父亲走着返回文化东路的家，边走边谈论，很带劲儿，丝毫没觉得远。"那天散戏后，观众们仍久久不愿离开，天太晚了，公交车停运了，许多观众不论住得有多远，都像这父子俩一样，兴致勃勃地回味着戏中的精彩之处步行回家。

在济南演出期间，恰逢10月22日梅兰芳的生日，梅兰芳的一位友人送来一束鲜花，在山东剧院门口，李慧芳作为梅兰芳的学生，幸运地代表大家将这束鲜花献给梅兰芳，李慧芳不善言辞，只朴实地说了句："梅先生，祝您健康长寿！"就把花束献给梅兰芳，梅兰芳接过李慧芳献上的鲜花，说："谢谢！"并将花束抱在怀中微笑着与李慧芳握手，师生言简意赅亲切对话的一刹那被时任山东省文化局干部、山东剧院首任经理的周正按下手中相机的快门，把这难忘的瞬间永远记

1960年梅兰芳生日，李慧芳代表剧团全体演职员向梅兰芳献花

录下来。无雕琢的梅派艺术联结了无粉饰的艺术师生，艺术大师梅兰芳与学生李慧芳亲切握手的难忘景象就永远留在这张珍贵的历史照片上，从此也永远留在李慧芳的心中，激励着她不骄不躁地学习梅派艺术，毫不懈怠地追求艺术高峰。每看这张照片，李慧芳都激情难抑，社会风气的朴素、梅兰芳的低调简单都令她感慨万分："有缘与大师同行是我莫大的造化，不仅学到了梅派艺术，还学到了梅先生的处世为人，我很荣幸，受惠终生！"

李慧芳在梅兰芳剧团，除了在梅先生言传身教的熏陶之下获益，还得到许多卓有成就的名家悉心指教。到了梅兰芳剧团后，和李慧芳一直

梅兰芳与（后左起）梅葆玥、李国粹、梅葆玖、李慧芳合影

搭配演戏的姜妙香弟子徐和才故去了，艺术搭档的离世使李慧芳不免伤感遗憾。然而李慧芳在登台演出中却没有缺憾，许多戏又都由姜妙香先生亲自给她配演，这让李慧芳在好友逝去的不幸中又感到新的荣幸。除此，李慧芳在梅兰芳剧团学《穆桂英挂帅》《贵妃醉酒》时，贾世珍、张蝶芬等梅先生的老搭档们都热情地为李慧芳说戏……艺术上，李慧芳在众名家的亲授下，日有新异。

1961年8月8日，梅兰芳突发疾病不幸逝世。李宗义、李慧芳、王泉奎、梅葆玖、梅葆玥等人成为梅兰芳先生逝世之后梅兰芳剧团的主演阵容。没过多久，剧团调整合并，原梅兰芳剧团全班人马又归并到新成立的北京京剧二团，这时，李慧芳成了二团挂头牌的演员。

　　若干年后，北京东方茶楼举办京剧演唱会，原定有赵荣琛参加演唱，但赵荣琛突患重感冒，一个字也唱不出来。茶楼经理非常着急，赶紧请李慧芳救场，李慧芳二话没说，急忙赶去参加演唱，不但唱还要尽力唱好。一段《穆桂英挂帅》、一段《让徐州》，赢得场内掌声一片，气氛相当热烈。茶楼经理高兴地向李慧芳一谢再谢，李慧芳说："我始终没忘当年梅兰芳老师对我讲过的话'京剧艺术是为广大人民服务的，如果演出使观众感到满意的话，那就是我们演员最大的收获和欣慰'。"

　　与其说李慧芳吉人天相、造化不浅，不如说她逢上了新社会的吉日良辰，先是在中国京剧院遇到了良师益友，后又在梅兰芳剧团这个艺术大家庭得到了梅大师及前辈同仁的青睐带挈，并受到了梅大师高尚品质的熏陶渐染，对此，李慧芳怀揣着对先师的感恩之情，谨记着先师的教诲，爱戏学戏，艺德双修，孜孜矻矻，执著驰骋。

　　也是在这一年，李慧芳的家庭也发生了变化。三年前，李慧芳的京剧艺术正如火如荼时，爱情悄然而至，李慧芳与比她小几岁的早在苏州开明京剧团就相识的苏州市文联干部柳以真相恋。有些文才的柳以真是共产党员，喜爱戏剧。李慧芳热爱新中国，热爱共产党，热爱京剧事业。毫无疑问，李慧芳和柳以真之间有共同语言，两人都爱学习、求进步、爱京剧。但与柳以真的聪明好学和知晓戏剧相比，更吸引李慧芳的则是柳以真的政治面貌，她对柳以真甚至时有仰望的感觉："他是共产党员啊！"因而，柳以真虽非高官名人，也非戏剧专家，而且有轻微口吃的缺陷，但思想进步、艺术拔尖的李慧芳似乎并不在意这些，她接受了柳以真的追求。于是,他们的相爱跨越了世俗观念,北京的京剧名角李慧芳下嫁苏州文化局一般干部柳以真,柳以真也就在此时名正言顺地由苏州上调,进入北京工作。

爱情真是个温情的猛兽,它有时并不顺从人的驾驭。当一对恋人相隔很远时,感情很近,而真正走到一起时,又会发现彼此的性格、处世方式和价值观有着那么远的距离,当这个距离不能逐步拉近反而日益疏远最后溃变为不可逾越的鸿沟时,平和分手或许是最为理智的选择。李慧芳和柳以真结合后,才发现两人除了表象上的共同语言外,其他地方彼此却是那么生疏遥远。他们虽没有大吵大闹,争执冷战却持续不断。其实,他们之间看似并无大事,柳以真总是要求李慧芳摆出点和名角身份相符的派头,比如外出住宿宾馆要高级一些,接触人也要层次高一些……久而久之,在许多事情上,李慧芳感觉柳以真眼睛总向"上"看,愈发觉得他们之间在为人处世乃至人生观上都存在巨大的分歧,以自己的做人原则,她不能接受柳以真这种"势利"的建议。离婚,或许也是一种相互的尊重,1960年,李慧芳、柳以真二人平静地结束了这段短期的曾经有过爱的婚姻。

如果说第一次李慧芳与李宝昌的结合是建立在经济之上的婚姻,那么第二次她与柳以真的结合便是建立在政治之上的婚姻,这两次婚姻都没有让李慧芳感受到家庭的美满幸福。与柳以真再度失败的婚姻让她又多了一份人生感慨后的茫然。李慧芳心胸宽大,遇事拿得起放得下,迷惘之中,她索性彻底抛开了儿女情长,平复下感情的波澜,走出心狱,物我两忘,潜心笃志地求索梅派艺术之神韵,在与梅大师同行的日子里,氍毹之上,卓声斐然!

15

多彩《盗魂铃》 三进中南海

京剧传统老戏《盗魂铃》演的是这样一个故事：猪八戒奉命探山，路遇女妖金铃大仙，被诱入洞。女妖有"魂铃"，摇动时能摄人魂魄。猪八戒误盗假铃，被女妖察觉，女妖摇动真铃，猪八戒慌忙逃去。饰演猪八戒和女妖的演员，在剧中穿插、反串演唱了一些著名的京剧唱段，简单的剧情在艺术的感染下顿时变得丰满起来。说起这出戏，历史可谓悠久，有书文介绍说："可以从故宫收藏的清人戏出画《盗魂铃》和升平署档案谭鑫培呈报的外学戏目中，找到超逾百年的证明。"看来，当年是谭鑫培受慈禧的赏识进宫唱戏，歪打正着创出了这个新剧目《盗魂铃》。关于这段梨园掌故，虽几个版本的说法不一，但大同小异，《盗魂铃》是谭鑫培创响唱开的。这出戏中的妖魔，诙谐幽默，多姿多彩，而且它的内容和形式随波逐流，不断翻新。此戏就演员之所能，随意演唱，多为反串，尽展演员才艺，娱乐性很强，因而深受观众青睐而流传至今。当年，杨宝森唱这出剧，任志秋曾配演女妖时向琴师杨宝忠借胡琴，然后八戒自拉自唱，令人捧腹大笑。20世纪50年代李万春唱这出戏除自拉自唱，还能边唱边泼墨写意，让人佩服不已。而60年代李慧芳与李宗义合作的此戏，则呈现了平分秋色的局面，使人耳目一新。

在《盗魂铃》这部情趣盎然、短小精悍的戏里，李慧芳演金铃大仙，李宗义演猪八戒，他们二位才华横溢，唱功凸显，表演默契，各流派的唱段安排得错落有致，精彩迭起。李慧芳先唱《四五花洞》梅、尚、荀、程的每人一句，接着唱姜派小生的《四郎探母·宗保巡营》、言派老生的《让徐州》，最后是《二进宫》生、旦、净"一赶三"（一人演三个行当、三个角色）。李宗义也学了李多奎的《吊金龟》和刘鸿声的《斩黄袍》。

《四五花洞》的剧情是：因家乡荒旱，潘金莲、武大郎前往阳谷县投奔武大郎的弟弟武松，途经五花洞。洞内五毒精变作武大郎、潘金莲人形，以假乱真，难以分辨。告到县衙，知县胡大炮审问不清，又有假知县与之胡闹。至包拯处，也难分真假。最后请来张天师，妖精才现原形。因四大名旦梅、尚、程、荀分别扮演四个真假潘金莲联合演出而著称，后来他们在上海合灌了唱片《四五花洞》，梅、尚、荀、程依次各唱一句。

潘金莲：

【西皮慢板】
（梅腔）不由得潘金莲怒恼眉梢。
（尚腔）自幼儿配武大他的身量矮小。
（荀腔）年荒旱夫妻们受尽煎熬。
（程腔）因此上阳谷县把兄弟来找。

李慧芳便一人以四个流派风格演唱，她把梅派的雍容典雅、尚派的遒劲婀娜、荀派的娇媚恬美、程派的凄婉深沉演唱得惟妙惟肖，既"临摹"了大师的风范，又融入了自己的风格，继承中不失创新，大俗而大雅，独具风采！

　　李慧芳唱的第二段是姜派小生的《四郎探母·宗保巡营》。《巡营》是《四郎探母》中的一折。宋辽交战，四郎杨延辉被擒，更名改姓，与辽邦的铁镜公主成婚。辽邦萧天佐摆天门阵，佘太君随军出征。杨延辉在铁镜公主的帮助下，私回宋营。宋将杨宗保奉父帅杨延昭之命巡营瞭哨，用绊马绳捉住杨延辉，回营复命。姜派创始人姜妙香在小生唱腔原有的基础上，吸收了青衣的唱腔和老生的唱腔，借鉴了昆曲的唱法，加以转化，与小生的唱腔融为一体，他改革创新的小生唱腔自如舒展，细腻洒脱，刚中有柔，韵味浓厚，清新而别致。尤其他演唱的【西皮娃娃调】，旋律优美，悦耳动听。一曲《四郎探母》"巡营"中杨宗保在马上的那段唱腔——【西皮娃娃调】"杨宗保在马上忙传将令"，据说当年几乎红遍京城，家喻户晓。

　　杨宗保：

【西皮导板】
杨宗保在马上忙传将令，
【慢板】
叫一声众兵丁细听分明：
萧天佐摆下了无名大阵，
他要夺我主爷锦绣龙廷。
向前者一个个俱有封赠，
退后者按军令插箭游营。
耳边厢又听得銮铃震，
【摇板】
军士撒下绊马绳。

这段演唱让李慧芳学来，唱得明快流畅，跌宕不羁；做得秀逸潇洒，意气昂扬。她晃动马鞭的神态，英武豪爽，淋漓酣畅，整个一员风流倜傥的骑马帅将，栩栩如生，让人过目难忘。

第三段李慧芳唱的是言派老生的《让徐州》。这出戏讲的是三国时期，曹操围攻徐州，刘备解围。徐州府君陶谦年老，诚恳邀请刘备来主持徐州政务，但刘备不肯乘人之危，所以拒绝接受。陶谦先后三次苦苦哀求，刘备这才勉强应允。言菊朋因嗓而宜，另辟蹊径，成功创出言派。颇晓京剧的周恩来说过："言派难学……"周总理说得有道理！许多专家认为，言派主要是唱功，不以平素和宏大取胜，而以细腻委婉过人。言派唱腔极富于声腔变化，在美学上有很高的造诣。戏中有三个经典唱段，其中"未开言不由人珠泪滚滚"是在陶谦二让徐州时的一段唱。

陶谦：

【二黄原板】
未开言不由人珠泪滚滚，千斤重任我就要你担承。
二犬子皆年幼难担重任，老朽年迈我也不能够担承。
望使君放开怀慨然应允，救生灵，积阴功，
也免得我坐卧不宁。

这段言派【二黄原板】上下句的前两个小分句，都是用了扩展延伸的手法，加长了第一、二分句的旋律的长度，在句尾大腔的演唱上也作了特殊处理，突出了言派极具注重四声、演唱细腻、顿挫鲜明、出神入化等特色，使唱腔更为感人。李慧芳是老生开蒙，其老生唱腔功底十分深厚。她嗓音挺拔苍厚，龙吟虎啸，兼而有之，运用潇洒自如。演唱这段，李慧芳的嗓子阔绰有余。然而她在这段唱中，不是拼嗓子，而是寓情于字，以字带声，在"情"上做足了文章。"未开言不由人（呐）珠泪滚滚"，一个垫字"呐"，辅以一个细小的尾腔，俏丽动听，琢然有味，把年迈的陶谦此时有心无力的心境自然而然地真实表露出来，使他推心置腹的神态语境跃然唱中，极富人物表现力。"千斤重任我就要你担承"中的"斤""你"二字，李慧芳概加重音，用立音凸显情感，她的脑后音调遣有度，无刻意、无滥用，挥洒自如，恰如其分，显现出李慧芳用字音装饰唱腔的艺术表现力的高超过人。"担承"二字，字腔皆有分量，一出口便让听者顿觉肩有沉实甸重之感，足以见其艺术感染力之深。"二犬子皆年幼（哇）难当重任"的"哇"与前面的"呐"有异曲同工之效。风烛残年的陶谦悲叹孺子无知，担忧社稷江山，悲凉之情在李慧芳的此处唱腔中油然而生。全段中的"滚""幼"，"慨然应允"的"慨"和"坐卧不宁"的"宁"字等，李慧芳把轻重缓急、抑扬顿挫均摆放其中，听起来，整个唱腔玲珑剔透、错落有致。细细品之，余音袅袅，韵味无穷。

第四段李慧芳唱的是《二进宫》，说的是明穆宗死后，太子年幼，李艳妃垂帘听政。其父李良，蒙蔽李妃，企图篡位。定国公徐延昭、兵部侍郎杨波，于龙凤阁严词谏阻，李妃执迷不听，君臣争辩甚剧，不欢而散。李良封锁了昭阳院，使内外隔绝，篡位之迹已明。徐、杨二人于探皇陵后，二次入宫进谏。此时李妃已悔悟，遂以国事相托。后杨波发动人马，卒斩李良。

【二黄原板】
徐延昭：怀抱着幼主爷把国执掌。
杨　波：为什么恨天怨地颇带惆怅所为哪桩？

李艳妃：并非是哀家频带惆怅，都只为我朝中不得安康。
　　杨　波：臣朝中有什么祸从天降？
　　徐延昭：你就该请太师父女商量。
　　李艳妃：太师爷心肠如同王莽，他要夺我皇儿锦绣家邦。
　　徐延昭：太师爷娘娘的父，他本是皇亲国丈。
　　杨　波：未必他一旦无情起下了篡位的心肠，太师爷忠良！
　　李艳妃：你……

　　这是三个行当精彩对唱的段子，李慧芳则一人扮演三个角色，一会儿站右边唱花脸演定国公徐延昭，一会儿站左边唱老生演兵部侍郎杨波，一会儿中间坐唱青衣演皇娘李艳妃，生、旦、净一句句连唱，她反串本工之外，游刃有余。李慧芳反串不是演谁像谁，而是演谁是谁，样样皆通，样样皆精，杂家风范，精彩动人。

　　在这三十多分钟的"精神快餐"小戏中，李慧芳多才多艺，超群拔萃，风姿迷人，李宗义嗓音高亢，清脆刚劲，风趣诙谐，他们为观众呈现了京剧艺术行当流派纷呈的多姿多彩。让观众一享眼福耳福，拍手叫绝。

　　《盗魂铃》妙趣横生，不仅百姓喜闻乐见，当年毛主席对这个小戏也情有独钟。他对李慧芳和李宗义的艺术非常了解，曾如数家珍似的对身边工作人员介绍过李慧芳、李宗义，说李慧芳是花旦、青衣的名角，还能演须生、小生和老旦；李宗义唱功好，表演也好。毛主席钟爱京剧，新中国成立后，他几乎看遍了能登台演出的所有京剧名角的戏。20世纪60年代，毛主席三次点名邀《盗魂铃》进中南海。

　　李慧芳和李宗义二人在怀仁堂第一次演《盗魂铃》是在1961年11月15日晚上。那天李慧芳和李宗义在长安大戏院演戏，还没演完戏就接到通知，要他们在长安演完后马上去中南海怀仁堂给毛主席演《盗魂铃》。长安散戏后，二人不顾疲劳，赶紧化好妆乘车去了中南海，到怀仁堂后休息了片刻，便开始演出。演出前，李慧芳很有礼貌地向坐在单个大沙发上的毛主席鞠躬问好，给毛主席看印好的唱词，毛主席微笑着说："你叫李慧芳……"毛主席看戏很专注，他老人家很容易入戏，每观戏都会随着剧情发展、人物感情或高兴悲伤，或激奋沉郁。那晚，毛主席边看他们的演唱便双手合在一起打着节拍，看得很高兴。刘少奇主席、朱德总司令等中央首长也高兴地观看了演出。李慧芳和李宗义看到国家领导人这么喜欢他们的戏，心里也非常高兴。他们看得出，戏演完了，但毛主席意犹未尽……毛主席请大家吃夜宵，并表示谢意。席间，毛主席很和蔼地问李慧芳："你知道《二进宫》皇娘怀抱的那个幼主爷是谁吗？"李慧芳摇摇头说："不知道。"毛主席马上非常认真地告诉她："那就是万历皇帝。"

1962年，毛主席第二次邀请李慧芳、李宗义他们去怀仁堂演唱，团里让他们准备了清唱。那天，毛主席身着大家都熟悉的浅灰色中山装，一进舞场，大家就起立鼓掌。毛主席向大家招手致意后开口就问："今晚舞会把李宗义、李慧芳请来了？"李宗义、李慧芳马上兴奋地快步走到了毛主席跟前向主席问好。毛主席与他们亲切握手，高兴地请他们坐下，说："欢迎你们来为我们大家演唱京戏！我先请李宗义唱《斩黄袍》，再请李慧芳反串须生唱一段《武家坡》，最后请你们两位彩唱一段《盗魂铃》。"然后毛主席又面向大家说："我点的戏大家一定喜欢。"毛主席的亲切和蔼让李慧芳减少了不少拘束，她直截爽快地说："主席，今天领导让我们准备的是清唱。"毛主席马上表示非常喜欢看《盗魂铃》，说："清唱完再演那个戏吧。"李慧芳见毛主席这么爱看《盗魂铃》，打心眼儿里高兴，马上欣然领首，但转而一想，既没化妆，也没

20世纪80年代,李慧芳演出《盗魂铃》

带来服装,这样怎么给毛主席演呢?于是又赶快遗憾地告诉毛主席说:"主席,我们今天没化妆,也没带演出戏装啊。"毛主席微笑着说:"不化妆、不穿戏服那有什么关系嘛,我看还是演那个戏吧。"毛主席恳切的态度又再次表达了他对《盗魂铃》的喜爱,这让李慧芳和李宗义又高兴又激动。于是,李慧芳和李宗义两人一商量,主席这么愿意看《盗魂铃》,我们没有理由推辞,一定尽力地好好演唱。这出戏不需太多的砌

菊苑双葩　慧丽同芳　李慧芳

末道具，李慧芳演的金铃大仙很简单，只需一把扇子、一块手帕就够了，可李宗义饰演猪八戒，就缺了一把耙子，没有耙子，有些身段不易表演到位。比如，猪八戒手拄着耙子时，手虚架在空中，观众看着别扭，演员也不舒服，怎么办呢？李宗义四处一看，有了！他一眼看见墙边摆放的高脚痰盂，就地取材，便兴冲冲地抓起一个长把的痰盂盖往肩上这么一扛，就当了耙子。李宗义这急中生智的一招还真出彩，他扛着这个"耙子"一出场，就把大家逗笑了。那晚，毛主席看得非常高兴，几次开怀大笑，为他们长时间地鼓掌。

第三次，1963年的一天，李慧芳、李宗义又被毛主席邀请去怀仁堂演《盗魂铃》。在演唱会开始前，先举行舞会，毛主席邀请李慧芳跳舞。李慧芳不太会跳舞，毛主席便带着她慢慢跳，一边跳一边聊天。毛主席虽然对李慧芳的艺术很了解，但他还是若有所思地问李慧芳："你是梅派青衣吗？"李慧芳回答："是啊。"毛主席又问："梅兰芳为什么要让他的儿子演青衣呢？"李慧芳稍加思考后回答："梅先生可能是为了让他儿子继承他的梅派艺术吧？"毛主席听后微微点头，笑了……舞曲结束后，李慧芳和李宗义开始表演，二人的演唱依然如故，李慧芳大小嗓都运转自如，一赶三游刃有余，李宗义高腔高调，响遏行云。二人珠联璧合，交相辉映，毛主席看得非常尽兴。那天演出留下了演出照。舞会结束后，依然是毛主席请他们吃夜宵，并派车送他们回家。这也是他们最后一次为毛主席演出。

新中国成立之后，中国人民政治协商会议的主会场——中南海怀仁堂交由政务院会场布置科管理，成为举办各种晚会的场所。当时大约十天半个月就举办一次晚会，而京剧晚会占有很大比重，也许这和毛主席喜爱京剧有关。四大名旦等著名京剧表演艺术家，几乎都到怀仁堂演出过。到怀仁堂演戏，是给毛主席等中央首长表演，不同一般的堂会,所以,演员们都感到十分荣幸。毛主席邀请《盗魂铃》三进中南海便成为李慧芳永远不能忘怀的幸福而光荣的流金岁月。

1964年现代戏观摩会演后,李慧芳、李宗义就没再唱这出戏。十年后,1974年的一天,领导通知他们说:"首长想听《十八扯》,要给你们录音。"李慧芳一听就暗自琢磨肯定是毛主席要听。李慧芳解释说:"那是《盗魂铃》,不是《十八扯》。"领导说:"甭管是什么名了,就是你俩串着演的那个戏。"当时是"文革"后期,李慧芳、李宗义刚刚结束"挨整"复出,一听说要他俩唱这出老戏,他俩的心便"咚咚"跳了起来,想:这《盗魂铃》演的是妖怪,这戏名里还有"魂"……不由得挨批斗的经历又一幕幕重现眼前。伤疤还在,他们心有余悸,无论如何不敢答应,怕再惹来麻烦,于是就一口拒绝说:"我们不去录。"后来,领导把当时的北京市市长吴德写的一个批有"此次录音与演员无关"的"文件"拿给李慧芳、李宗义看,并指着"文件"落款处"吴德"二字告诉他俩这是吴市长的亲笔签名,李慧芳、李宗义这才放下心来走进剧场。那天,中和剧场的门窗关得紧紧的,窗帘全部拉上,挡得严严实实,似乎怕里面的情景和声音让外面听到、看到,就这样,"神神秘秘"地把他们在台上的演唱录了音。没过多久,李慧芳、李宗义又接到通知,说要给他们的《盗魂铃》录像,于是他们又去录像。原来,1975年4月"中央文革"成立了一个录音录像组,此次专为毛泽东录制传统戏,李慧芳、李宗义的《盗魂铃》是其中之一。李慧芳除录制了《盗魂铃》外,还和李宗义、罗荣贵一起录制了《法门寺》。李慧芳在《法门寺》戏中扮演民女宋巧姣,原定大太监刘瑾由袁世海扮演,由于袁世海同时还要录别的戏,所以刘瑾这个角色就换成罗荣贵扮演,名丑萧盛萱扮演贾桂。

不久,领导通知李慧芳和李宗义,说上次录像人太小看不清,首长不满意,要给他们的《盗魂铃》拍成电影。于是,北京电影制片厂导演

李慧芳、李宗义演出彩色戏曲电影《盗魂铃》

陈方千就把李慧芳和李宗义的这出雅俗共赏的京剧艺术精品《盗魂铃》拍成彩色片，公开上映时间为1976年，上映地区为中国大陆。

一出挟带着欢笑、幸福、惆怅的《盗魂铃》就这样保留在了银幕上。往事悠悠，随风飘去，唯一留下的是李慧芳、李宗义不变的艺术风采。多年来，它一直被戏迷观众奉为京剧盛宴中一杯芳香四溢的陈年美酒，每饮，必陶醉其中！

16
动荡的岁月　不改的痴情

1966年，北京京剧二团在重庆演《沙家浜》。李慧芳扮演阿庆嫂，短打武生李元春演郭建光，旦角李韵秋演沙奶奶。李慧芳时年43岁，多年跑码头的摔打和在中国京剧院、梅兰芳剧团的艺术深造，恰是炉火纯青、风头正劲之年。李慧芳在《沙家浜》中饰演的阿庆嫂乃十足的大青衣范儿，身段绝无琐碎轻佻，一招一式沉稳从容、气定神闲，既有地下共产党人的果敢机敏，又有迷惑敌人的巧言令色，她把阿庆嫂塑造得别有神来之韵，耐人耳目。

早年搭班，武汉就是李慧芳的码头重地，其演艺风采久负盛名，时隔多年再去献艺仍红火不衰，因而，李慧芳演出的《沙家浜》在武汉很受欢迎。正当李慧芳艺术上"春风得意马蹄疾"的时候，她突然不明不白地被紧急召回北京。

李慧芳迷惑不解，她闷闷不乐地回到中和戏院报到，然后想回家看看，但报到后立刻被告知不准回家，一种不祥之兆顿袭心头。紧接着有人把她带入一个单间，责令她在那里要好好考虑，老实交代问题。正当她懵懵懂懂感到莫名其妙的时候，她这才一下子感受到周围气氛已经骤变，只见戏院中拉着一排排绳子，上面挂满了大字报，有几张大字报上面醒目地写着:"李慧芳……"果然,灾祸临头,波澜壮阔的"文化大革命"开始了。

1966年6月1日,《人民日报》社论《横扫一切牛鬼蛇神》提出"破除几千年来一切剥削阶级所造成的毒害人民的旧思想、旧文化、旧风俗、旧习惯"的口号,于是,"破四旧、立四新"顿时轰轰烈烈,来势汹汹,一下子席卷了中华文明古国几千年的历史。传统文化是旧东西,京剧自然也属于"四旧",这一来,京剧艺术遭到了灭顶之灾,歌颂"帝王将相,才子佳人"的传统剧目统统作为封建残余被扫入了历史的垃圾堆;京剧的传统戏行头被当成"四旧"烧毁;京剧表演艺术家们则统统受到批斗。李慧芳是一个把"帝王将相,才子佳人"从旧社会一直唱到新社会的名角,自然在劫难逃。在"封资修"的圈子,唱戏的人大都被划归"牛鬼蛇神"行列。"牛鬼蛇神"原是佛教用语,是指阴间鬼卒、神人等,后用来比喻邪恶丑陋之物才成为固定成语。在"文化大革命"中,"牛鬼蛇神"则成了所有被造反派"打倒""横扫"者的统称。"文革"巨浪堪比地震海啸,汹涌澎湃,大有荡涤一切污泥浊水的势头,它摧枯拉朽的能量,让许多"腐朽没落"的"牛鬼蛇神"措手不及,没有任何心理准备就被卷入滔滔巨浪之中,李慧芳就是落水者之一。

成为牛鬼蛇神、反革命的李慧芳静定思过,她百思不得其解的是:我唱过封建帝王不假,但是我也唱过革命人物,我演过《洪湖赤卫队》的韩英啊。更让她困惑的是:自己在旧社会是一个靠卖唱糊口的穷孩子,怎么竟然成了历史反革命了?"我热爱新社会,热爱共产党,热爱解放军,我弃私营剧团的高薪投奔国营剧院的低薪,怎么竟还成了现行反革命呢?我也给毛主席唱过戏呀。"苦思冥想,越想越不得头绪……"文革"时期有句劲爆的流行语:"要扫除一切牛鬼蛇神,全无敌!"于是,李慧芳带着捋不清的思绪像垃圾一样被扫地出门,开始接受专案组

《 181

16 动荡的岁月 不改的痴情

审查。在安排给她的那个单间里，十几个革命群众在审问她，问她解放前认识谁，都叫什么名字，那些人都是干什么的，这可难为了李慧芳。解放前她一个唱戏的女演员，不知道跑了多少次码头，搭过多少个戏班，戏唱得好，认识她的人可太多了，但她又说不上来那些人的详细情况。专案组要她交代的问题也很多，甚至在南京介寿堂蒋介石看过一次她演戏、和母亲从南京徒步逃往上海时搭过国民党的撤退兵车等这些老黄历也被人检举揭发出来，并翻来覆去地追问，非要查个水落石出，弄出点名堂来。李慧芳不禁暗暗庆幸自己当初没有和丁英奇去台湾演戏，否则，纵有千张嘴也说不清楚。这时，李慧芳还没有学会乖巧，于是，她实话实说，但不等她说完就被造反派怒斥是态度不老实，必须加大审问力度，专案组勒令她用"喷气式"姿势连续站立12小时，但是那些问题她还是回答得让专案人员感到索然无味。在他们看来，不来点儿厉害的，李慧芳是不会老老实实坦白交代"历史问题"的。于是，一位"文革"前在剧院当工人的专案人员手持皮带照李慧芳就下了手，一皮带抽下去，李慧芳的衬衣一下子便被抽得破裂开来，皮肉殷红……无休止的逼供审讯，受苦的何止是皮肉，李慧芳的心被狠狠地鞭挞着……"文化大革命"像一种烈性催化剂，让人们变态。一些人的赤诚、激情迅速恶变为愚忠、疯狂，一时间，羞辱打人者成了英雄豪杰……那时，李慧芳已四十多岁，但从小吃苦受累、摔打成人的她把这些折磨硬硬抗住了。

李慧芳身心备受煎熬，疲惫不堪，但是生性刚强的李慧芳始终咬牙忍受着，她从没有想到过"死"。与一些人相比，李慧芳很"知足"。多年来李慧芳和团里的人都能和睦相处，待人谦和，没有架子，或许由于她的好人缘，在这阶级斗争如此尖锐的特殊岁月里，虽然遭到了辱骂责打，但她没有受到更严厉的酷刑摧残，也没有召开过对她的个人批斗大会,为此她还感到自己很"幸运"。李慧芳总是这样来宽慰自己。吃饭时,为保持体力,她不管好坏都尽量多吃。一次吃炒疙瘩(北京特有的一种面食),李慧芳一下子吃了七两。但这疙瘩毕竟是"死面"的,七两疙瘩下肚再一喝水,不免让她感到胃口有些发胀,她就在屋里踱来踱去,隔离室的看守人没好气地说:"你别一个劲儿来回走了!走得我头晕。"李慧芳率直的脾气此时又表现出来:"我吃饱了,要消化消化食儿,还不让走走啊。"那人自知理亏,瞪她一眼,也没再阻止。还有一次吃饭时,那个工人出身的专案人员给她送来了"麸皮"窝头,李慧芳接过窝头就大口吃了起来。那人问她:"好吃吗?"饿极了的李慧芳信口就说:"好吃。""好吃?那就再给你一个。"李慧芳豁达,全然不顾对方是戏弄她还是可怜她,接过窝头便又吃起来,心想:先吃饱再说……李慧芳就始终这样以乐观精神支撑自己努力活着。

那时候,虽然许多心理扭曲的人、疯狂的人充当了政治小丑和打手,但是善良厚道者也大有人在。平素,李慧芳为人豪爽厚道,口碑甚佳,她受审期间,不幸之中又常有小幸,许多同事、朋友都在偷偷地关心她、照顾她。一天,北京市京剧二团的一位厨师趁专案组人不在,偷偷塞给李慧芳几个苹果,李慧芳心存感激连忙收藏起来想慢慢享用。可没过两天,造反派突然查房,李慧芳一看还剩一个苹果,现吃也来不及了,如果给查房人发现,后果可就严重了,不能因此给好心人找麻烦,她急中生智,抓起苹果抬手扔到窗外,窗外面正好是六必居酱菜园的院子。1966年中和戏院是北京市京剧二团团址,马连良等一批京剧表演艺术家都戴着"牛鬼蛇神""黑帮""反动学术权威"等政治帽子,住在中和戏院观众厅东南角一间用景片搭起的小屋里接受监督审查。李慧芳所住的小屋隔壁恰好是六必居,李慧芳动作敏捷,她举手一抛就把即将给厨师带来的一场祸害抛掉了。在那个不分青红皂白的日子里,偷偷给"牛鬼蛇神"送苹果该当何罪？好人得好报，那个善良的厨师该是万幸。

　　被关押审查的日子非常难熬，逼供信和羞辱常常使一些被冤屈的人走上绝路，许多好心人每次走过李慧芳的单间时都会给她悄悄送上一句话："多保重！"对在政治恐怖中饱尝冰霜的李慧芳来说，这简单的仨字意义丰富、分量很重，她倍觉无比温暖。其实李慧芳感到最难过的还不是被侮辱打骂，而是被拒之于京剧艺术大门之外从此不能演戏唱戏，进驻京剧院的工宣队已经明确告诉李慧芳："你要再唱戏那是不可能的了！"戏不让唱了，嗓子也不能吊了，功也不能练了，李慧芳的艺术生命一下子就瘫痪了。艺术生命的停止，是让她感到最痛心不已的事情。

　　一段时间后，逼供信对李慧芳已不奏效，专案组一看也没什么油水可榨取的了，慢慢就放松了对她的看管。后来，工作组派李慧芳到吉祥戏院门口看自行车。这一下可不得了啦，许多老戏迷都认得出她：昔日名角成了看车人……一传十、十传百，许多人都闻讯赶来看热闹。这时工作组领导又发话了："不要再让李慧芳看车子了，这戏院门口都成了'参观'她的场地啦。"

　　艺术生命停止运动后，生物生命却加大了数倍的运动量，后来李慧芳被下放到农村劳动改造，平地、打埂、育秧、除草、收割、打场，一整套的农活全要干个遍。李慧芳很能吃苦耐劳，干活她不怕，何况这些农活早在50年代李慧芳送戏下乡与农民同吃同住同劳动时她都体验过。她很快适应了这样的"劳改"生活，唯有让她难以适应的就是舍弃舞台，她对京剧的一腔爱，九死未悔，总如火山岩浆一样，在内心深处不停地涌动翻滚，欲意喷发。

　　李慧芳感觉下放劳动的日子比关押在单间受审要好得多，在这里，她自由了许多，当周围没人的时候她可以喊喊嗓子，在空旷的田地里看

左起：李慧芳、赵荣琛、裴艳玲

青的时候她可以大胆尽情地放开嗓子唱……她利用一切可能的机会让她的嗓子得到锻炼。她实在太爱戏啦，一时一刻也不舍得丢下，虽然身在田间地头，但李慧芳坚信自己的艺术生命不会就这样轻易地逝去。

　　一年后，李慧芳又被召回到京剧团，但是还没有对她"解禁"，仍然不允许她参加演出。李慧芳执著于艺术志如磐石，无论如何她也要坚持吊嗓。当时同在逆境中的还有程派青衣名家赵荣琛。赵荣琛是程派创始人程砚秋的高徒，他儒雅多学，不仅程派戏演得好，京胡拉得也很棒，李慧芳就请赵荣琛给她拉琴，帮她吊嗓，"偷偷摸摸"地想方设法练唱。就这样，李慧芳默默地坚忍着，在任何情况下都绝不消沉。李慧

"文革"结束后的李慧芳

芳天生一副好嗓子,再隔三差五地喊一喊、吊一吊,因而她的嗓音竟是完好无损。

朝思暮盼,终于等到了这一天,腥风恶雨结束,彩虹飞架蓝天,李慧芳惊喜地听到军宣队向大家宣布"李慧芳解放了"。卸掉了这条沉重的政治枷锁,李慧芳顿感身心轻盈爽朗,她又要为钟爱的京剧艺术去工作了。不久,李慧芳接到通知:要她参加下周的一场演出,唱《海港》选段。"唱就唱!"李慧芳毫不犹豫地一口答应下来。李慧芳从来没有演过这出样板戏,何以如此胸有成竹地欣然应诺?原来,李慧芳早就在人不知鬼不觉的时候,通过听由自己的妹妹李丽芳主演的《海港》录音,她感到《海港》唱腔中似乎有借鉴《洪湖赤卫队》的一些唱法,所以她很有兴趣地很快学会了这些唱段。果然一周后,李慧芳在北京吉祥戏院唱响《海港》,她那高亢明亮的嗓音、潇洒干练的表演赢得了观众欢呼一片,也赢得了京剧团领导和同志们的赞许。李慧芳不由得百感交集,激动不已,她眼中噙满了泪花,因为这重登舞台的演唱是多么来之不易呀!

人生区区几十载,李慧芳格外珍惜这重生的艺术生命,此时,她已年过半百,时间对于她这样的艺术家来说,则更显得宝贵。她不畏辛劳,不知疲倦,争分夺秒,决意要把"文革"造成的损失弥补回来。此时的李慧芳,心无旁骛,壮志昭昭,她又重新踏上艺术征程,策马扬鞭,奋蹄疾驰!

17

生旦竞交辉　氍毹舞晚霞

1976年10月一声春雷，久旱干涸的中国大地浸润了十年不遇的雨露，文化艺术得以复苏，人民大众又有了陶冶性情、赏心悦目的一片茵茵绿洲。京剧传统戏这棵老树，枯木逢春，重获生机。各地京剧艺术团体不约而同地纷纷恢复建制，生旦净丑重抖精神粉墨登场，氍毹之上再现了一出出撩人耳目的传统经典剧目。戏迷们情不自禁地吟唱着、谈论着，熙熙攘攘地涌进了沸腾喧闹的戏院。人们望着舞台上徐徐升起又缓缓落下的帷幕，不免扼腕长叹，憾然心痛，锣鼓铿锵、丝竹悠扬的舞台上再也看不见那些大师级艺术家们流光溢彩的神韵了，他们有的被"文革"的浩荡巨浪无情地席卷吞没；有的经受了十年的摧残，枝枯叶萎，在不该凋敝的季节三三两两地凄凄飘落。岁月，对从事表演艺术的人总是那样残酷无情，许多风华正茂的艺术家也难挡十年漫漫光阴的淘洗，已失去往日的亮泽温润而显出衰败憔悴，容颜才华，冲刷罄尽。

53岁的李慧芳此时已经鬓发斑白，盛年风华不在。但是，上苍总是赐予她厚爱。早年，给了她娉娉袅袅、豆蔻年华的青春；如今，又给了她东隅已逝、桑榆非晚的胸怀。李慧芳奇人一般，历经磨难仍心如磐石，进入中老年的李慧芳，十年曲折让她的人生更为丰富，她再塑造的舞台人物，艺术境界已达到炉火纯青的地步。无论是表演哪个行当哪个流派、扮演哪个性别哪个年龄，李慧芳都能把握得规矩得体，皆通而全精。大漠荒原有苍凉之美，汹涌江水有磅礴之美，鸟语花香有春意之美，秋风落叶有悲凉之美……李慧芳的表演就如同这世间万象，各有千秋，引人入胜！

坎坷漂泊半生、尝尽酸甜苦辣的李慧芳重振事业后，生活也有了改观。1977年，李慧芳与北京戏曲学校的干部张玉禅结婚。李、张二人，既是老友，又是同行；一位离异，一位丧偶。他们经历过风霜雨雪，走到一起相伴相随，为彼此冰冷的生活倾入了一股暖流，送去了一缕春风。李慧芳终于有了自己的家，弥补了生活上的缺憾。李慧芳不擅做饭，张玉禅则下厨烹调，热汤热饭；李慧芳爱戏如命，张玉禅则甘为后勤，兼做参谋，尽力让李慧芳全身心

李慧芳1977年在《打渔杀家》中饰萧桂英

扑到舞台上。从70年代末开始，李慧芳就忙碌不停，在全国各地大大小小的舞台上，音韵不减，绰姿依然，演出了一幕幕精彩绝妙的好戏。

京剧传统剧目解禁，李慧芳又有了天高任鸟飞的空间，能重返舞台演戏，对李慧芳来说，是大喜大幸的事情，任何愉悦都无法取代。这一年，李慧芳和李宗义在圆恩寺影剧院演出优秀传统剧目《打渔杀

李慧芳、李宗义合演《打渔杀家》

家》。一年前,二人在遮挡严实的中和戏院"悄无声息"地录制了《盗魂铃》,这次演《打渔杀家》则是灯火通明、大张旗鼓。李慧芳和她的老搭档李宗义放开了手脚,配合娴熟默契,表演酣畅淋漓,彰显舞台功夫。54岁的李慧芳或许由于天赋好,或许由于心赤诚,艺术不老,风采直逼当年。不难想象,"文革"伊始,李慧芳43岁,正值京剧演员登堂入室的年华却痛遭艺术禁闭,而且一禁就是10年。如今李慧芳虽已"知天命",但天赋和历练使她保持了旺盛的艺术生命力。她站在舞台上,回眸梦逝花落,囤积了10年的期待今日终得以实现,那亢奋的艺术激情就像炽热火红的岩浆一样,沸腾翻滚而来,压抑了多年的郁闷一下子释放的动能都传送到她的一招一式中,那种喷发般的宣泄怎能不淋漓尽致、五彩缤纷?

菊苑双葩　慧丽同芳　李慧芳

1977年9月11日，北京京剧团"文革"后恢复首演全部《逼上梁山》。剧本由金紫光根据延安平剧院演出本整理改编，李慧芳和李元春、赵炳啸、马彦祥担任导演。在"文革"后恢复上演传统戏之初该剧在京连演多场，受到广大观众的热烈欢迎。

此后，李慧芳的身影逐渐再现于首都的舞台上，许多老戏迷看李慧芳的戏正如久渴后开怀畅饮甘泉一般，不禁怡然称快，大呼过瘾："李慧芳了不得啊！"后来，在剧院改革中设立的京剧辅导艺术交流中心，李宗义、李慧芳、殷金振作为京剧表演艺术家仍然演出了《打渔杀家》，他们的示范辅导演出，对"文革"浩劫后恢复发展民族文化和培养戏曲观众十分奏效。

《京剧艺术》是"文革"后的全国第一张介绍京剧艺术的专刊，它是由北京京剧院主办，其前身为《院刊》，在1979年8月16日试刊，1979年10月1日发行创刊号。《京剧艺术》4开4版，内容丰富，刊有北京京剧院的动态、梨园轶事、艺海拾贝、新秀推介、回忆文章等，资料也很翔实，很受京剧票友戏迷的欢迎。这张套红小报的发行预示了京剧艺术文字宣传的恢复。与此同时，传统京剧的上演在恢复中也呈活跃状态，李慧芳的演出随之日益频繁起来。在创刊号一版上《国庆佳节献奇葩——迎接建国三十周年　我院创作演出新剧目》中有这样的报道："……除以上献礼节目外，还有一团的《龙凤呈祥》《群英会·借东风》《望江亭》，三团的《吕布与貂蝉》《红娘》《金玉奴》《大英杰烈》，四团的《孔雀东南飞》《红娘》《女起解·玉堂春》《闹龙宫》《闹天宫》等，分别由谭元寿、马长礼、吴素秋、李慧芳等演出。"恢复传统戏，离不开老艺术家的传承，李慧芳身体力行，每有演出，都欣然前往，成为走上舞台献艺的积极分子。

自粉碎"四人帮"后，李慧芳多次被各地邀请巡回演出，曾在武

李慧芳、李滨声在《穆柯寨》中分别饰穆桂英、杨宗保

汉上演过全部《凤仪亭》，前演貂蝉，后演吕布；也演过全部《穆柯寨》……

1980年2月在北京京剧院的春节联欢会上，李慧芳和名票李滨声在中和戏院上演了《穆柯寨》。李慧芳饰演穆桂英，李滨声饰演杨宗保。

1980年2月，中和戏院举办了北京京剧院春节联欢会。那天，京剧演员和票友联袂演出，非常精彩。中央电视台戏曲导演莫宣和北京青年京剧团编剧时佩璞演出了京剧《奇双会·写状》；李慧芳和著名漫画家、名票李滨声演出了《穆柯寨》；20世纪五六十年代的国家女篮中锋、杨派老生票友杨洁清唱了《洪洋洞》《伍子胥》选段；北京京剧院演出科科长张觉非和北京京剧院副院长刘景毅等还演出了《柜中缘》……

同年,在汉口人民剧院(汉口大舞台)李慧芳、李丽芳姐妹应邀举行了演唱会。而后,1980年5月,原武汉京剧院大舞台经过两年重修在武汉江夏剧院落成。在庆典演出中,张君秋、俞振飞、李蔷华、童芷苓、关正明、孙正阳等名家云集,李慧芳携全部《穆桂英·辕门斩子》参演。李慧芳和名净董俊峰的儿子、少时的伙伴董少英还在武汉演出了《盗魂铃》。

说来李慧芳与董俊峰家,戏缘委实不浅。李慧芳小时候在天津庆云后居住时和董俊峰家相邻,按辈分,李慧芳叫董俊峰爷爷,叫董少英小叔。李慧芳的这家邻居也是她艺术生涯中的贵人,她不但受到过董俊峰的艺术熏陶,而且正是由于董俊峰家的孩子带她去海河边唱戏分到的两毛钱,启发了李慧芳的父亲,遂6岁开始了卖唱生涯。新中国成立前,李慧芳在上海唱老生戏,那时南方唱戏讲究邀请京角,于是,李慧芳的父亲便到了北京,把唱老生的董少英邀到上海演出,唱老生的李慧芳就被京角董少英顶了。这次邀角成了戏迷茶余饭后的笑谈,有人说,李慧芳的父亲真外行,怎么约来个老生顶了自己唱老生的闺女呢?李慧芳的父亲确实疏忽了,但是,两家的情谊已不在意这些梨园的忌讳了,于是,大家一笑了之,没产生丝毫隔阂。几十年过后,李慧芳又和"小叔"董少英重逢在武汉同台搭档唱戏,真可谓他乡遇故知,那份欣喜可想而知!他们叔侄二人格外兴奋,上得台来,愉快的气氛使他们和谐默契,李慧芳学四大名旦的唱腔更生动传神,董少英则迎合武汉观众而学楚剧名家李雅樵的《打金枝》唱腔,新颖别致。李、董二人异曲同工,妙不可言,备受武汉新老观众追捧。

1981年2月22日,在北京吉祥戏院,李慧芳领衔主演了《穆柯寨·穆天王·辕门斩子》。她在《穆柯寨·穆天王》中演穆桂英,在《辕

李慧芳在《穆柯寨》中饰演穆桂英

门斩子》中演杨延昭。前旦后生，异彩纷呈。

　　1982年6月1日，北京京剧院三团在北京市工人俱乐部上演了现代京剧《雪映古城》。这部戏由钟鸿、陈奔、赵其昌编剧，迟金声导演，陆松龄作曲。讲的是1948年中共北平地下党配合解放军攻城，促使傅作义接受和平解放的故事。李慧芳在戏中主演了有正义感的女画家孟华，虽然李慧芳首次演这样身份的女主角，但她以丰富的社会阅历和深厚的艺术功力成功地刻画了这个人物，受到观众好评。

　　1983年6月的一天，是李慧芳终生难忘的。这一天，她加入了中国共产党，60岁的李慧芳诞生了新的政治生命。从1953年李慧芳慰问志愿军后写了入党申请书那日起，屈指算来30年了，这30年李慧芳经受了风风雨雨的考验，她对中国共产党的感情依然质朴坚定——"没有共产党领导的新中国我李慧芳不还是卖唱跑码头衣食无保障的戏子吗？解放后，我参加了革命，成为京剧表演艺术家，所以我要跟着共产党，好好为人民服务。"入党，这是她几十年坚持不懈的追求，今天终于实现了这一愿望。李慧芳感觉自己的生命又增添了新的活力，她以奉献为荣，以工作为乐。面对繁重任务和公益演出，李慧芳不讲条件，不要报酬，总是积极参加，她有一句口头禅："我是共产党员啊！"她常常为自己在关键时刻能与党员同志们一起齐刷刷地站出来承担重任感到无比的骄傲和自豪！

李慧芳在《辕门斩子》中饰杨延昭

20世纪70年代末到80年代初，京剧艺术刚刚得到一定程度的恢复，但时隔不久，影视的飞速发展，多元化艺术品种的不断涌现，使戏曲遭受到了前所未有的冲击。这时，京剧演员纷纷改行，走穴歌坛、涉足影视、下海经商，也有的远嫁国外、出国留学……尔后的几年，京剧便跌入低谷。北京京剧院的《京剧艺术》小报大约每周一期，办了三十多期就停刊与新创刊物《梨园周刊》合并，成为当时市面上一份彩色京剧艺术刊物。《梨园周刊》发行几年后，变成北京戏剧电影报，后被并入北京娱乐信报，每周四只留有一个版面，最后发展到连一个版面也没有了，有时只有几个"豆腐块"文章介绍一些京剧的有关信息。从这份京剧艺术刊物的诞生变迁似乎也可寻觅到 20 世纪 80 年代前后京剧艺术的兴起与衰落。当时衰败的岂止是京剧，整个戏曲界都沦入自"文革"后最没落、最不景气的时期。许多老艺术家心急火燎，他们不想眼睁睁看着自己唱了一辈子、爱了一辈子的京戏从此一蹶不振，两百多年的古老艺术中积淀了多少文化精髓啊。情感和责任让他们不顾一切纷纷走上舞台，为京剧的延续粉墨张扬。入党后的李慧芳更是身体力行，她胸怀使命感，以振兴国粹为己任，奔走于全国各地舞台，为京剧的传承高歌呐喊，她想让更多的年轻人了解京戏，热爱本土艺术。

1985 年春，李慧芳应哈尔滨京剧团邀请去冰城作专程演出，她对邀请方的领导提出一个要求，在她演出的所有戏中，与她合作的演员请剧团全部启用中青年演员。这个要求在常人听来似乎有些出人意料，她完全可以凭借名家身份要求对方出主要演员与她合作，但李慧芳平等待人、无等级观念，为京剧艺术的传承她建议要不拘一格地提携青年人，创造机会让青年演员尝到辛苦耕耘后收获的幸福，让他们怀有成就感愉快地坚守在京剧舞台上。李慧芳以艺术家的宽广眼界和博大胸怀赢得哈尔滨京剧团青年演员们的深深敬佩。在李慧芳的鼓励下，他们的演出获得成功。

1985 年 4 月，武汉京剧团二团开始巡回演出，套红的演出剧目单封页正中用大号字体醒目地写着："特邀京剧表演艺术家李慧芳"。这年李慧芳已是 62 岁了，深爱着京剧的她不知疲倦，马不停蹄地领衔在武汉、上海等地作专场演出，她兼演老生、旦角两行，时而反串小生。在《穆柯寨·穆天王·辕门斩子》中，前穆桂英后杨延昭；在全本《王宝钏》

1985年李慧芳在酒泉发射基地

中,主演王宝钏和薛平贵;在《凤还巢》中主演程雪娥;在《生死恨》中主演韩玉娘;在《吕布与貂蝉》中,前貂蝉后吕布;在《盗魂铃》中串演生、净、小生、老旦,仿四大名旦……在那次巡回演出中,李慧芳还主演了《锁麟囊》《打渔杀家》等。场场演出,座无虚席,李慧芳多姿多彩的别样魅力引来了许多渴盼已久的戏迷。其实,许多人早在李慧芳跑码头时就领略过她的风采。在武汉、上海等地演出对李慧芳而言是旧地重游。李慧芳没有辜负观众,每演一出戏,就像开启一坛陈年佳酿,那份独到的甘醇馨香,总是让故人百品不厌,回味无穷。

恢复传统京剧,展示国粹瑰宝,李慧芳一刻也不愿意停息。1985年62岁的李慧芳还去了坐落在祖国大西北巴丹吉林沙漠边缘的酒泉卫星基地慰问。茫茫戈壁,风沙呼啸,夏热冬寒,昼夜温差大,自然环境十分恶劣,演出条件也十分艰苦。但李慧芳没有考虑这些,因为那里有一大批热爱祖国、崇尚科学的知识分子,他们为祖国的航天事业长期生活工作在那里,不畏艰苦,默默奉献。李慧芳积极参加了那里的演出,她不求锦衣玉食、鲜车怒马,唯想用自己的一技之长把京剧之美传送给航天科技工作者,把艺术工作者的一份炽热献给甘受寂寞的辛勤劳动者。

1986年,李慧芳受邀去温州演出。温州,南戏肇始之地,可温州人却有爱看京剧的习俗。京剧虽非地方剧种,但屈指数来,京剧传入温州的历史已逾百年。据资料记载:1896年有福建徽班来温献艺。1909年,继中国第一个京剧科班富连成诞生于北京5年后,中国第二个京剧科班尚武台却在距京剧故乡遥远的温州成立。自古勇为人先、无拘无束的温州人很快接受了耳目一新的异域"新剧",1918年开始从外地聘请演员,由此,温州这个南戏故里便成为京剧艺人常来演戏的码头之一。岁月匆匆,斗转星移,尽管京剧历尽沧桑,命运多舛,但温州人爱看京剧的热情不减。十年动乱后,改革开放的强劲春风吹暖了温州的京剧舞台,尤

李慧芳与温州解放剧院经理詹镇雍（右）

其到了20世纪80年代中期，温州的京剧舞台更是火热如灼，京剧名流比肩接踵地前来献艺。当时温州最大的剧场解放剧院，先后迎来了李玉茹、童芷苓、李慧芳、关肃霜、云燕铭、谭元寿、马长礼、孙岳、齐啸云等一大批名家。一时间，瓯越沃壤再现菊苑的芬芳瑰丽。

解放剧院地处市中心妙果寺附近，是一个可容纳1454个座位的大剧场。1984年，原温州瓯剧团副团长、主要老生演员詹镇雍调任解放剧院担任经理。这位37岁的经理，年富力强，熟悉演出业务，更为宝

《 199

17 生旦竞交辉 氍毹舞晚霞

贵的是他酷爱民族戏曲、国粹艺术。20世纪80年代，京剧正处于低谷，但詹镇雍仍醉心于京剧，为温州的京剧繁荣四处奔波，邀角组班。李慧芳是他久仰的艺术家，但一直无缘相见。1986年上半年一个偶然的机会，詹镇雍在上海通过温州籍著名京剧剧作家许思言见到了李慧芳。当时，李慧芳正随北京京剧院在上海演出。早年红透江南的李慧芳备受温州戏迷青睐，于是，詹镇雍见到了李慧芳后，立即恭敬地诚邀她早日和温州的观众见面。提起温州，李慧芳并不陌生，她青少年时搭班唱戏曾多次到过这个沿海城市，但那时的温州被日寇铁蹄践踏得伤痕累累，它留给李慧芳的皆为不堪回首的苦难往事。李慧芳知道温州早已今非昔比，她也很想重游故地，看看温州天翻地覆的变化。尽管李慧芳当时的演出非常繁忙，但她仍欣然接受了詹镇雍之邀。詹镇雍很快就高兴地把李慧芳的演出事宜安排妥当，不久，班底大连京剧团和挑梁的李慧芳便分别抵达温州。

按照温州演出的惯例，在走进解放剧场之前，先下农村演出。当时的温州，经济虽已开始腾飞，但农村的文化设施依然比较简陋。李慧芳一行的演出多在祠堂庙宇举行，演出条件无法和剧场相比。然而李慧芳不仅无半句怨言，还主动和大连京剧团演职员们在一起搬箱、卸台。在当时的所有演员中，论年龄，李慧芳最年长；论艺龄，李慧芳从艺时间最长；论名气，李慧芳最有名。然而她丝毫不在意这一切。毕竟是63岁的人了，干这些事确实有些劳累，但李慧芳上了台，仍是一丝不苟，没有半点倦怠，演完走下台来还照样和大家一起忙活收场。所以，李慧芳不仅受到了观众的热情欢迎，也赢得了所有演职员的格外敬重。结束了基层的演出转入解放剧场时，当"李慧芳领衔——大连京剧团演出"的海报一贴出，几场的戏票很快售罄，临近演出，已经一票难求。

李慧芳和大连京剧团合作首演的是传统名剧《四郎探母》。她前以

李慧芳和李玉茹

青衣应工饰铁镜公主，端庄俊美的扮相，气韵生动的演唱，倾倒了台下1500多名观众；后以老生应工在《探母》《回令》中扮演杨延辉，引人入胜的演唱功力再让观众大开眼界。"别母"一场的甩发功，亦令人叫绝。最后一场大轴，李慧芳演了拿手名剧《盗魂铃》，李慧芳饰金铃大仙，京剧演员侯丹梅的父亲侯剑光扮演猪八戒。在这出戏里，李慧芳《二进宫》中一赶三的精彩表演震惊了观众。全剧结束后，观众还是依依难舍，要求李慧芳返场。想想昔日苦难深重的温州，再看看今日幸福洋溢的温州，李慧芳不禁感慨万分。面对沸腾的观众，盛情难却，于是在琴师迟天标的伴奏下，唱了一段又一段……年过花甲的李慧芳轰动了这个美丽富饶的海滨城市。那一日，温州戏迷欣喜若狂，比过节还快乐；詹镇雍也兴奋异常，李慧芳更难抑激情，她与温州再结新缘。在这秀美雄奇的瓯越大地上，她不仅艺术喜获丰收，又拥有了一大批喜爱她的新观众，还播撒了友谊的种子，与解放剧院经理詹镇雍结为忘年好友。

1987年，李慧芳退休了。从6岁卖唱算起，64岁的李慧芳唱了58个年头的戏，按理该好好休息了。而李慧芳则不然，对她而言，在京剧艺术的传承上没有退休二字，凡与培养京剧新人、团里的演出有关的工作她都继续鼎力相助。除此，也积极参加各方邀请的公益演出。这一年，李慧芳和欧阳中石在济南联袂演出了《龙凤呈祥·闯帐》，欧阳中石演鲁肃，李慧芳演周瑜。也是这一年，济南鲁艺剧院落成，李慧芳被邀请参加了演出，她和方荣翔演出了《上天台》。而后，李慧芳、李丽芳和山东京剧院的鞠小苏同台上演了《大登殿》，李慧芳演薛平贵、李丽芳演王宝钏、鞠小苏演代战公主、王梦云演王夫人、艾世菊演马达、伊鸣铎演江海，演出极为精彩。

时隔一年，李慧芳姐妹又应邀来济南演出《四郎探母》。她们不讲究待遇，姐妹同住一个房间，没有一点角的架子，还带来了许多巧克力、牛奶糖等，热情招待给她们配戏的山东京剧团的演员和前来探望的同行以及戏迷。排练时，李慧芳和妹妹总是提前到场。在她们的影响下，排练始终严谨认真、紧张有序。排练结束时，李慧芳和妹妹总是躬身含笑向乐队所有演奏人员一一道谢。敬人者，人恒敬之，更何况李慧芳姐妹身为名角却如此谦卑，让山东京剧团的演职员们不由得对她们敬重有加。李慧芳姐妹，台下做人细致，台上做戏精致，大老生李慧芳的杨延辉庄重有情，光彩依旧；铁嗓子李丽芳的铁镜公主雍容华美，名家风范；尚派传人鞠小苏较为年轻，但她演的萧太后威严老辣，功力不浅。她们三人组合的演出，声情并茂，富有特色，大受戏迷追捧。那一日，济南鲁艺剧场气氛高涨，观众很兴奋，演出谢幕时，掌声、喝彩声经久不息。

1989年11月，上海京剧院特邀李慧芳、李丽芳姐妹联袂演出。66岁的李慧芳再次赴沪，在上海共舞台与李丽芳一起作专场演出。在全部

《四郎探母》中，李慧芳前演铁镜公主后演杨四郎。李丽芳前演萧太后，中演杨宗保，后演铁镜公主。在全部《法门寺》（拾玉镯——大审）中李慧芳前演孙玉姣后演赵廉，李丽芳演宋巧姣。在《王宝钏》（别窑、武家坡、算军粮、大登殿）中，李慧芳演中间的王宝钏，演后面的薛平贵，李丽芳演后面的王宝钏。姐妹二人合作还演出了《凤还巢》等剧目。李慧芳、李丽芳姐妹同台，说她们是黄金搭档、珠联璧合，这毫不虚夸；赞她们是钢喉铁嗓，是实至名归，她们的艺术实力有目共睹。李慧芳还演了《上天台》中的刘秀、《穆天王》中的穆桂英。此次演出中，李慧芳极力提携晚辈，和青年花脸演员张达发联袂演出《盗魂铃》，她饰演金铃仙子，由张达发出演猪八戒，二人分别跨行当、跨

李慧芳（左）在济南与方荣翔合演《上天台》饰刘秀

剧种、跨流派，他们的演唱，高潮迭起，上海观众顿感耳目生辉，喝彩的声浪震动着共舞台剧场，演员、戏迷双双过瘾！

李慧芳、李丽芳在沪合演受到好评。1989年11月23日的《新民晚报》在《"菊坛姐妹花"吐清香》一文中评论道：

……连日来，李氏姐妹在《四郎探母》等剧中，"一赶二""一赶三"地频频更换所扮演的角色，更新着观众的耳目。如19日演

出《法门寺》的过程中,李慧芳出场时是"花旦",跳跳蹦蹦地表演孙玉姣《拾玉镯》,后来到了《大审》一场,她又戴髯口唱老生成了郿坞县令赵廉。21日晚,李慧芳先唱梅派青衣戏《宇宙锋》后唱言派老生戏《上天台》。纵观李慧芳的各场演出,虽然表演青春少女孙玉姣时稍欠于敏捷灵巧,但唱梅派大青衣时则不愧当行本色,稳重大方而有气势。她的老生戏,无论谭、余、言,均有法度可观,立音尤其好,运腔中既有苍劲的一面,有时也显出坤角老生特有的轨迹,颇似孟小冬早期的某些风貌。

旋即,李慧芳、李丽芳又转演在南京的人民剧场,李慧芳演了青衣《武家坡》《三娘教子》,又演了老生《法门寺》《二进宫》,最后还有一出生旦净俱全的《盗魂铃》,三天戏唱下来,雄秀相间,刚柔并济。李慧芳三天的戏竟让南京戏迷过目不忘,有观众18年后还念念不忘那几日的精彩:"亦生亦旦,庄谐有度……戏路宽泛,声情并茂……里面有一股大开大合收缩自如的味道,很令人着迷。"能让观众一睹记终生,这大概就是李慧芳的舞台魅力所在!

1990年10月,上海京剧院再度邀请李慧芳、李丽芳姐妹联袂演出,以满足上海戏迷观众对慧、丽姐妹精湛艺术乐此不疲的欣赏趣味。在上海观众享受的同时,李慧芳又兴致勃勃地过了一回戏瘾。

李慧芳精神抖擞地活跃在舞台上,她的戏不仅戏迷极为喜爱,同行对她的艺术也极为佩服。1929年出生的旦角名家赵慧秋,自幼家贫,父母早亡,11岁跟姐姐师从荣蝶仙学戏,后来又跟张君秋的老师李凌枫学艺,这使赵慧秋打下坚实的基础。后来,她又拜于荀慧生门下,成为荀派艺术中的佼佼者。赵慧秋16岁时因痴迷张君秋的演唱,有人便请张君秋的表弟何顺信为其说腔。就在学唱的同时,何顺信的高超琴艺一下子就把赵慧秋给迷住了，聪颖好学的赵慧秋便在何顺信的亲授下，勤学苦练。后来，赵慧秋的琴艺水准很高，不仅能给别人伴奏，还能自拉自唱。赵慧秋天赋好，大小嗓兼备，她反串演唱京韵大鼓《丑末寅初》、反串演唱河北梆子《大登殿》，声情并茂，韵味浓郁。就是这样一位1950年就走红的京剧名角，她由衷地敬佩李慧芳的表演艺术，曾多次专程赴京观看李慧芳的戏。1958年，时任中国京剧院主演的李慧芳演出《五侯宴》，李慧芳前青衣、后老旦的艺术吸引了赵慧秋赶往北京观看。1959年7月26日，在北京人民剧场，李慧芳、徐和才、叶盛章、李洪春、韩少芳、吴富友联袂演出《赠书记》。这是吴少岳、何异旭据《侠谷香》一剧改编的新编古典京剧，讲的是书生谈子宣与射雁女贾巫云的爱情故事。书生谈子宣为报父遭陷害之仇，准备赴京参劾奸相。途中，宿在将门之后、射雁女贾巫云家，贾倾慕谈英俊有为，乃命乳娘把父亲生前择婿之用的一部韬略奇书赠与谈，借此暗托终身。谈子宣为躲避害父之奸相的追捕，忙改扮女装，暂充道姑。是时，贾叔为霸家产，将巫云报选朝廷宫女，巫云急扮男装随乳娘潜逃。贾叔无奈便贿买公差将新道姑（谈子宣）拐去充数，钦差费有章见谈可怜，便收其为义女带入京城。贾巫云逃至衡山，

李慧芳在《武家坡》中饰王宝钏

1958年李慧芳（右）与徐和才在中国京剧院期间合演《赠书记》

武艺被领兵剿寇的傅竹虚赏识并收其为义子携军作战。傅竹虚、费有章联合参倒奸相后，费将建功的贾巫云为义女谈子宣招赘。洞房之夜，一对改装男女各怀心事，后见奇书，真相大白，二人喜结连理。在这出描写男扮女、女装男、鸾凤错配的《赠书记》中，李慧芳前旦角、后小生的精彩演唱又吸引着赵慧秋特从天津赶往北京观摩，尤其她反串的小生谈子宣，俊朗英气、风流倜傥，给她留下深刻印象。1960年，李慧芳主演《洪湖赤卫队》，赵慧秋闻讯赶往北京观看，并很快学会了韩英的唱腔："艰苦的日子不会长"……赵慧秋由衷地赞叹李慧芳：不仅本工艺高超群，其反串也中规中矩，艺风严肃而精湛。赵慧秋每次去北京都与李慧芳相聚，两人成为亲如姐妹的好朋友。20世纪80年代，在一次庆祝重大国际体育赛事的演出中，李慧芳主演《四郎探母》（坐宫、盗令、交令、出关），她特邀请赵慧秋前来北京出演萧太后。李慧芳、安云武、赵慧秋的这场《四郎探母》被制成光盘保存下来，赵慧秋每逢谈起，如数家珍。

其实，李慧芳的小生演唱才艺不仅在《赠书记》中显山露水，在《白门楼》《回荆州》等中更是大展其能。更为难能可贵的是，她反串的小生从不雷同，用老烈的话讲："同是小生，她也能《回荆州》周瑜坐帐，颐指气使，不可一世。《四郎探母》宗保巡营，少年气盛，春风得意。性格形象，迥自不同。"欧阳中石则有更细的评说："在旦角的基础上加一些小生的唱法，她又可以演前貂蝉后吕布的《白门楼》……《白门楼》她演吕布就与一般男小生不同，因为她没有男生真嗓加在里面，那种男生真嗓如果处理不好，煞是难听，而她的唱里正好没有那种难听的声音。另外她的唱也和一般的女小生不同，因为她有老生的刚烈与峭拔。所以尽管她没有男生真嗓夹杂其中，却仍然具有小生应有的暴劲、刚劲……"

李慧芳主演《白门楼》饰吕布

李慧芳在《吕布与貂蝉》中饰貂蝉

1990年，为纪念中国戏校40年校庆，李慧芳和李宗义、李鸣盛等诸多名家协同王派弟子于玉衡、程玉菁等，合作演出了全本《四郎探母》。程玉菁饰萧太后，李慧芳扮演铁镜公主。自1943年周信芳建议李慧芳改演旦角后，李慧芳曾跟程玉菁学了不少王（瑶卿）派戏。师生时隔近半个世纪，67岁的李慧芳又与自己85岁的恩师聚首于北京的舞台上，这十分难得的合作让李慧芳高兴而激动，她倾其全力陪老师演出。程玉菁老先生也很高兴，他虽然年事已高，嗓音调门降低，但饰演"回令"一场的太后，依然能让人领略王派的风范。

李慧芳（左）和老师程玉菁

同年在烟台的中国京剧节上，李慧芳、欧阳中石受邀请成功演出《武家坡》，李慧芳演王宝钏、欧阳中石演薛平贵。名家名票，异彩夺人。

1990年12月21日至1991年1月12日，纪念徽班进京200周年振兴京剧观摩研讨会在北京隆重举行。这是中国现代戏剧史上的一件盛事。李慧芳姐妹在北京展览馆粉墨联唱《凤还巢》。两人相携，款款上场，水袖轻抖，顾盼生辉，把程雪娥一段【西皮导板】和【流水】唱得如一道汁浓味厚的美味汤羹，虽只有五六分钟的时间，却让观众酣畅饱饮，香留齿间。

1991年5月6日，李慧芳在天津中国大戏院演了《捧印》，后来还

《 209

17 生旦竞交辉 氍毹舞晚霞

姊妹同演《凤还巢》李丽芳（左）、李慧芳

演了《辕门斩子》，备受天津戏迷欢迎。

20世纪90年代初，李慧芳多次应邀到上海演出。李慧芳虽是北京人，但解放前，她曾久居上海，演话剧、拍电影、唱京戏，上海的许多舞台都曾留下她的倩影，每去上海演出，上海的老戏迷也格外欢迎她这位昔日多才多艺的佳丽。无论在哪个剧场演出，都有戏迷拥趸，李慧芳也总有一种重归故里的温馨。

1992年2月11日，为纪念毛泽东《在延安文艺座谈会上的讲话》发表50周年，上海京剧精品展演在黄浦区体育馆开幕。2月13日至2

李慧芳与李门

月16日,上海兰心大戏院举办了"悠远的回声、未来的知音、璀璨的新星、闪动的瞬间、神韵的魅力"等五个系列演出,李慧芳姐妹联袂登台献艺,赢得观众热烈的掌声。在上海黄浦艺术节期间,李慧芳应邀在黄浦体育馆彩唱,她扮演《打渔杀家》中的萧恩,从一开口唱,与众不同的大老生神韵风采就让偌大的体育馆内不断爆响起阵阵掌声。

1994年,李慧芳参加了纪念京剧大师梅兰芳诞辰100周年的演唱,参加演唱的梅派名家还有杜近芳、李丽芳、李玉芙、杨春霞、马小曼、李维康、刁丽等,由著名琴师李门操琴,这次演唱制作成激光CD——

李慧芳和高东宸父女

《梅韵芳魂》在台湾发行,颇有影响。

1995年于人民剧场举办"李滨声京剧专场",李慧芳与小生名票李滨声、著名老旦演员孙玉祥合作《春秋配》。名家名票,精彩联袂,很引人注目。

1998年中央电视台举办的春节戏曲晚会上,李慧芳、李丽芳姐妹,一生一旦,清唱《坐宫》,苍劲清亮、端庄大气的音容至今保留在观众脑海中。这一年,老当益壮的李慧芳为京剧的恢复振兴辗转奔波,然而令她万万没有想到的是,时隔三个多月,妹妹李丽芳患乳腺癌的消息传来。这个比自己小8岁的妹妹,小时候总像个小大人似的围着自己转悠,在生活上细心地照料自己,后成为闻名全国的京剧名家,李慧芳为此骄傲自豪。"文革"后恢复传统京剧，姐俩儿常常同台献艺，李慧芳为此感到幸福。可这美好的时光怎么竟会这样短暂，想到此，李慧芳不由得心如刀绞，坐卧不安，她立即赶去上海看望妹妹。妹妹的患病，同时也提醒了一贯粗心大意的自己，经自查，也发现了自己身体上出现的异常，通过给妹妹看病的大夫初步检查，得知自己身上长出的这个包块也有癌肿嫌疑，需抓紧治疗。李慧芳回到北京后，她便给北京友谊医院院长高东宸打电话谈了自己的"发现"，高院长给她检查后，对李慧芳说："咱们最好是拉一个小口，把这个小疙瘩拿出来……"李慧芳心大，嫌麻烦，满不在乎地说："没什么了不起。"然后自作主张地吃起了百消丹，她认为，百消丹嘛，顾名思义，什么都能消掉。但是吃了一段时间，小疙瘩没有消掉，而且还在继续长大。不久，李慧芳感觉自己的病还是应对症下药才行，于是又找到了高东宸院长……

说起来，高院长和李慧芳还是老交情。高东宸是20世纪40年代初生人，少年时候就很喜欢京剧，考进当时京剧氛围很浓厚的北京第一中学以后，更加痴迷京剧。那个学校有一群热爱京剧的学生，如曾为杜近芳操琴的崔学全，原中国戏剧家协会组联部副主任段大雄，曾因主演电视连续剧《诸葛亮》而蜚声剧坛的中国影视话剧演员李法曾，后来考上中国京剧院老四团又成为宁夏京剧团演员再转为中央电视台戏曲编导的刘连伦。除此，在北京五中读书、后来成为著名影视导演的郭宝昌也是经常参加北京一中京剧活动的积极分子，他们每周都一起在学校学戏、排戏、演戏。高东宸既喜欢拉京胡，又喜欢唱老生，成为首都医科大学附属北京友谊医院院长和博士生导师后，高东宸仍然把京剧艺术的兴趣爱好作为陶冶性情的一种生活方式保持了下来。他的马派戏唱得不错，还曾在中央电视台春节戏曲晚会上演唱过一段《三家店》。友谊医院是北京京剧院的合同医院，它有一个京剧队，经常举办京剧活动，北京京剧院的艺术家经常应邀参加这个活动，高东宸就是友谊医院京剧队的主力演员，也是友谊医院京剧活动的主要组织者，他非常仰慕李慧芳的京剧艺术，有活动定要邀请李慧芳参加。高东宸是大夫，也是票友；李慧芳是艺术家，又是患者。就这样，李慧芳和高东宸成了好朋友。李慧芳有什么不舒服总是"报告"给高院长；高院长非常了解李慧芳豁达的性格，也知道她对自己的身体总是疏忽大意，所以这次郑重地对她说："作为医生，我必须如实向您禀告，您长的这个小疙瘩，可不是什么好东西，我建议您马上住院切除！"李慧芳这次听从了高院长的"警告"。果然，她最后的病情诊断是乳癌。1998年9月，高院长为李慧芳亲自主刀实施了乳癌根除术。从病情的发现直到手术治疗，李慧芳始终是开朗正视，她总是担心医生们为她着急，反而劝导医生，返患为医。李慧芳的这种心态和境界让高院长他们非常感动和佩服！一个病人，吃药治疗固然非常重要，但持有一个良好的心态更必不可少，尤其是癌症患者。李慧芳就这样，平和安静地配合医生的精心治疗，很快痊愈。

　　手术后不到一年，李慧芳便接到去台湾演出的邀请。京剧在台湾一直兴盛不衰，远有清代台湾首任巡抚刘铭传，曾从内地请剧团到台湾演出；近有张群、张学良等京剧名票。他们到台湾后，异乡孤寂，更爱京剧，也许是京剧的声腔音韵能聊慰一点他们日益强烈的思乡之情吧。辜振甫也是台湾京剧名票，能唱几出大戏，晚年经常和张学良、张群等国民党元老在一起饮茶唱戏，他们的爱戏都曾对台湾的京剧普及推波助澜。1987年7月14日，蒋经国宣告台湾地区解严。自此，这一政治变革迅速影响到两岸文化的交流，大陆与台湾京剧界由演员间频繁接触的"暗来"，逐渐发展到派团演出的"明往"。1993年4月12日至5月10日，应台湾中华文化发展基金会的邀请，北京京剧院组团一行68人赴台演出，在台北市中山堂进行了14场公演，这是50年来祖国大陆首次赴台演出的京剧团。这一活动在台湾引起轰动,台湾各界人士及戏迷观众热情很高,大陆众多艺术家也积极关注支持。1999年夏,北京京剧院再次去台湾访问演出,他们拟请李慧芳以前辈艺术家身份参加访问演出以助阵压台,但也顾虑到李慧芳身体状况。李慧芳却想:去台湾访问演出,意义非凡,院里请她出演,是对她信任,她不能推辞。虽然她手术时隔还不到一年,但仍欣然应诺。1999年7月,76岁的李慧芳首次随北京京剧院赴台演出,台上的李慧芳,无一丝病态,精气神十足,大轴清唱一赶三:梅派青衣《三娘教子》中王春娥的一段、姜派小生《四郎探母·巡营》杨宗保的一段、言派老生《让徐州》陶谦的一段。老将出马,一个顶仨,技压群芳。剧场沸腾起来,台湾新老戏迷击节叹赏,眼界大开!

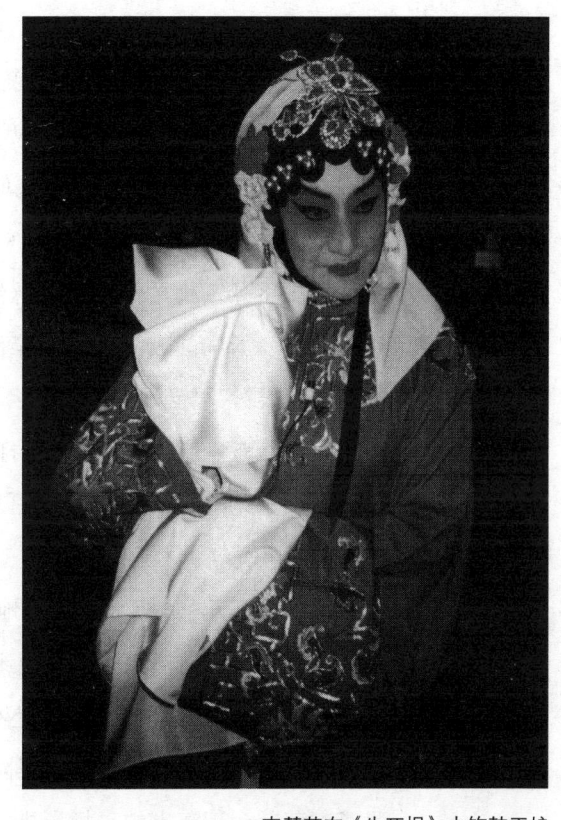

李慧芳在《生死恨》中饰韩玉娘

2000年8月17日至27日,北京京剧院再次赴台演出。这次赴台演出除了新剧《宰相刘罗锅》外,还有一系列优秀传统剧目。台湾主办方亲自到李慧芳家中邀请她主演梅派名剧《生死恨》。"戏比天大"是艺术家心中的丰碑,对得起观众是艺术家秉承的操守,李慧芳感觉自己已多年不演这出戏了,现在上了年纪,身体多病,时间又紧,怕演不好对不起观众,要求改演《凤还巢》。台湾方面也坦诚地说明:在台湾《凤

« 215

17 生旦竞交辉 氍毹舞晚霞

还巢》常有人演,而《生死恨》则少有人问津,还是演《生死恨》为好。《生死恨》是梅兰芳中期代表剧目之一,此剧初稿由齐如山根据明代董应翰《易鞋记》传奇改编,后由许姬传执笔整理并更名《生死恨》。该剧通过韩玉娘的悲惨遭遇,控诉了异邦入侵给无辜人民带来的痛苦和不幸。梅兰芳的演出轰动一时,《生死恨》也成为宣扬爱国主义的一出名剧。1948年,梅兰芳主演的《生死恨》被中国华艺影片公司拍摄成彩色电影。新中国成立后,梅葆玖、李慧芳等曾经演出再加工整理后的《生死恨》,很受观众欢迎,台湾这次邀请李慧芳演《生死恨》便是慕名而来。李慧芳被台湾的诚邀打动,因此她痛快地答应下来。年岁不饶人,毕竟此时的李慧芳已经是77岁高龄,不仅诸多老年性疾病袭上身来,而且乳癌手术还不足两年。但是,为了完成戏中跑圆场的身段表演,她坚持每天在小区院里的空地上跑两圈圆场,逐渐锻炼腿脚。2000年的北京夏日,闷热潮湿,是健康人都难以忍受的"桑拿天",然而年高体弱的李慧芳却汗流浃背地还在硬硬地坚持锻炼。她果然恢复得不错,赴台之前,李慧芳在北京梨园剧场预演了全部《生死恨》,实际这是李慧芳赴台湾演出的一场彩排。演出那天很隆重,"前来观摩的文艺界专家,前来学习的中青年演员,一致频频称道:如此高龄,扮出戏来依然光彩照人,嗓音甜润、清亮,音质、音色、音域、音量都属上乘,表演自然熨帖,处处都表达出内心感情,富于生活真实,毫不给人做戏之感"。——2000年8月24日人民日报海外版第七版的文艺副刊对李慧芳预演盛况作了上述的如实报道。除官方媒体报道外,亲临现场看戏的观众说:"那天,李慧芳那清亮的嗓音一声:'天呀,天……我韩玉娘好命苦哇!'就爆起满堂彩……"

李慧芳不服老不怕病,年近八旬两度赴台,先后清唱、演出全本《韩玉娘》,率团赴台的北京京剧院领导王玉珍回顾李慧芳演出盛况时

2001年李慧芳（右）与马长礼在北京政协礼堂合演《大登殿》

说："两番'老将出马'，两度艺惊四座，令宝岛观众叹为观止！"

转眼又到了2001年春节，北京京剧院请出一批老艺术家向戏迷观众献艺。在1月26日（大年初三）的长安大戏院，座无虚席，李慧芳和马派老生安云武演了一出《三娘教子》。78岁的李慧芳一出场，台下便响起热烈的掌声……

2001年5月中旬，全国青年京剧演员电视大赛刚一结束，担任评委的李慧芳与许多京剧名家一起和本次大赛获奖演员在北京大学进行了一场别开生面的演出。5月14日，北京大学交流中心的多功能厅被布置成大赛现场，到场观众全部是大学生，他们中许多人虽然对京剧并不

2002年赴台湾演出李慧芳与王玉珍在台北新闻发布会上

熟悉,但是他们很想了解国粹艺术,都纷纷前来观看。虽然那天的会场布置得非常简朴,但演唱异常精彩,李慧芳的一段《穆桂英挂帅》清唱赢得了大学生们的热烈掌声。李慧芳不仅亲自上台唱,还热情鼓励与获奖演员同台表演的大学生们:"你们这样喜爱京剧,唱得这么好,我们作为京剧演员非常高兴。"

观众爱看李慧芳的戏,也爱看李丽芳的戏,李氏姐妹联袂更引观众拭目摩肩争睹,姐俩或一生一旦,或旦角联唱,左看右看,煞是精彩!可是让观众痛惜的事还是发生了,2002年4月29日,李丽芳在上海不幸病逝。噩耗传来,失去手足的揪心痛楚折磨得李慧芳寝食难安,丽芳小时候的音容笑貌幻灯般在她脑子里一幕幕闪现:躲避空袭那日,小丽芳在防空洞里使劲挥舞着小手喊她"大阿哥,快进来";黑瘦的小丽芳额头挂着汗珠端着小茶壶在剧场为她颠颠地跑前跑后饮场;默默不语、任劳任怨地使劲挥动着细细的胳膊帮母亲为全家做饭洗衣;初次上台时穿着彩裤簌簌发抖的双腿;参加军委总政部京剧团以后身着军裙皮靴的威武英姿;演唱《海港》时的声情并茂;依偎在自己身旁的亲昵……想到此,刚毅的李慧芳老泪纵横,失声痛哭:"我想妹妹……"

李慧芳无愧刚强二字,遭受妹妹逝去的打击后,她没有消沉,把对妹妹的怀念深埋心底,决心以妹妹为榜样,把艺术全部献给人民!

晚年李慧芳演唱《生死恨》

2003年1月31日，春节戏曲晚会名家名段在中央电视台播出，80岁的李慧芳彩唱的京剧《宇宙锋》，引起观众强烈反响。

2006年9月29日晚，在北京中山公园音乐堂举行了"千钧飞鸿"——纪念范钧宏先生诞辰90周年经典作品名家演唱会。翠绿山麓上长城蜿蜒伸展的舞台背景，雄伟壮观，"千钧飞鸿"四个苍劲厚重的红色大字赫然在目。83岁的李慧芳身穿湖蓝色旗袍，外套黑色短款西服，庄重典雅，她站在宽大明亮的舞台中央，彬彬有礼地对台下观众左右两鞠躬，款款深情地道出了几句肺腑之言："这个纪念范钧宏老师的活动办得有情有义，我很感动。1956年，我在中国京剧院工作，范钧宏老师给我写了《蝴蝶杯》《洪湖赤卫队》等。今天我有幸参加这个纪念会，我就表表我对范老师的怀念之情，但是我很久没上这个舞台了，唱得不好呢，请观众们多多原谅。"范钧宏，这位杰出的剧作家曾经在文化艺术上给予李慧芳很多的启迪，使李慧芳与别人同演一出剧目时，往往呈现出别样的风采。半个多世纪了，李慧芳对范钧宏的教益念念不忘，她的感恩之言博得观众多次掌声。接着，李慧芳演唱了《蝴蝶杯》中的一小段，她一开口唱就赢得观众满堂喝彩。饱浸了对范钧宏先生景仰之情的《蝴蝶杯》，一字一腔，动人悦耳。一曲结束，掌声雷鸣般响起，李慧芳只得返场，她谦逊地说："那我再学一段言派的《让徐州》……"话音未落，台下就报以兴奋的掌声。《让徐州》在观众一句一个"好"中结束，李慧芳频频拱手致礼，观众仍"不依不饶"，掌声热烈而有节奏，不愿平息。面对观众的热情，李慧芳也很激动，她高兴地又来了一段《穆桂英挂帅》，并加上了一些身段。这气韵生动的演唱受到了观众格外追捧，在欢声雷动中，李慧芳成为这次演唱会上唯一一位唱三段的演员。

2006年11月7日，中国记者节京剧演唱会在长安大戏院隆重举行。各界新闻工作者欢聚一堂，共同庆祝中国第七个记者节的到来，李慧芳是媒体工作者非常喜爱的艺术家，因而受邀演唱了一段《失街亭》。

李慧芳除参加全国各地邀请的演出外，也常被各电视台邀请录制节目。她曾在中央电视台戏曲频道《九州戏苑》栏目录制彩唱《珠帘寨》和《穆桂英挂帅》。《珠帘寨》为传统经典老戏，全剧为整套西皮唱腔，唱念繁重，谭、马、余、杨等各流派都曾演过该剧。李克用的那段"昔日有个三大贤"是整剧的核心唱段，从【导板】【原板】【二六】【快板】再到【散板】，板式变换复杂，音域起伏，难度很大。这段唱一直为戏迷津津乐道，传唱不衰，往往台上演员激情放歌，台下戏迷忘情哼鸣，台上台下一起陶醉其中，这段经典唱腔可谓"魅力无穷"。李慧芳虽为女老生，但她的脑后音与胸腹腔共鸣与男性不分伯仲，极有穿透力。李慧芳演唱的"昔日有个三大贤"，既有谭、马之古朴飘逸，亦有余、杨之峻峭儒雅，兼有自己的遒劲委婉，行字用腔，尽显功力。李慧芳饰演的李克用，雪眉银髯，蟒袍玉带，厚底高靴，草王金盔，雉尾双翎摇曳中，一个自恃高贵、居功狂傲、城府颇深、机敏善战的李克用便活脱脱地展现在舞台之上。

"2007·重阳老艺术家京剧演唱会"10月19日晚在北京长安大戏院拉开帷幕，已85岁的李慧芳虽然一个月前刚刚又安上了心脏起搏器，还患有严重的颈椎病等多种老年性疾病，但她还是坚持在北京京剧院领导陪同下，坐了一个多小时的车提前来到了戏院准备参加演唱。她的演出安排在晚会最后的"耄耋之美"篇章，早在戏院门口等待的戏迷一见到李慧芳便立刻簇拥着请她签字，一位又一位……为了保证李慧芳的健康和演出，陆翱副院长不得不对戏迷提出"请爱护先生"。走进戏院迎来的又是一片热情，朋友、戏迷、同行，大家不约而同地问候着李慧芳……进入后台化妆室，热情与惊喜更是迭迭不断，最为感人的是李慧芳与宋宝罗相见对视、亲切拥抱，两位老人自1948年南京介寿堂唱戏分开后，一别60年。如今，宋宝罗已长髯如银，李慧芳也云鬓成霜，他们怎么能不感慨激动？李慧芳见到关正明50多岁的儿子关栋天，又感慨不尽一番："我和你爸爸一起唱戏时，还没你呢！"也许是这一连串的"喜相逢"太让她激动，在演出前，李慧芳突

2006年国庆节李慧芳在北京音乐堂清唱

李慧芳和宋宝罗

然感到强烈的不适,大家一时不知所措,组委会医疗组马上对她实施救治、输液、吸氧、服药、针灸……在医生的及时治疗下,李慧芳又神奇地很快恢复常态。刚才目睹这一切的人都以为李慧芳的演唱要取消,但没想到的是,倔强的李慧芳坚持要上台,她更衣化妆,认真地坐那儿候场了,主持人赵保乐"狠着心"报了幕。再看李慧芳,瘦高的身材身着绛紫色旗袍、黑色上衣外套,风度翩翩,款款而行,在观众的热烈掌声中微笑着站在台中间。燕守平情绪饱满地胡琴弓子一拉,台下顿时静了下来,老艺术家难得出场,大家要洗耳恭听。李慧芳一曲《三娘教子》在此起彼落的掌声中结束了,后台的工作人员悬着的心落了下来,原定的两段完成了一段了,另外一段还能唱吗?赵保乐担心李慧芳的身体,赶紧上台,问她还唱不唱,李慧芳毫不犹豫地脱口而出:"唱!"台下掌声、笑声、彩声再次四起。一段《空城计》老生唱段又开始了,李慧芳唱得神清气爽,台下一阵阵沸腾,观众怎么也想不到刚刚后台上发生的紧急抢救一幕。李慧芳实在是太爱戏,太爱她的观众了!这些感人的场面被细心的中央电视台"戏曲采风"栏目的记者用摄像机一一记录下来,这次演出实况一播出,观众们无不为之叫好!李慧芳看了后,没有满足于观众的赞誉,她诚恳地对朋友们说:"给我提提意见吧,我想进步。"什么叫艺无止境?晚年的李慧芳就是这样为大家作出了诠释。

2008年2月12日下午,国家京剧院在梅兰芳大剧院举办"真情家园,同此凉热"专场赈灾义演活动。在演唱会上,85岁高龄的李慧芳不仅上台演唱还现场捐款1000元。生活朴素的李慧芳已经在单位捐过款了。但她善之又善,慈悲喜舍。

2008年"五一"前夕,以李慧芳为首的艺术家小组专程来到北京昌平区北七家镇八仙庄北京市汇晨老年公寓慰问。李慧芳不顾身体的不适,在演出中一气为大家演唱了《穆桂英挂帅》和《空城计》青衣、老生两个名段。

2008年10月7日金秋重阳,晚上,"霜叶红于二月花——九九重阳节京剧晚会"在北京长安大戏院开幕。当主持人董艺搀扶着李慧芳走上台时,台下顿时一片掌声。董艺心疼地拉起李慧芳的手,让大家看看李慧芳手上的输液痕迹,只见她瘦瘦的手背上带有淤血斑并贴有胶布,没等董艺话落音,李慧芳便不以为然地将手缩回放下,接着又双手抱拳向台下观众致意说:"我先祝我亲爱的观众们节日愉快!"老人的嗓音依然洪亮,不衰不朽的魅力总是与她同在。这时,董艺告诉观众:晚会编导为了李慧芳老师的健康把她原本要唱的两段改为一段。李慧芳有点遗憾地说:"是。"转而马上露出童稚般的笑靥,风趣地说:"那我就给大家唱段《文昭关》吧。"《文昭关》是戏迷非常熟悉的一折戏,是全部《伍子胥》的戏核,其中大段唱腔尤为精彩。它常常被拿出单演,此时李慧芳唱的是【二黄原板】:"鸡鸣犬吠五更天,越思越想越伤惨。想当初在

耄耋之年李慧芳登台清唱

朝为官宦，朝臣待漏五更寒。到如今夜宿在荒村院，我冷冷清清向谁言？我本当拔宝剑自寻短见，寻短见，爹娘呃！父母冤仇化灰烟！对天发下宏誓愿，我不杀平王我的心怎甘！"人常说生书熟戏，戏迷们对这段脍炙人口的唱是百听不厌。李慧芳的心脏功能不好，常伴有憋闷气短，但这时站到舞台上的老人家，十分投入，丝毫看不出她的病态。第一句"鸡鸣犬吠五更天"便底气十足，虽然运腔已不能像当年那样完美，但老生开蒙的她，幼功扎实，吐字清晰，立音苍劲。"我冷冷清清向谁言"更是凄凉悲哀，声情并茂。汪派的《文昭关》高腔迭出，无嗓子的人难以胜任，杨宝森利用脑后音翻高形成泛音延续，创造出"鬼音"，不仅弥补了高音的不足，巧妙运用还可产生精彩的效果，每逢唱至此处，观众们都会屏息竖耳。李慧芳功力极深，她把"爹娘"二字唱得撕心裂肺，动人肝肠，观众无不为之动容。许多观众早已举起的双手都静止在那里，待音落才重重地热烈地合在一起。这么一段高难度唱段，就这样被85岁的李慧芳一气呵成。何谓声情并茂？何谓艺术感染力？观李慧芳的表演，就会理解得更深！李慧芳精湛的大老生艺术折服了观众，她老人家忘情于京剧的心胸意境更为观众所敬佩，戏迷情不自禁跑上台来把鲜花献给这位慈祥可爱的老人家，她转而却献给了身旁为他伴奏的琴师燕守平。事后，李慧芳还对朋友说自己的

菊苑双葩　慧丽同芳　李慧芳

左起：王金璐、李慧芳、王世续、李鸣盛

唱"不好，有一点点塌"。这样谦逊礼让的艺术家怎能不受人爱戴？

2009年的冬季，北京格外冷。1月1日晚，夜幕降临，坐落在世界上最大最完整的古代宫殿紫禁城建筑群中的北京中山公园音乐堂，灯火通明。7点30分，"2009京剧名家名段新年演唱会"在这里拉开帷幕，众多京剧名家正轮番登台献艺，那一段段精彩的演唱，为寒冬带来了炽热，为新年增添了喜庆。这时，李慧芳在热烈的掌声中登台了，年近九旬的老人家依然神采奕奕，修长挺拔。她一袭绚丽花卉的旗袍，一件黑色短款西装外套，一副轻巧的秀琅眼镜，一头夹着银丝的黑色鬈发，清风秀骨，飘逸俊朗，既热烈奔放又不失庄重沉稳，豪爽不拘中透着彬彬儒雅。在热情温馨的气氛中，她清唱了《汾河湾》中的旦角唱腔之后，又清唱了她的拿手言派老生戏《让徐州》中的著名选段。台上唱得兴致盎然，台下听得津津有味。李慧芳，耄耋之年，羸弱之躯，发乎于衷情痴情的经典之唱，顿时让她的艺术生命在此时释放出最夺目的华彩！一时间，这座偌大的音乐堂在掌声、喝彩声中喧嚣沸腾起来。观众们在为李慧芳驾驭舞台的湛湛艺术而鼓掌，为李慧芳钟情国粹的裸裸赤心而喝彩！不能不说，是京剧艺术的博大精深赋予了李慧芳旺盛的生命力，李慧芳又用自己的常青翠绿装点了民族艺术的大树！京剧表演艺术家李慧芳，挟晚霞瑰丽，披夕阳风采，美哉！壮哉！置身于这玲珑剔透的艺术殿堂之中，聆听着一代名家神采飞扬的讴歌，谁能不为之感慨、赞叹？

2010年初，87岁的李慧芳身体状况欠佳，反复住院，但病痛的折磨没有摧垮这位坚强的老人，她又神奇般地恢复了健康。2010年夏，李慧芳听说一位好友要去杭州，她非常郑重地委托好友："麻烦您帮我联系宋宝罗，借着他现成的长白大胡子，我和他唱《打渔杀家》。"然后又郑重而幽默地报告了自己的一个身体征兆："我的脑子现在有时容易忘事，可能我的老年痴呆有点提前啦！"多么乐观诙谐的老人！

2010年10月10日，北京电视台"浓墨重彩话重阳"节目为87岁高龄的李慧芳录制了《穆桂英挂帅》《让徐州》一旦一生两段演唱。即将迈入米寿之门的李慧芳宝刀不老，只要为她亲爱的观众唱戏，她便兴奋不已，上了台便放光彩。李慧芳对京戏的热爱，纯真如稚子，是那般让人感动！

一些电视节目中曾播放了李慧芳的许多生、旦演唱，《上天台》中扮演刘秀、《四郎探母》中扮演杨宗保、《法门寺》中扮演宋巧姣等等，虽然观众们已记不清这些是李慧芳何年、何月、何地的演出，但她那雍容大气、神形俱佳的全才演唱，却牢牢地留在观众的记忆中。

身为艺术家，李慧芳除了自己积极参加舞台演出，同时也积极扶植新人演出，她多次做京剧演唱比赛的评委和指导。

1995年7月16日至23日，北京市首届"燕京杯"少儿京昆大赛

李慧芳和阜新戏校的孩子们，前排左二为迟小秋

在东城文化馆开赛，李慧芳担任评委。

1996年1月11日，由北京、上海、天津、中戏附中、台北复兴五戏校参加的海峡两岸五戏校蓝岛杯京剧大赛在民族文化宫大剧院拉开了帷幕。李慧芳和于世文、谭元寿、王金璐、吴素秋、于玉衡、李金鸿、景荣庆、赓金群、姜凤山、刘曾复一起担任评委。参赛的戏校学生有王珮瑜、王玺龙、穆宇、郭伟等，如今他们中的许多人都成了活跃在京剧舞台上的名角。

1997年7月22日，第二首届北京市少儿京昆"韶山杯"大赛在长安大戏院进行。评委是吴素秋、李鸣盛、李元春、景荣庆、李玉芙、陈

前排左起：景荣庆、李筠、李慧芳、吴素秋、李鸣盛，后排左起：李元春、陈志清、赵葆秀、李玉芙

志清、王晓临。李慧芳担任评委主任。

2000年7月1日至7月11日，北京首届国际票友演唱会在长安大戏院举行，评委有吴素秋、梅葆玖、李鸣盛、李元春、景荣庆、王玉珍、孙毓敏、赵葆秀、陈志清、张毓文，评委主任是李慧芳。

2001年8月9日，北京市第四届"二十一世纪实验学校杯"少儿京昆大赛颁奖大会和优秀获奖节目汇报演出在长安大戏院隆重举行。在艺术家组成的一流评委会中，李慧芳担当评委主任。

自1976年恢复艺术工作开始，解放了身心的李慧芳，有记录和无记录的大大小小的形式各异的京剧演出和做评委指导不计其数。虽然她一步一步逐渐走下了舞台，但她仍在为京剧艺术事业的传承作着不懈努力。李慧芳，这位可歌可敬的一代京剧表演艺术家，皓首苍颜，老而弥坚。菊放傲霜枝，风流写晚霞。

18

锲而不舍学文化　惺惺相惜怜皮黄

京剧以国粹著称，这一中华民族艺术之瑰宝不仅雄踞中国剧坛，而且在世界戏剧艺术殿堂也占有一席之地。文化的滋养孕育了这门艺术，并使她茁壮成长，生生不息。她包罗万象，博大精深，肩负起审美、教化的神圣重任。多少年来，京剧艺术一直高擎"扬善弃恶、扶微济贫""仁义礼智信"的旗帜，向世人展示着华夏传统的美德，宣扬着中华民族的精神。京剧，这个有上百年历史的惊艳艺术建立在泱泱大国几千年积淀的厚重文化之上便有了根基。

京剧自诞生起就与文化息息相关，梨园的丰硕离不开大唐盛世的文化沃土。人们欣赏四大名旦，总不忘透过旦角艺术的辉煌而津津乐道于齐如山、罗瘿公、陈墨香、金菊隐等传统文人墨客，赞叹他们把深厚国学的养分辛勤地撒向京剧这块土地，使之肥沃而滋润。是文化的浸润，才能在京剧百花园中绽放出婀娜多姿的花朵。厚重文化与艺术天才巧妙融合，便产生了赫赫声威的一代艺术大师：梅兰芳、程砚秋、荀慧生、尚小云。除梅、程、荀、尚，其他行当流派概莫能外。"应使文艺以人传，勿使人以文艺传。"李叔同大师的这句话发人深思。

李慧芳从艺几十年，对生旦流派，皆通习之，先是步名流之后亦步亦趋，周旋于匠艺；后是概各家风貌，独运匠心。"不依古法但横行，自有云雷绕膝生。"李慧芳何以把艺术的道路走得如此宽阔通畅？她的生旦艺术何以能习无不精？这不能不从李慧芳渴求知识、学习文化说起。

李慧芳从小卖唱，没有上过学。小的时候，她常常羡慕地盯着三五成群蹦蹦跳跳背着书包上学的孩子，一直目送他们的身影远去直到看不见。这时的李慧芳还小，她对"上学"只是感到新鲜好奇，为什么自己不能像那些孩子一样欢快地去读书呢？那时候，上学读书对家境贫穷的李慧芳来说是一种奢望，但是她非常渴望上学读书，始终没有放弃这个念头。后来，她常悄悄站在学校门口附近，听着琅琅的读书声，久久不愿离开。随着年龄的增长和演艺的需要，读书识字的欲望也越来越强烈，上学读书成了李慧芳梦寐以求的事情。但要等到何时？李慧芳负薪挂角，自己想方设法学认字。排连台本戏时，李慧芳就通过别人念单篇的戏词，她认真地眼看心记，日积月累，认了不少字。李慧芳认的字越多，她对文化学习便越如饥似渴。那时，学文化成了李慧芳心中的一件大事。

十五六岁时，李慧芳在上海搭班唱戏。当时，排一本连台本戏能演一个月。一般是晚上演完戏，吃点夜宵，夜间12点后就开始排戏，一直排到早上，于是，白天就有了空闲。正值花季的李慧芳，胸有志向，便无心去玩，她绝不会把这样的大好时光白白浪费掉，正在她千方百计地寻找学习机会时，偶然发现这样一处地方——上海白克路的妇女文化补习学校。这个学校是为成人办的，参加学习班的一般都是家庭妇女和舞女、歌女这一类人。这儿的学费低廉，每天上午学习两个小时，三个月一期。李慧芳就把母亲平日给的一点零花钱都积攒下来交了学费，报名参加了学习，她选学中文、英文两门课。在妇女文化补习班学习那段时间是李慧芳非常快乐的时光。尽管有时晚上通宵排戏,但是第二天早上,李慧芳仍然坚持去上学。身穿蓝布大褂,胸前佩戴上妇女文化补习学校的校徽,精神抖擞地去参加学习,这是李慧芳感到很愉快的一件大事。无论多忙多累,她从不耽误一次,而且上课从不打瞌睡。李慧芳这时又添了一个小弟弟,舅舅也来到她家,家里吃饭的人增加到了七口,母亲实在拿不出钱来让她再念书了。所以仅参加一期就没有钱再学下去。虽然仅学了三个月,但收获很大,李慧芳能够看连载小说等一些文学作品了。

据上海档案资料记载:旧上海有个《罗宾汉》报,被小报界公认是"戏报鼻祖",创刊于1926年12月8日。创办人与主编分别是朱瘦竹、周世勋。朱瘦竹酷嗜皮黄,一心想办个"宣扬国粹"剧种的小报。刚巧当时上海有名的夏令配克影院献映美国影片《罗宾汉》,朱瘦竹遂与该影院副经理周世勋假借片名办起了《罗宾汉》报。该报先后出版过梅兰芳、荀慧生、程砚秋、尚小云、谭富英、马连良、盖叫天、周信芳等南北巨伶的特刊、专页,每期都刊登有关戏曲界的掌故、趣闻、逸事、动态,花边新闻也连续不断,赢得了广大戏迷的喜爱。

李慧芳记得当时文化人何海生就在上海这家报馆当记者。他在自己负责的版面辟出一小块地方,根据李慧芳当时唱老生的名字"李叔堂"设了一个栏目叫"叔堂日记",因此,何海生常常约李慧芳写稿,内容是每天排戏演戏的见闻、感受等等,李慧芳欣然接受。她借助字典写了不少小文章,经何海生修改后发表在报纸栏目上。70年过去了,何海生开辟"叔堂日记"的小报名称在李慧芳的记忆中稍有些模糊,而记者何海生对她的帮助,她却牢牢地记在心里。从那时起,她开始学习写小文章。写文章也是学习的一种方式,每写一篇都会认识许多生字,因而李慧芳非常高兴去做这件事。尽管演戏很忙很累,她仍然乐此不疲,总

李慧芳在1952年

是利用每一点空闲认真地去写，这使李慧芳在文化学习上有了不小的飞跃。后来因为演戏到处流动，写作没能坚持下来，刊登"叔堂日记"的小报也没能保存下来，李慧芳每提起此事都感到有些遗憾。

新中国成立后，政府很注重对演员的文化教育。1952年，李慧芳在苏州开明京剧团时，苏州市委组织演员们学习《社会发展史》。从小渴望学习的愿望在这里终于得到了一些弥补，她怎能不喜出望外？那时，李慧芳格外兴奋，每天在舞台下总是身着"干部服"（中山装），左上衣口袋总是插着一支钢笔。这种时髦的"文化人打扮"，李慧芳很引以为豪，她去北京时还特意在北京和平照相馆照了一张这样装束的照片：还是那件"干部服"，内有白衬领，梳着齐肩的短辫子，清澈的双眸，晴朗的笑意，流露出她那蓝天白云般的美好心情。那支插在胸前的钢笔格外显眼，十足的一副女学生的朴素模样。这纯洁的表情中流露着李慧芳对文化的渴求，对知识的向往，也嵌入了她追求知识的信心和力量。

李慧芳清醒地认识到，艺术的桂冠不会眷顾无知的演员。因而，她就像一块海绵，全力吸附着，哪怕是一滴极小的水珠也不放过。从这时开始，李慧芳便不断地读书，从戏曲演员普及小丛书《演员道德》到俄

左起：郑亦秋、李洪春、李慧芳（摄于1956年）

国表演大师斯坦尼斯拉夫斯基《演员创造角色》这样的理论性书籍，李慧芳都认真去读。"匠艺演员只会报告角色的台词，同时用一些一成不变的舞台表演方法配合这种报告，因此，匠艺演员需要固定的方法来宣读一切角色的台词，他们需要现成的刻板法来图解一切人的一切情感，他们需要用规定、死板公式来模仿一切人的形象，手法刻板和模式简化了匠艺表演的人物。"斯坦尼斯拉夫斯基这段话开启了李慧芳心灵的窗户：一个演员，要追求艺术的高峰。空洞无知的演员，只能是拘谨地模拟别人，简单地重复自己，他的表演永远只是匠艺。有了这样感悟的李慧芳，读书热情更加高涨，她不仅从字面上通读还竭力把它们读懂融化并实践到表演中。

李慧芳到北京参加了中国京剧院后,她对文化学习更加心驰神往。工作环境的改变让她和名导演、作家等文化人有了经常接触的机会,每当阿甲、郑亦秋等艺术界的文化人讲话时,李慧芳总是悄然而至,聚精会神去听。这还不够,那时,这些编剧、导演饭后常常凑到一起探讨戏剧,李慧芳便常常在这个时候去导演编剧家"串门",她总是静静地坐在一旁听人家茶余饭后的聊天,在他们时而亢奋时而沉静的"闲聊"中,听他们谈戏剧,谈表演,谈对舞台人物的分析理解,谈艺术表演理论……李慧芳从他们海阔天空的"闲谈"中拓宽了视野,捕捉到许多表演艺术的理论精髓。那些日子,这些文化人的娓娓不倦交谈把李慧芳带入风景绮丽的艺术美景之中,让她充分欣赏到文化浸渍中的万紫千红。

　　新中国成立不久,北京市常举办各类艺术讲座,李慧芳总是千方百计去听讲,学习艺术表演中的理论知识,诸如:艺术表演中什么是"动"、什么是"静"、什么是"动中取静""静中有动";戏曲表演中划船、骑马、上山下山、上楼下楼、上轿下轿、过桥、开门关门、开窗关窗等等以虚代实、以简代繁、以点代面、以局部来表现整体的程式虚拟表演;演员通过身段、动作、手势和面部表情尤其是眼神的运用说明一切代替语言的"哑语"……其实,这京剧舞台上的一系列表演李慧芳早已掌握,但上升到理论学习后再去多方观摩大师名家,就会发现他们程式表演的化境是多么高深。学习理论就像给了李慧芳一把京剧表演的万能钥匙,她可以开启舞台表演的多把锁,因而,李慧芳对自己的表演就有了更高的要求,经过探索实践,表演技能便发生了质的变化。李慧芳说:"搞艺术的人要成为角儿,仅靠高人指点是不行的,自己必须学习文化,提高自己的艺术理论修养,勤学苦练,才能有真正进步。要'点石成金'就需要掌握'点金术',那就是学习—实践—再学习—再实践。"李慧芳的艺术实践证实:知识犹如一对翅膀,学习就是"插翅",

有了文化知识你可以在艺术的广阔天地飞翔得更高更远。

　　李慧芳那时除了排戏演戏就是如醉如痴地学习。演了一辈子戏的李慧芳虽没上过学，但她是个有心人，在京剧里读历史、读传统、读文化，从唱念的戏文中得到教化，脱离愚昧步入文明，由拙钝变得聪慧，所以她崇尚文化，羡慕有文化的人，不仅自己爱学习，还挂念弟弟妹妹的学习：她曾为弟弟妹妹请私塾先生到家讲课，曾省吃俭用供弟弟上学，曾教育弟妹：知识改变命运。李慧芳睿智！

　　知无涯，生有涯，活到老学到老，李慧芳晚年常爱看《大家》《百家讲坛》《科学与探索》等电视节目。老伴张玉禅关切地问她："你能看懂吗？"她很要强地回答："看不懂我可以学嘛！"

　　李慧芳青少年时在上海参加妇女补习班学过一点英语，有几句日常英语她说得纯正流畅。她时常很大方地对朋友们说说学过的这几句英语，每次说完，眼神中便流露出展示自己学习成果的骄傲，也流露出年老体衰无法再去上学的遗憾。她渴望学习，常念叨还想学外语、学电脑……这位欲踏时代步伐前行的要强老人，此时俨然一位虔诚好学的纯真孩童。

　　古人言：人有知识，则有力矣。幼时求知，是李慧芳与生俱来的欲望。青少年时识字学文化，是李慧芳从艺必备的工具。用知识滋养自身，丰满艺术，则是李慧芳步入艺术殿堂后的更高要求。李慧芳一生都在锲而不舍地求学求知。她除了努力学习外，还广交文化人，经常征求一些文化人对她艺术表演的意见或建议，并且常热情地与他们同台演唱。这种亦师亦友的交往情同手足，和谐愉快。他们的友谊，至白涅不缁，至交淡不疑，地久天长。

　　李慧芳与漫画家李滨声相识于20世纪50年代中期。时任《北京日报》记者、美术编辑的李滨声自幼爱戏，因懂京戏，所以许多采访京剧院的任务就落到李滨声的身上。当时，中国京剧院在北池子大街，李滨声便常常去那里采访，因而看了不少李慧芳的戏。李慧芳的戏演得好，个子又高，给李滨声留下很深的印象。这位原籍辽宁本溪的才子李滨声，1925年出生于哈尔滨，他秉承了东北人豪爽、直率、幽默的性情，擅长漫画、戏曲人物画。李滨声不仅喜爱画京剧戏曲人物，还酷爱唱京剧，而且能粉墨登场演不少戏。当时，李滨声是远近闻名的小生名票，李慧芳是闻名遐迩的京剧演员。李滨声想：高个儿的李慧芳和自己这个大个儿票友配戏还是很合适的，期盼能有机会同台演出。在一次京剧演唱晚会上，李滨声和李慧芳相识并成了好朋友。但是，李滨声的美好愿望被一场政治运动扼杀在摇篮中。1957年"反右"运动开始，在春夏之际，为配合"大鸣大放"，《学习》刊物编辑部邀请李滨声为该刊画点针砭时弊的漫画。于是，几天后李滨声就画了一幅漫画：一个正襟危坐的干部模样的人，面部有眼睛、眉毛、耳朵、鼻子，唯独没有嘴，双手捧着一张奖状，这幅漫画的题目是《没嘴的人》，意在讽刺那些对"大鸣大放"态度不积极的人。同志们看了这幅画都说好，还没有寄出就被本单位的《北京日报》总编主任决定在《北京日报》上先行发表，两三天后便见诸报端。没想到这幅漫画很快成为李滨声"恶毒攻击社会主义无言论自由"的罪行，"名正言顺"地被打入"右派"行列。此后，在长达二十余年的厄运中，上台唱戏成为他心中的美好梦想。雨过天晴，李滨声结束了厄运，李慧芳也被"文革"委屈了十年后获得了新生，于是，同是天涯沦落人的李慧芳和李滨声二位京剧知音又得以聚首，他们悲喜相知，感慨人生。

1980年2月，中和戏院举办了北京京剧院春节联欢会。那天，京剧演员和票友联袂演出，非常精彩。中央电视台戏曲导演莫宣和北京青年京剧团编剧时佩璞演出了京剧《奇双会·写状》；李慧芳和李滨声

左起：李慧芳、李滨声、孙玉祥合演《春秋配》

合演了《穆柯寨》；20世纪五六十年代的国家女篮中锋杨派老生票友杨洁清唱了《洪洋洞》《伍子胥》选段；北京京剧院演出科长张觉非和北京京剧院副院长刘景毅等演出了《柜中缘》……而由李慧芳和李滨声合演的《穆柯寨》尤为引人瞩目，李慧芳饰穆桂英，李滨声饰杨宗保，萧英翔扮演孟良，李慧芳的艺术老搭档赵炳啸扮演焦赞，"天桥马连良"梁益鸣的女儿梁环扮演穆桂英的丫头，名家名票联袂，技艺精湛，配合默契。时年57岁的李慧芳穿蟒扎靠戴翎子，一招一式，不减当年，威风凛凛，英武帅气，好一个不让须眉的巾帼英雄！55岁的李滨声虽是票友，但他爱戏几十年，艺术造诣很深，高高的个子，扮相俊美，念唱脆亮，做舞刚健，塑造的杨宗保英武潇洒，与专业演员难分伯仲。

他们的表演使联欢会再起高潮。李滨声也很高兴，他与李慧芳同台合作的愿望终于实现了。1983年李慧芳加入中国共产党那天，在吉祥戏院上演了《武家坡》，李滨声的老伴特意买了一大束鲜花上台献给李慧芳，向她表示衷心的祝贺。

1995年，在李滨声举办个人画展的同时，在北京人民剧场也举办了"李滨声京剧专场"的演出。那天演的是《春秋配》里捡柴一折，李慧芳前去为李滨声捧场配演。李慧芳扮演少女姜秋莲，李滨声演书生李春发，还特邀了毕业于中华戏曲专科学校的老旦名家孙玉祥扮演乳娘。李慧芳、李滨声、孙玉祥虽都是古稀之年，但演唱仍然气韵生动，风采过人。

李慧芳和李滨声是一对莫逆之交的朋友。在谈文化、谈绘画艺术时，李慧芳甘做李滨声的小学生，听李滨声讲传统文化，讲漫画，讲戏曲人物绘画，她从李滨声那里了解到了很多传统文化、民俗知识、绘画艺术；在谈京剧表演时，李慧芳愿做戏友，不仅与李滨声同台演出，也经常研讨唱腔唱词。李滨声讲过这么一段往事：一天李慧芳忽然问他："《白门楼》里的四个'俺好比'你怎么唱？"李滨声与李慧芳探讨京剧时总以学生自称，他以为李慧芳要考考他第三句"俺好比绝龙岭闻仲命丧"的翻高、第四句的"俺好比三齐王命殁在未央"慢下来低下来，以渲染悲愤凄凉之感，特别是"三齐王"的"齐"字要唱成"乞"音，后几个字"命殁在未央"的"未"字要腔并把尺寸赶上去等规律是否掌握。于是他便认真地从第一个"俺好比夏后羿……"唱起，刚一转【二六】"月窟命丧"，李慧芳有备而来地边用手指连连叩着桌面边说："您先等等，那夏后羿到月宫去了吗？他去得了吗？没到月宫，怎么'月窟命丧'呢？"接着李慧芳说："应该是'遇浞命丧'，浞是一个人，后羿是被一个叫寒浞的人杀死的。"其实后羿之死极容易查考，一些辞书上后羿条下都有"不久因不理民事，被家众杀死"。李慧芳因觉得"月窟命丧"一词不通，作了一番研究考证，终于找到正确答案，合理纠正了戏词。李慧芳和李滨声谈京剧，其乐融融，但他们常常不满足于此，总要往深层探讨。他们的交流，坦诚直白，无拘无束，教学相长，难能可贵。李慧芳与李滨声几十年的友谊，可谓君子之交，清澈见底！

20世纪50年代末，西单商场内有家照相馆摆放了李慧芳的一张便装照。时任中学教师的欧阳中石听说这是一位从南方刚来北京才几年的京剧演员，顿时引起了注意。由于钟爱京剧，他很想认识一下照片上的这位听说很了不起的京剧名角。后来，欧阳中石便通过北京戏校的杨大望和李慧芳取得了联系。两位艺术知音一见如故，时常在一起交谈京剧表演，成了很要好的朋友。从此，欧阳中石的东四前拐棒胡同普通平房的家里便多了李慧芳这位常客。

欧阳中石，20个世纪50年代初，考取了辅仁大学哲学系，一年后进入北京大学哲学系，主修中国逻辑史。1954年，欧阳中石毕业后开始在中学从事基层教育工作。他教过中学的各门课程，由于教学有方，深得学生敬重。李慧芳认识欧阳中石时，欧阳中石不仅已是一位出色的教师，还是一位优秀的京剧票友。后来，这位优秀的教育工作者在书法艺术上又创出一片天地，成就斐然。李慧芳非常崇尚知识，羡慕知识分子，她为自己结识了这样一位五车腹笥、多才多艺的好老师感到高兴。欧阳中石是奚啸伯的亲传弟子，既是文人又是票友，他的奚派京剧艺术与他的书法艺术相辅相成，使他的演唱更为气韵生动，因而畅谈京剧便成了李慧芳和欧阳中石永远谈不完说不尽的一个话题。李慧芳十分尊重欧阳中石，每次聚会她总是细心地倾听欧阳中石谈话，把这种交谈当成汲取文化知识的良机。她不仅在学习文化上对欧阳中石充满敬意，在艺术上也不遗漏人家的可学之处。欧阳中石深得奚啸伯真传，在奚派艺术上造

李慧芳和欧阳中石交谈

诣颇深。李慧芳常说要跟欧阳中石学一段奚派唱腔，她与欧阳中石交谈，每每都有收获。因而李慧芳对朋友们提起欧阳中石来总是充满敬意地说欧阳老师如何如何；谈到欧阳中石的一对儿女她也是每谈必夸，赞不绝口，说孩子们爱学习，很努力，都很有出息；提起欧阳中石的夫人张茝京，她总是说欧阳师母给她包饺子吃，对她如何如何好。在欧阳中石家，李慧芳只要觉得张茝京做的东西好吃，待她走时，张茝京一定会给她带走一些。李慧芳喜欢喝酒，但是身体不允许，她总是管不住自己，所以她就委托张茝京当自己的"监督员"。李慧芳贪了嘴"坦白交代"后，张茝京便"严厉"地告诫她："你不要太自私了，你不是只属于你自己啊。"在张茝京的"严格管理"下，李慧芳感到很温暖，很幸福。

李慧芳和张蓓京

1987年，李慧芳和欧阳中石在济南演出了《龙凤呈祥·闯帐》，欧阳中石演鲁肃，李慧芳"钻锅"演了周瑜。演员为了临时登台，突击现学去扮演自己所不会的角色，这在梨园界的行话中称之为"钻锅"。李慧芳有过不少次的钻锅经历，用她自己的话说，当年在旧戏班唱戏钻锅是家常便饭。虽然如此，但演员钻锅的水平也有高低之分。据说，当年北京富连成科班一次演出传统戏《三疑记》，在剧中扮演丫鬟翠花的演员刘连湘突然生病不能上台，但戏报已经贴出，剧目不能更换，戏班管事非常着急，这时有人提议，让学花旦的小师弟于连泉试试。管事先生便把于连泉叫来，问他能不能顶替刘连湘扮演丫鬟翠花，于连泉毫不犹豫地回答"能"。于是，于连泉马上钻锅，突击登场，结果演得非常

出彩,一鸣惊人,不仅救了场,而且从此有了名气,于连泉也因此有了"小翠花"这么个有纪念意义的艺名。李慧芳这次钻锅,是为老朋友欧阳中石捧场的友情出演。欧阳中石虽然并没有像他的老师奚啸伯一样下海从事京剧专业,但他热爱京剧,在从事教育工作之余,也常登台票戏。这次欧阳中石在《龙凤呈祥》戏里,扮演"闯帐"一场的主要角色鲁肃。而周瑜一角,就临时决定请李慧芳串演。李慧芳在《吕布与貂蝉》《四郎探母》中均反串过小生,《龙凤呈祥》里由小生应工的周瑜,她却从来没有演过。但是李慧芳毕竟驰骋舞台几十年,功底深厚,经验富足,而且她看过不少小生名家扮演的周瑜,印象很深,虽是"临危受命",但凭着超人的悟性和虚心学习借鉴的态度,扮演起心傲气盛的周瑜来,也是得心应手,游刃有余。那天,李慧芳扮演的周瑜:威武英俊的扮相、高亢嘹亮的嗓音、铿锵有力的念白、细腻传神的表演,足以生动地刻画出了周瑜的英霸之气。同时,欧阳中石扮演的鲁肃也极为精彩,憨厚、老诚、直率,在劝诫周瑜不该设下美人计、更不该率兵追杀刘备的大段念白时,口齿犀利,抑扬分明,神完气足,把鲁肃的老成持重把握得很有分寸。这场戏,李慧芳和欧阳中石配合默契,演出扣人心弦。那天的舞台上,李慧芳高高的个子,很帅!欧阳中石中等偏低的身材,很稳!二人的演出相得益彰,现场爆发出阵阵掌声。至今某些看过此次演出的观众,提起当年他们的合作,仍然竖起拇指,赞叹不已。

1990年,烟台中国京剧节邀请李慧芳、欧阳中石演《武家坡》。两位老友再次携手合作,欧阳中石演薛平贵,李慧芳演王宝钏。他们在剧中配合默契,把这出经典传统老戏演得十分精彩,尤其到戏里那些脍炙人口的唱段时,台上演员韵味十足地唱,台下观众如痴如醉地哼,上下呼应,人人陶醉。李慧芳、欧阳中石的表演不温不火,大家风范;观众沉浸在妙不可言的意境之中,愉快地欣赏着、享受着……

2002年8月,李慧芳应邀去济南演出,先她而至的欧阳中石和夫人张茝京前去济南火车站迎接她。翰墨戏韵同根树,平生心迹最相亲。李慧芳、欧阳中石夫妇手捧鲜花,三位老人十分开心地相依微笑。

朱家溍系浙江萧山人,是南宋大儒朱熹的二十五世孙,毕业于辅仁大学国文系,1943年到故宫博物院工作。出身于世代书香门第的朱家溍,是一位多才多艺的读书人。朱家溍是著名的文物专家和清史专家,堪称"国宝"级人物,他不仅主编了大型专业图书《中国美术全集》等,他还能写工楷,善绘山水,爱好摄影,长于旧体诗写作,对昆曲和京剧表演也颇有研究。朱家溍精通京剧,不仅如此,还

1985年李慧芳(右)与欧阳中石

拜在武生杨小楼的门下,曾粉墨登场,是一位杰出的京剧票友。朱家溍1914年出生,按年龄算,他应为李慧芳的兄长,但在一些郑重的场合和一些墨迹书信中常称谓李慧芳为"慧芳姐",这除了显示出朱家溍的修养朴厚外,还足以见李慧芳和朱家溍的友情之深。李慧芳与朱家溍相识为友是1961年的事情:一次,九三学社在政协礼堂举办晚会,朱家溍是九三学社成员。九三学社中央委托朱家溍邀请梅兰芳剧团来演戏,演出的节目中有朱家溍和梅葆玖合演的《霸王别姬》,还有李慧芳和刘曾复合演《汾河湾》。事前,九三学社在欧美同学会宴请梅兰芳剧团,就

左起：刘曾复、李慧芳、朱家溍

在这次酒筵上，李慧芳和朱家溍相识，对京剧的热爱、痴情，使他们一见如故，成为好友。饭后他们一起到当时的梅兰芳剧团团址吉祥剧院走台，李慧芳看到朱家溍京剧表演艺术造诣如此之深，便惊叹朱家溍应该下海……20世纪90年代中后期，中央电视台邀请李慧芳、朱家溍清唱一段《霸王别姬》。两位老人虽是素面清唱，但却唱得很有光彩！

李慧芳非常敬佩朱家溍学养的渊雅厚重，她在心目中一直把朱家溍当成自己的好老师，她不仅常常向朱家溍请教学问，还常常与他交流艺术见解，并征求他的建议，请他帮助自己总结艺术表演。2003年9月29日，朱家溍逝世，李慧芳很是悲痛，她不仅失去了一位答疑解难的好老师，还失去了一位老大哥，失去了一位皮黄京韵的知音！

李慧芳和从医70年、看戏足有90年的医学教授刘曾复很早就有交往。刘曾复是北京人，1914年出生，1937年毕业于清华大学，这位历任北京医科大学和首都医学院的生理学教授不仅是生理学家，对普通生理学、电生理学、整合生理学均有研究，也是生物控制论、生物医学工程学等交叉学科的积极倡导者和推动者。更为众所周知的是他在京剧艺术方面的极深造诣。刘曾复自幼酷爱京剧，1938年师事王荣山，并向王凤卿、贯大元等京剧人请益，会戏颇多，文武皆能，《空城计》《洪羊洞》《战太平》《定军山》《琼林宴》《取成都》《华容道》《宝莲灯》《宁武关》《安居平五路》《焚绵山》等剧目都演过。刘曾复满腹京剧掌故，博学多能，对于杨小楼、王凤卿、余叔岩、言菊朋、贯大元、孟小冬、杨宝森等的艺术均有较深的关注和研究，见解独到。他同时又对京剧脸谱颇有研究，曾向钱金福、钱宝森、侯喜瑞、王福山等请益。他还能绘制数百幅脸谱，也是京剧史论研究者……众所公认，刘曾复是不可多得的京剧爱好者。刘曾复也是九三学社成员，在1961年那次全国政协礼堂里九三学社和梅兰芳剧团的联合演唱会上，刘曾复作为名票，被安排和李慧芳唱《三击掌》，后来又被改为唱工繁重的《武家坡》。可是刘曾复很有"自知之明"，他觉得李慧芳嗓子调门高，自己的嗓子没有跟李慧芳嗓子摽着唱的本钱，他幽默地说："我唱到'八月十五'就得趴下！后头半个钟头都甭唱啦！李慧芳可是六半调，受得了吗我？"刘曾复提出"抗议"，最后选择了"轻松"一些的《汾河湾》。李慧芳扮演柳迎春，刘曾复扮演薛仁贵。二人浓妆重彩，粉墨登场，一个多钟头的时间，精功细唱，表演不俗，合作很成功，从此他们相识并一直友好交往。

李慧芳崇尚知识，爱学习，对学者、教授非常敬重，刘曾复不仅学识渊博，而且诙谐幽默，和他聊天开心愉快，所以李慧芳愿意和刘曾复

李慧芳与刘曾复

交谈,并感觉开谈有益,胜读诗书。刘曾复则是很欣赏李慧芳的艺术风采,能与李慧芳这样的名家合作,刘曾复也感到愉快。刘曾复年长李慧芳9岁,不仅是兄长,也是李慧芳学习文化的师长,更是京剧知音。人生贵相知,两位老人很珍视志趣相投的交情,直到一位96岁、一位87岁时,他们还常通通电话,风趣地聊聊,互祝健康,友谊绵延不断。

　　李慧芳到了老年后,身体常常闹病,但是她对自己的身体总是不太在意,该检查时不去检查,该治疗时也是一拖再拖。每逢这时,友谊医院的一位女大夫就会常常主动关心地、亲切地、半开玩笑地认真托人捎信:"这个李慧芳啊,气死我啦,让她来看病啊!"这位催促李慧芳看病查体的大夫就是李慧芳常常对人提起的那位友谊医院的顾复生大夫。顾大夫是上海人,1945年入上海同德医学院学习,师从郁之非教授等著名医学专家。1946年在学校加入中国共产党，成为中共地下党组织的成员。1950年就开始在医疗第一线工作。不仅如此，顾复生还参加了上海市抗美援朝志愿军医疗手术队，在鸭绿江边为志愿军伤病员服务，并荣立一等功。几十年来，顾复生教授一直从事医疗、教学和科研工作，是我国著名内科和心血管病专家、医学教育家。李慧芳作为患者，她很荣幸能有这样一位医生朋友了解并关注她的病情。1928年出生的顾复生，比李慧芳小5岁，她很尊重敬佩李慧芳这样德艺双馨的艺术家；李慧芳也十分敬重顾大夫这样德才兼备的医学家，佩服她在医学上的成就，常夸赞顾大夫如此高龄还能参加医学国际交流会议，为患者解除病痛。有一次，顾大夫请李慧芳吃饭，吃完饭后，她和李慧芳在湖广会馆看日本歌舞伎大师坂东玉三郎先生领衔主演的昆曲。戏开演不久，顾大夫看李慧芳专心看戏了，便把她的手拉过去给她摸脉，李慧芳看戏，顾大夫"看病"……顾大夫对李慧芳这样周到，使李慧芳非常感动。李慧芳在与顾大夫的交往中感受到姐妹般的温暖，这位医学界杰出女知识分子的强烈的事业心也影响了李慧芳。

2001年，中国书法家协会会员、《人民日报》神州书画院常务理事张德林在师母张芷京创意授命下主编的《菊丛慧芳》与广大读者见面了。这本图册将传略、评论、剧照融于一体，讲述了李慧芳从艺70余载的艺术人生。在这图文并茂、弥足珍贵的纪念册中，老友新朋"纷至沓来"。

李滨声为纪念册喜作后记时谈道："（李慧芳）过去舞台上下的留影原本不少，是动乱的岁月里疏于管理，零乱散失所剩不多，而且最有意义的反倒没能留存下来。"抱憾之后，李滨声用心为李慧芳的从艺之路竖起了"四个里程碑"，以表自己作为老观众、老朋友对李慧芳70余年艺术人生的关注、庆贺之意。

朱家溍兴致勃勃致贺信后仍意犹未尽，再欣然提笔一副贺联："瑞草琪花春不老，清歌妙舞庆长生"，表达出自己对李慧芳艺术的崇敬之情。

刘曾复"回忆第一次观慧芳同志的《穆柯寨》时的璟景'平生无寸长，爱才乃成癖，惊观芳琰艺，掩映荆山玉'"。寥寥数句，两度不离美玉，由衷赞誉李慧芳的表演艺术如玉般光彩照人。

欧阳中石则郑重撰文对李慧芳艺术剖析畅谈并"二十年前旧作重书以贺慧芳艺术家七十年艺庆"，引领人们再睹李慧芳之艺术风华——"修身玉立清香，不惯娇柔，益自端庄。翎尾温侯，桂英扎靠，文武生衫不挡。歌喉娓娓琅琅，都在行当。难得全能，端的是心慧如芳。"

除此之外，中国戏剧界、文化教育等各界专家和学者张庚、马少波、刘厚生、宗修英、苏烈、刘乃崇、蒋健兰、张德林等诸先生在他们的贺词、诗文、手书中，都高度评价了李慧芳的艺术人生，让读者似乎回到昔日舞台上再度欣赏李慧芳那流光溢彩的京剧表演。

中国戏剧理论家、教育家、戏曲史家张庚挥毫赞叹李慧芳："宝刀不老"。

剧作家、戏曲理论家马少波题贺："垂髫粉墨大江遥，博采众长生旦间。几见古稀竞起舞，五侯宴上庆华年。"追忆当年李慧芳之京剧艺术表演风采。

戏剧评论家刘厚生写贺信赞叹："一个演员，自幼至老，穷通兴衰，在所不讲，始终坚持自己的艺术事业，在舞台上奔走锻炼70年，实在是不容易做到的事，慧芳同志以全生命投身京剧艺术，理应受到人们的尊敬和祝贺！"刘厚生还评价李慧芳："表演艺术舒展大方，精神饱满……待人接物上朴素自然，平易近人。没有什么老前辈或名角的架子。这种生活中的精神面貌同舞台上的艺术风格是表里一致的。这只能是几十年生活经历和修养汇聚在一起的自然形成，绝不可能是'表演'出来的。"并号召大家要学习李慧芳"一辈子忠于人民，忠于艺术的精神"。

北京友谊医院中医药专家宗修英题书："惩恶扬善演故事宏扬正气，假古喻今遵历史晓喻众生。"让人们感受到李慧芳舞台艺术中的浩然正气。

杂文作家苏烈在洋洋洒洒三谈李慧芳艺术中评价道："四大名旦的独擅剧目，她都'拿来'为我所用，梅之馨正，程之忧咽，尚之激越，荀之柔媚均能得其三昧，得心应口，学谁像谁。老生戏则呼吸谭马，吞吐奚杨，得气神髓，左宜右有，唱谁是谁。不过这都是学仿名家，到底是他人的龙章凤姿。待到自己单挑，那就别有一番气象。""同是小

李慧芳在《白门楼》中饰吕布

生，《回荆州》周瑜坐帐，颐指气使，不可一世；《四郎探母》宗保巡营，少年气盛，春风得意。性格形象，兀自不同。同唱言派，陶谦无奈《让徐州》，刘秀雍容《上天台》。同演青衣，赵艳容装疯的痛苦，王春娥教子的忧愤。心事神态，各有千秋。就是同一个人物，《穆柯寨》上，青春热火、爱情勃发、一往无前的穆桂英，和挂帅北伐、年迈心寒、朝纲不振、再三踌躇的穆桂英，精神面貌，判若两人。""旦角宗梅，融会

18 锲而不舍学文化 惺惺相惜怜皮黄

李慧芳与张德林

程荀；老生师谭，贯通余马。别调创新，另有一格。演旦角则风仪隽秀，不媚不俗；唱老生则挺拔刚正，韵律协美；扮老旦清癯文静，声中寓情；饰小生则英姿倜傥，大小（嗓）由之……率真大方，返朴归真，这都在说明，她从不满足、拘泥于对梅尚程荀几可乱真的模仿。她是一位积极进取、刻意创作、特立不群、一枝独秀的李慧芳！"苏烈的精确点评让大家再认识了氍毹之上"水光潋滟'生'偏好，山色空濛'旦'更奇。浓妆淡抹都唱罢，自出机杼最相宜""奇葩特立，独领风骚"的李慧芳。

戏曲研究评论家刘乃崇、蒋健兰伉俪联手撰文把李慧芳从艺的历程娓娓道来并言简意赅总结道："（李慧芳）从一个开始学戏的普通穷孩子，为了谋生，闯荡江湖，终于成长为一个誉满四海的著名演员，实在是很不容易的，没有锲而不舍的精神，实在是办不到的。"两个"实在"是这两位严肃的戏曲研究者评价李慧芳拼搏七十余年"实实在在"的肺腑之言。

画册主编张德林在纪念册中附七言韵语二首回顾凝练李慧芳舞台艺术风貌："白门楼前生死恨，教子醉酒信义村，木兰从军可探母，雪映古城黑河魂。""宇宙锋里盗魂铃，长恨歌中二进宫，拷红何需大登殿，悦来店内柳常青。"趣谈了李慧芳舞台艺术的多姿多彩，"剧剧"引人入胜，"幕幕"令人神往。

"眼前一笑皆知己，坐上全无碍目人。"李慧芳的许多挚友，既是文化的使者又是艺术的知音，既是师长又是朋友，他们或关注研究李慧芳的艺术，或关心李慧芳的健康……多年来，李慧芳与温润如玉的谦谦君子为伍，如切如磋，如琢如磨。大家的友谊清澈如水，使李慧芳这棵挺拔的艺术之树得其润泽，不断绽放新叶，更翁郁苍翠，李慧芳则又把自己的满树绿荫毫不吝啬地回奉给大家！

19

至乐为社会　大善暖众人

水善利万物而不争，能做好事是人间最快乐之事——这是古人之训，也是李慧芳处世之道。出身卑微贫寒、一生闯荡奋斗的李慧芳深知：待人为善，人待己真；与人为善，与己为乐。多少年来，与李慧芳交往过的人常用这样的一句短语概括李慧芳的人品："人好，厚道。有情有义！"

李慧芳——从流浪卖唱的苦孩子摸爬滚打走上大舞台，她半生尽傍名角，屡承大师提掖，她与他们或学戏学习，或合作演戏。从演戏、演话剧、演电影、改学青衣、搭班挑牌、参加中国京剧院、加入梅兰芳剧团，再到北京京剧院，何以能一路风光走来？在迈向艺术高峰的道路上，何以能攀援而上，步步生辉？常言道：德为艺之本，德高艺始荣。李慧芳正是凭借她的艺术天赋、良好的人品才赢得众人如此青睐，其表演艺术方能达到如此境界。李慧芳的真善美，留在众多人的脑海中难以拂去。李慧芳的戏演得精彩，李慧芳的人同样做得出色。

血浓于水的亲情是李慧芳永远不能舍弃的牵挂。李慧芳成长倾注了亲人给予她的爱，因而她对亲人永远心存感恩。

2010年初，87岁的李慧芳身体欠佳，又一连数天住在被戏称为"白色监狱"的医院里。这对性格开朗、爱说爱笑的李慧芳来说,无疑让她感到非常苦闷。那期间,她曾几度出现瞬间记忆失常。一次,一位朋友前来看她,并说要去上海出差,她竟然脱口拜请朋友到了上海去看看她的母亲和妹妹。她说很想她们……是啊,母亲终年86岁,在陪伴李慧芳演戏中磨炼成为十分优秀的"衣箱师傅",为了贴补家用,还时常抽空去当佣人。这位没有文化却干练精明的母亲为一大家子人操劳了一生,李慧芳总感觉母亲这辈子没享什么福。母亲辛苦养育她,又辛勤陪伴了她,她知道年幼时如若不是母亲的精心庇护,自己早已不知身在何处,她怎么也不能忘了世界上这位最疼爱她的人;妹妹李丽芳小自己8岁,老实懂事,很听姐姐的话,从小跟她睡在亭子间的一张床上。生活上,妹妹打小就心甘情愿照顾她、成全她;感情上,妹妹又无比地信赖她、依恋她;艺术上,她言传身教带着妹妹闯荡江湖。姐妹相处,情义深重。妹妹杰出的艺术才华给她带来由衷的骄傲和欣慰,妹妹的早逝也留给她锥心刺骨般难以抹掉的痛楚,她在心底一直深深地忏悔自己忙于唱戏,对年幼时的妹妹疼爱太少。她遗憾,妹妹独立后,姐俩天各一方,聚时太少。她对妹妹魂牵梦绕的思念总是随着那一

李慧芳和妈妈

李慧芳、李丽芳于1989年11月

声无奈的悲叹而涌上心头。无论李慧芳头脑是否清晰,她都会常常情不自禁地把这份思恋念叨出来。母亲和妹妹是她心底最为眷恋的两位亲人,无论何时,都永远令她难割难舍,心醉而又心碎。

苦难的岁月曾导演了幼时李慧芳全家被祖父两次撵出家门、父亲几次想卖她换钱的悲剧,并深深嵌入她脑海,这份怨恨早已被骨肉亲情稀释溶化。李慧芳知道这是家境窘迫无奈所致,她理解被穷苦逼迫的祖父、被无知愚昧操纵的父亲,祖父、父亲以及叔叔李三秀给予她的遗传基因和艺术影响更多地占据了她的心头,让她念念不忘,心存感激。李慧芳还记得慈爱的祖母带她在花市大街豆汁儿摊上喝豆汁儿,记得戏迷祖父看她头次登台演诸葛亮成功后那高兴的样子。日本侵占中国后,祖父、祖母相继辞世,他们一家流落上海时听说了这个消息,父亲还特意跑回北京去找祖父、祖母的坟墓,可兵荒马乱的,到哪儿去找啊?李慧芳心里一直还记挂着这件事,深感遗憾。

李慧芳极疼爱妹妹弟弟们,义不容辞的责任感自幼扎根在心。日寇侵华时,李慧芳曾男扮女装当他们的阿哥。李慧芳是家中举足轻重的人物,很有权威,所以在妹妹弟弟面前李慧芳永远是"大阿哥"。妹妹弟弟们的名字都是李慧芳亲自给起的——"丽芳""铁铮""铁樑",她盼望妹妹长得漂亮，盼望弟弟们铁骨铮铮，成为栋梁。妹妹弟弟们幼小时，她请家庭教师教他们识字。后来竭尽全力带妹妹舞台锻炼，节衣缩食供弟弟念书，培养他们成才。他们没有辜负姐姐的期望，李丽芳成长为著名京剧表演艺术家，1961年加入中国共产党。大弟李铁铮考上了北京师范学院，毕业后从事教育工作，也于1965年加入中国共产党，退休前是北京市教育科学研究院德育研究中心所长兼党组书记。小弟李铁樑，1958年响应国家"支边"号召，到宁夏参加社会主义建设，1959年加入中国共产党，他能驾驶各种类型的汽车，并是各种类型汽车修配的行家，退休前是铁道部北京昌平桥梁工程机械厂运输队高级技工。妹妹弟弟们成家立业后，李慧芳仍关心他们的工作和生活，非常疼爱他们的后代。1968年2月，李丽芳的儿子义兵出生了，李慧芳很喜爱这个漂亮可爱相貌极似妈妈的外甥。义兵也很爱大姨妈，小时候，每到北京，都爱"缠在"姨妈身边，不停地甜甜地用京腔叫"大姨儿"。1969年2月，李铁樑的儿子李军也在宁夏出生了，三个月后就被送到北京大姑李慧芳的身边，李慧芳非常疼爱这个浓眉大眼、虎头虎脑的侄子，并把李军当成自己的儿子一直带在身边。生活上，她百般疼爱李军；学习上，她严格要求李军；工作上，她鼓励李军干一行爱一行。1986年李军在北京十里堡职业高中毕业后被分配到外交部钓鱼台国宾馆工作。1990年应征入伍，在中国人民解放军东海舰队服役。1992年加入中国共产党，成为李家最年轻的中共党员。复员后李军又回到钓鱼台工作。在李慧芳的言传身教下，李军待人诚恳，不仅干一行专一行，还一身多能，工作很优秀。

"孝悌为先"，是中国人最优秀的民族性格之一，李慧芳堪称是具有这种民族性格的优秀中国人，她怀揣一腔浓浓的亲情，为自己的家付出了不尽的爱！

李慧芳和大弟铁铮小弟铁樑

　　宽厚仁慈、坦率真诚是李慧芳的秉性。她的品性、她的胸怀在同行和朋友们之间早有口皆碑，至今仍常为不少人津津乐道。

　　唯真为本，唯善是从，唯美以求，这是李慧芳一生立身处世、待人接物所遵循的准则。从原国家京剧院院长吴江讲述的一段侘傺岁月的往事中，便能看到李慧芳身上人性真善美的光辉：20世纪60年代中后期，年轻的吴江刚刚从学校毕业参加工作就认识了李慧芳。那时正值"文革"浩劫，京剧名流都划入了"牛鬼蛇神"行列。李慧芳这样的名角自然也难逃一劫，她被戴上莫须有的罪名遭到批判。在一次批斗会上，吴江上台发言，他念完批斗李慧芳的发言稿后走到台下坐定，一抬眼睛，正巧与站在台上接受批判的李慧芳四目相对。吴江看到李慧芳美丽的眼睛因疲惫显得有些呆滞，但没有怨恨的神色。那目光仿佛只是在向大家诉说：我是个从小流浪卖唱走江湖跑码头的穷艺人，是解放后才挺直腰板唱戏获得了新生，我真心爱国家、爱共产党……这目光清晰地留在吴江脑海中。"文革"后，李慧芳加入了中国共产党，恢复了艺术青春；而吴江则因在"文革"中参加了对李慧芳的批判总是深感悔恨、愧疚，因而平日见到李慧芳时总是回避着李慧芳的目光。吴江结婚后不久上班的那天，在走廊里和李慧芳不期而遇，李慧芳笑着迎上前"责问"吴江："小吴江，怎么结婚也没告诉我呀？"吴江一时紧张，心跳加快，不敢抬头看李慧芳，只是低头尴尬地笑笑，李慧芳说："应该告诉李老师呀，也没什么东西送你，祝贺你们幸福。"说完，李慧芳递过一对用粉红色纸包裹好的提花枕巾。吴江接过来后只说了声"谢谢"就赶快进了房间，感动地流下了眼泪。吴江当时虽然没有勇气抬头看李慧芳，但是他能感觉到："她的目光一定是慈爱的、宽厚的，像妈妈一样善良、美丽。"几十年过去了，李慧芳送给吴江的那对提花枕巾还被吴江一直珍藏着。不念旧恶，以德报怨，李慧芳那善良的眼神也永远珍藏在了吴江的心中。

　　甘守清贫，乐于奉献，李慧芳历来视此为艺术家应有的品格。这些话，她很少挂在嘴上，但常落在实处。北京京剧院院长王玉珍20世纪90年代中期在北京京剧院青年团工作时亲历了这么一件事情：一次外出演戏，李慧芳作为老艺术家上台给大家"压场"，她几段清唱下来，台下掌声雷动，彩声如潮。演出结束，时任团长的王玉珍非常感激李慧芳，她代表团里给已经退休的李慧芳送去演出酬劳金，但是李慧芳无论如何都不接受，她一再表示自己的演出就算为青年团作贡献了。李慧芳立身处世的高尚情操让王玉珍很受感动："慧芳老师是卓然有成的名流。

只要慧芳老师往台上一戳,就会竖起一面昭著的旗帜来,就会造就出一片炽烈的演出场面来,就会为我们这一代的青年演员立起一个典范来。""在人品上慧芳老师是众口一词德高望重的长者,对青年演员从来是热情提携,对问艺的学生从来都是倾囊相授,对京剧事业与剧院发展有利的事,从不顾及个人的一点私利而竭诚尽力。"王玉珍的一番衷肠话不仅说出了她自己的心声,也道出了北京京剧团许多同志的肺腑之言——李慧芳的艺术与人格,魅力同辉。

李慧芳"平易近人、善解人意、不摆架子、率先垂范"的艺术家风范给原北京京剧院三团的优秀花脸演员贾健留下了深刻印象:"20世纪80年代我和慧芳老师在一个团。有一年的岁末,团里正在山东临清演出,大家都很想家,因而团里特为大家在餐厅备好了比较丰盛的辞旧午宴——涮羊肉。慧芳老师自己掏腰包为每个桌上了两瓶白酒,让大家开心高兴释放情感。虽然这两瓶白酒在当时并没有多少钱,但是它却折射出了老一辈艺术家关心、关爱同团演职同胞的爱心。慧芳老师的真情留在了每一位团员的心中。""有一次,团里到京郊平谷县演出,那个时候在农村场院演出基本都是团里舞美人员自己装台。可是,慧芳老师亲自动手带领大家帮助舞美队搭台、装灯、装天幕等等,她那共产党员模范带头的形象给大家留下了很深的良好印象。"平谷演出一日,喜爱摄影的贾健正好带了相机,记录下了李慧芳和大家一起装台的场面。

"文革"结束恢复上演传统京戏后,李慧芳一直积极奔波于全国各地巡回演出、示范教学。李慧芳出行一般都是自带行头,因而每次都是大包小提一大堆东西,但她从不用公车接送。每当院领导欲派车送站接站时,她都会果断地说:"有人送我,我不需要,你们把车派给需要的人吧。"其实,李慧芳并非不需要,只是她不愿意麻烦公家,每次都是自掏腰包租车来解决自己的需要,搬运箱包的体力活则由侄子李军代芳。李军除服兵役三四年和在中国驻法使馆工作两年多的时间外，李慧芳外出接送一直是李军的"专职工作"。李慧芳上了年纪后，身体多病，外出时她仍然坚持这样做。后来，院领导看她实在力不从心，便坚决不再听从她的"指挥"。这些在李慧芳眼里都自己可以解决的芝麻粒小事。人常说：毫厘之间定乾坤，细微之处见风范。俗语细品之，似不无道理。

李慧芳多次对家人说："我很乐意上台献艺，公益演出我自告奋勇，但是商业演出我不能轻易参加，年纪大了，身体多病，我的演出不能对不起观众。"李慧芳爱上台演唱，自称有戏瘾，其实，戏瘾只是促使她上台的真实原因之一，她老人家另有隐情在心头。她曾对家人表白过："我退休多年，国家还发给我退休金，我总是拿着钱不干活，心里很不落忍。"这是她爱上台演唱的真实原因之二。许多老观众都还记得她，喜爱听她演唱，所以，在她还能唱得动时，她就尽量多上台为大家唱几句，以表自己爱戴观众的心意，这便是李慧芳爱上台演唱的真实原因之三。李慧芳自定的演艺准则，坦露出她的艺术良知——敬畏艺术，笃恭观众，"仰不愧于天，俯不怍于人"！

视学生如弟妹、如儿女、不惜心血、不吝气力、诲人不倦、倾囊相

李慧芳和侄儿李军在首都国际机场

《 259

19 至乐为社会　大善暖众人

授的老师是好老师，李慧芳就是这样的一位好老师。谁能以她为师，那真是有福气有造化。李慧芳是乐意给人授艺却不乐衷于人拜她为师的务实艺术家。虽然李慧芳不"好为人师"，但仍是桃李满天下，全国各地的许多尖子演员以及戏校的高材生都曾得到过李慧芳的真传。最为让学生们感动的是，李慧芳对真诚求艺的学生从不挑肥拣瘦，来者一视同仁，而且她对拜师又从来是不重形式只重内容，是一位没有陈规旧俗的师长。刘秀琴是在北京京剧院首次办的集体拜师会上幸运地拜李慧芳为师的一名演员。李慧芳这位好老师让她终生难忘。每谈到李慧芳的为师之道，刘秀琴都会感动不已地诉说着自己的亲身经历："因为我未经过任何的专业学习，可想而知，李慧芳老师带这样的学生是要付出加倍心血的。我的老师却是像慈母一样从艺术到生活给予我无私的帮助。别人学戏，老师只需要点拨；而我，老师要从口形、发声、吐字最基本的开始，然后一句句教，如同对待一个小学生。但老师不厌其烦，有时甚至亲自唱起来，直到我明白、唱对为止。老师的关节虽不好，但由于我身段又不规范，老师就一招一式地言传身教。像《霸王别姬》这出戏，老师手把手地教我，其辛苦是不言而喻的。那时，家里只有一台风扇，老师有时教得汗流浃背，却仍然一丝不苟地示范给我，甚至细致到舞台上的一个甩手、一个眼神。有这样的一位德艺双馨的艺术家教我，我能学不好吗？"一日为师，终生为母。李慧芳无私地关爱着自己的学生，她无愧为慈母般的师长！

梨园行在拜师求艺上有许多约定俗成的"清规戒律"，然而李慧芳对后辈晚生的求学问艺从来都是理解为怀。对此，辽宁阜新京剧团的一级演员李国粹通过自己的拜师对李慧芳的善解人意、宽容大度颇有感触。李慧芳原本是她的启蒙老师，可是，李国粹没有正式拜过她，而是拜了梅兰芳为师，李国粹认为这在梨园行是很忌讳的"攀高枝"。为此，

左起：李冬梅、徐玉川、李慧芳、张梅林、刘秀琴

她觉得自己特别对不起李慧芳，于是她对李慧芳说："我一直跟您学戏，可是没有拜您，也举行个仪式拜您吧！"李慧芳非常明智、豁达，她知道，梅兰芳是梅派创始人，能拜在梅兰芳门下做他的弟子学习梅派艺术是十分难得的，这是绝好的机遇，她很为学生的幸运而高兴。于是她忙说："不要不要！您拜梅先生了，就不用拜我了。"李国粹说："我跟您学习不拜您，好像结婚没领结婚证似的。"这句话把李慧芳逗得大笑起来。为了消除李国粹的心理负担，李慧芳耐心地对李国粹说："你们领导让你拜梅先生是对的，这是好事。你很幸运，我也为你高兴，不要有什么思想包袱，以后想学什么还可以来找我。小孩子想那么多干什么，你的任务就是学习，学到身上是本事。"李慧芳这样说也是这样做的。梅兰芳故去后，李国粹还是经常去李慧芳家里学戏。家在辽宁的李国粹每次到李慧芳这里学戏都是时间紧、任务重。这么远来一次很不容易，

李国粹（左）与李慧芳

所以每次李慧芳都急学生之所急，尽量根据她的时间安排自己的工作日程，真诚待她，依然如故。李慧芳和李国粹这边说戏，老伴张玉禅就在那边当起了大厨，下厨做饭。李国粹实在过意不去，总想抽空到厨房帮助做点什么，可李慧芳总是把李国粹推出来让她抓紧时间学戏。李国粹感动地说："慧芳老师那自尊、自爱、自强、自立的高尚品格是我一生赖以努力的精神支柱，我为我能有这样宽容大量、善解人意、德高望重的好老师、好妈妈而自豪。"

有人说：好教师能"老吾老以及人之老，幼吾幼以及人之幼"；好教师年轻时把学生当作小弟弟和小妹妹，好教师而立后视学生如自己的儿子女儿；好教师纯洁善良一定与自欲贪婪无缘；好教师信奉善有善报绝不希冀学生涌泉相报……

李慧芳怎么做的老师呢？北京京剧院的梅派青衣李冬梅在20世纪七八十年代跟李慧芳学戏，当时"文化大革命"结束没几年，经济文化等一切都在恢复中。京剧很不景气，京剧团的青年演员收入很低，生活比较清苦，李冬梅到李慧芳家去学艺，几乎没买过什么东西。李慧芳辛苦教她戏，她却从没什么表示，心里总有些过意不去。更让她感到不安的是，学生每次去老师家学戏不给老师买东西便罢，老师反却总是准备了摆放得整整齐齐的丰盛的食品送给她。老师这样认为：年轻人拖家带口学戏，很不易，她担心李冬梅自己过于节俭，身体撑不住繁重的演出任务，所以不仅送给她补助身体的营养品，还给她的孩子买了食品，甚至还给她的母亲买物品。更为让李冬梅难以忘怀的是：1986年李冬梅与陈志清在中和戏院合演《四郎探母》，由于李冬梅是首次演这个戏，她特地邀请了李慧芳老师把场，没想到李慧芳那天正感冒发烧，李冬梅感到很遗憾。演出结束后，李冬梅回到后台准备卸妆。这时，她的一位同事手里托着一包物品来到她的面前对她说："这是李老师给你的，李老师感冒发烧起了一嘴泡，她怕来后台会传染你，过些天，你到她家去，她再给你说戏。"李冬梅那天的演出很成功，当时的心情甚是喜悦，但是听了这番话接过李慧芳送来的奶粉和西洋参后，她的泪水顿时湿润了眼睛。李慧芳辛苦教自己本事不但分文不取，还时常往里倒贴；自己演出，李老师还带病专程从大老远的和平里坐公交车跑到中和戏院看自己的演出，并且还不忘给学生带上营养品，这样的好老师怎么能不让李冬梅感动得潸然泪下？

"李老师是来学戏者欢迎，来送礼者婉拒，"黑龙江省京剧院的旦角演员谷娜对李慧芳无私教授、从不索取的高尚师德颇有感慨，她说，

李慧芳1988年4月17日在汉口江夏剧场主演《贵妃醉酒》

"向一位声名遐迩的艺术家学戏，无疑于镜里看花一般的奢望。"然而学李慧芳的《盗魂铃》时，成为没花学费的受益者，这份"奢侈"的享受一直记在她心中。可在李慧芳看来，将艺术传授给青年演员是自己应尽的责任，也是她人生最大的快慰。

北京京剧院的青年演员马帅多年跟李慧芳学艺。在马帅看来，自己是一名青年演员，能有机会跟资深的艺术家慧芳先生学戏，真是特别荣幸的一件事。马帅想：自己一直在慧芳先生家里上课学戏，应该搞个拜师仪式，否则自己心里总是过意不去。当她对李慧芳透露了这个想法后，李慧芳淡然一笑，安慰马帅说："那都是形式，你只要学到我的东西就成了。"李慧芳始终认为青年演员只要认真跟她学戏，能体现她的艺术特点，传承好京剧艺术，那就是她最大的快慰。至于拜师，在她看来，那都是无所谓的表面形式。

上海京剧院的青年演员李国静非常敬仰李慧芳的艺术。2005年，李国静想跟李慧芳学习《生死恨》《贵妃醉酒》，李慧芳知道后，欣然接受。李国静不是自己的学生，但年已八十有二的李慧芳不顾身体虚弱，仍一招一式、一字一腔，像对待自己的学生一样，毫不保留地把两出戏传授给她。李慧芳授艺不分亲疏、内外，凡真心求艺者，李慧芳都倾囊相授，同样对待。李国静感慨道："自己的艺术进步，也有李慧芳老师的辛勤汗水。"

有一年，李慧芳在一次全国规模的京剧大赛中当评委。一位演员给李慧芳送来一些礼品，李慧芳当时不在家，这个演员留下一个纸条把这份礼品交给李慧芳的邻居请他转交。后来李慧芳回到家收到了这份礼品后，李慧芳又买了比送来的这些礼品价值还要高的物品返送给对方。李慧芳以买新物品回赠的方式对这位演员给予理解和婉拒。她的"婉"表露出她做人的善良、对人的理解及为人的艺术；她的"拒"表明了她身为评委应该坚持的良知和公正。李慧芳就是以这样的原则处世，她的人格魅力征服了许许多多向她求学问艺的学生！

人生总有遗憾，李慧芳一生没有儿女，但是她的许多学生和许多热爱她的晚辈都把她比作慈母，由衷地称她为好妈妈。这无血缘的天伦之福并非每个人都能享受到的，而李慧芳却享受到了。她"用慈心与人和谐相处，用爱心拥有快乐生活"。积德行善，大德赢得大爱！感慨之余，李慧芳则可释怀一切，遗而无憾！

李慧芳不仅对求艺的专业演员一视同仁，对业余京剧爱好者也是热情有加，从不低看。与李慧芳接触过的戏迷票友大都有这样的感觉：你只要对京剧有热情，李慧芳就对你有热情；你只要真心问艺，李慧芳就真诚传艺。

北京有位工人叫王莲章，痴迷京戏，1987年她由宣武区文化馆京剧负责人杨玉璋介绍认识了李慧芳,此后就经常跟李慧芳学戏。王莲章天赋很好,学戏刻苦,李慧芳很喜欢她。李慧芳觉得票友业余学戏很不易,所以她教王莲章演戏花费的心血比对其他专业演员花费的还多,无论是教《捧印》《武家坡》,还是教《霸王别姬》《生死恨》,李慧芳都会从舞台表演到身段基本功,方方面面、点点滴滴无一不兼顾。她对王莲章不仅在艺术上循循善诱、倾囊而授,在生活上也关爱有加。她从外地演出归来总要给王莲章带一些羊毛衫、布料、纱巾、提包之类的礼物;王莲章演《武家坡》穿的青褶子、《捧印》穿的紫团花披、《谢瑶环》末场穿的小生白褶子都是李慧芳给她定做的;王莲章演戏,李慧芳为她带上当时属高档食品的黄油面包;李慧芳出访台湾回来还想着给王莲章带回了一对金戒指。可是,李慧芳教了王莲章二十多年的戏却从没收过她一分钱学费,李慧芳也从不允许学生为她破费。当老师的给了学生这么多,可当学生的从来没给过老师一件像样的东西,王莲章心里总感歉疚。有时她去看望李慧芳,便买点儿极普通的东西,李慧芳总是说:"不让你买东西怎么还买呀!"王莲章说:"您也不瞧瞧您这个穷学生买的什么,一件拿得出手的东西都没有。"李慧芳说:"是啊,你是个缝纫工人,你要是今天送我件裘皮大衣,明天给我打副金镯子,我都得怀疑你这钱是打哪儿来的。"并幽默地念了句戏词:"敢么是做强盗打抢来的不成。"李慧芳淳和的人格魅力多年来一直打动着王莲章,她说:"老师是我一生中最敬重的人、最感恩不尽的人!"

1971年出生的山东姑娘伊芳,自幼学艺,11岁在山东临沂艺术学校习刀马旦,武功甚好,后在山东省艺术学校汇演中以京剧花旦流传剧目《挂画》获一等奖。1988年烟台举办的三胞联谊会暨京剧艺术节,请来了侯宝林、李慧芳、欧阳中石等名家名流。伊芳参加了这次演出,她不同一般的身上功夫给李慧芳留下很深的印象。1989年伊芳应征入伍,在山东省军区文工团当了一名文艺战士。李慧芳知道这个消息后,非常高兴,但爱才心切,她还是主张伊芳能到中国戏曲学院深造。可这时,已经参军的伊芳必须听从部队的意见,于是,李慧芳给山东省军区司令易元秋写了一封信,希望军区能支持伊芳到北京学习。省军区理解并同意了李慧芳的建议。伊芳只身来到北京那天,风雨潇潇,走出车站,这个在北京举目无亲的姑娘顿时感到一种莫名的孤独,她甚至有些怀疑自己来京的决定,她呆立在那里一时不知道该如何是好。就在这时,伊芳发现了在不太远的地方,李慧芳打着伞站在那里正神情专注地翘首搜寻,伊芳顿时感到一股暖流涌上心来,她两眼湿润,拎着提包飞奔过去……从此,伊芳便成为李慧芳家的常客,每周她都要在李慧芳家中住上两三天。白天,李慧芳为伊芳说戏,给她做好吃的。晚上,伊芳和李慧芳睡在一张床上,听李慧芳给她讲人生,讲梨园往事。伊芳被李慧芳慈母般的师爱深深感动了,她由衷地喊李慧芳为"妈妈"。伊芳的嗓子不够理想,一出《穆桂英挂帅》学了很长时间都没有学会,但李慧芳没有丝毫埋怨,对她的关爱依然如故。后来,伊芳扬长避短,走上了影视界,闯出了属于自己的一片新天地。回想往事,伊芳不无感慨地说:"没有李慧芳当初的坚持,没有李慧芳慈母般的关爱,没有李慧芳后来的理解,就没有我的今天!"

首都师范大学美术学院副教授欧阳启名是欧阳中石先生的女儿,父辈与李慧芳的友谊因为京剧又延伸到她的身上,她和李慧芳成为忘年之交,她们的友谊交往开始于20世纪70年代初。那时,李慧芳常乘116路汽车到东四前拐棒胡同的欧阳中石家去做客,十六七岁的欧阳启名非常乐意承担送客的任务。每次送李慧芳去车站需穿过前炒面胡同,漫步在这条长长的胡同里,李慧芳教过她《红灯记》李铁梅的唱段,给她讲授过舞台表演体会,还给她讲述过自己心酸的往事和走过的幸福路程,讲述过对事业追求的迷茫和获得成功的喜悦。对此，欧阳启名将这条狭长的胡同喻为她学习的特殊课堂。她不无感慨地说："在这里孕育了我这个特殊的学生——一个没有嗓子、不会唱戏的学生，然而，学生竟也在不知不觉中把对老师教导的体会付诸于我学习昆曲的实践中，竟也在前辈那里得到了'确有真传'的赞许……"后来欧阳启名从日本留学回国做了大学教师以后，李慧芳还不断地把舞台上的表演经验传给她，希望她能运用于教学实践中……李慧芳坚持不懈传播京剧艺术的热情一直激励着欧阳启名为京昆艺术的振兴摇旗呐喊。

　　2000年夏，77岁高龄的李慧芳将二度赴台湾演出，演出剧目是梅派名剧《生死恨》。这时的李慧芳刚逃过乳腺癌一劫两年，又多年不演这个剧目了，她的老朋友欧阳中石和夫人张茝京非常关心李慧芳排戏，特委托学生蔡忠信为李慧芳找来梅兰芳的《生死恨》电影光盘，并约定在排戏的前一天请李慧芳到自己家看光盘。8月的北京，骄阳灼人，欧阳启名带着李慧芳来到国家图书馆。绕过办公楼，穿过书库百米走廊，当她们汗流浃背来到三楼的音像资料室时，欧阳启名从书包里拿出光盘一看，这才发现光盘已张冠李戴，猛然间，欧阳启名想起此时那张《生死恨》光盘因停电还锁在学校的影碟机里。其实，欧阳启名也是想尽快让李慧芳看到光盘，但欲速则不达，匆忙中自己出现了过失，让年高体弱的老人冒着酷暑白跑一趟，欧阳启名懊悔不已。她回忆起当时情景："回到家时已经来电，于是，顾不上休息，顾不上吃饭，李老师在影碟机前一坐就是两个小时，聚精会神地看，一丝不苟地记，静静欣赏梅先生的表演，细细品味梅先生对人物的刻画……一位饮誉海内外的老一辈有名表演艺术家，以77岁的高龄，对梅先生依然是那样崇敬，对艺术依然是那样的执著……事过之后，李老师对我的过失，仅仅是一句玩笑话：'原来是个小马虎！'而已。"李慧芳与朋友相处，当对方不小心

左起：张莅京、刘继英、李慧芳、欧阳启明

有了失误时，她总是能让人感受到她平静如水的心态，即使偶有微微起伏的波澜，那溅起的小小浪花，也会轻柔美丽得让你感动。

　　山东大学图书馆的副研究馆员王军是一位业余京剧爱好者，她很庆幸自己"曲线"与李慧芳建立了友谊。李慧芳在舞台上大红大紫时，王军这个"50后"还未来到人世间，她对李慧芳并不熟悉。但是少年时代样板戏的普及使她一直崇拜《海港》中方海珍的扮演者李丽芳，尤其被她那铁嗓钢喉深深折服。其实李丽芳1989年4月曾到山东大学图书馆报告厅来作"谈《白门楼》的演唱艺术"讲座。就在这个楼里工作的王军却因为没有留意壁报栏中的广告通知而错过良机，与李丽芳失之交臂。后来王军得知李丽芳于2002年去世，她为没能亲眼见见心中的偶像李丽芳老师甚感遗憾。2004年王军重燃对京剧的热情后，一次偶然

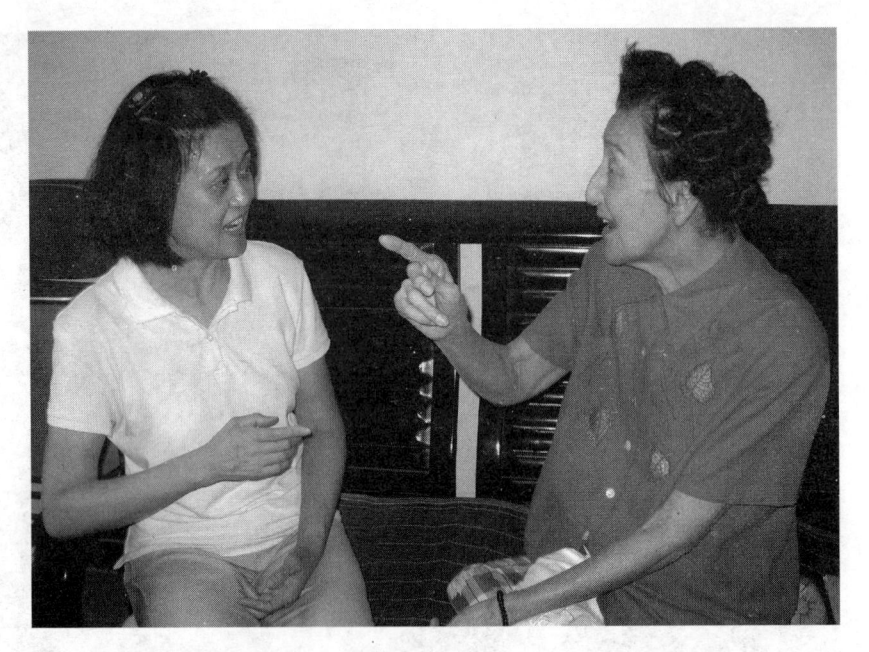

李慧芳住院前教王军唱《让徐州》

的机会，使她追寻到李丽芳的胞姐李慧芳的家中，并从此与李慧芳建立了友谊，也许这就是人们常说的"缘分"。2007年5月20日上午，王军首次拜见了李慧芳。乐观、达观，开朗、开阔，风趣、风致，大方、大气，高超、高尚，这就是王军见李慧芳的第一印象。李慧芳对戏迷票友、京剧爱好者们不摆架子，指点票友尽心竭力，更让王军由衷敬佩。她感到聆听李慧芳的教诲，犹如同一位慈爱的老人聊天，令人心情十分放松，十分温暖。从此王军多次求艺于李慧芳，向她学习戏曲知识，了解梨园往事。王军每次去北京，都把看望李慧芳安排在行程首位。

2007年9月3日下午王军到了北京，4日上午听说李慧芳当日下午就要住院安装心脏起搏器。于是马上赶往李慧芳家去看望她。当王军怀着忐忑不安的急切心情迈进门后，只见李慧芳身着桃红色上衣，雪白的裤子，虽然还是那样清瘦，但看上去依然硬朗，她正神态自若地在和医院院长电话交谈病情。你看她心平气和时而哈哈一笑的样子，丝毫不像在谈自己的病。放下电话后，她马上热情地给王军沏茶，当她站起迈步时，王军这才发现她的腿脚不便。原来，李慧芳因心脏病复发，心率只有30多跳，一下晕倒摔伤了腿。所以医生决定给她装起搏器……王军小心翼翼地把备好的几句安慰话掂量着往外说。一句刚出口，李慧芳却反倒微笑着安慰起她来，她蔑视生死，表现坦然，竟然徒手两臂相抱做下蹲起立给王军看。霎时，眼前这位古稀老人让王军陡添敬意，这是一位多么豁达、坚强、乐观的老人啊！李慧芳接着说："只要我在，你想学什么，我都可以教你。"听了这话，面对这位老人，王军一时感动得什么也说不出来。当李慧芳听王军说喜欢她唱的《让徐州》时，她马上让王军坐到她跟前，一字一腔地反复教她唱了好几遍，还给她讲解了言派的嗓音、特点、劲头、行腔、吐字……"一位20世纪40年代就很有名气的老艺术家、一位耄耋之年的马上要住院手术的病人，却这样诚心诚意、耐心细致地对待我这样一位既无大嗓又非学唱老生的晚辈业余爱好者，这一幕我终生不会忘记！"

李慧芳虽是20世纪40年代唱红江南的京剧名家，但她虚怀若谷，对同行的艺术长处从不嫉妒。她常对朋友们和学生们说："别人的优点你不承认也在人家身上，你自己的缺点你不承认也在你自个儿身上。嫉妒别人是最最愚蠢的。"她常常用羡慕的口吻夸奖同行："人家葆玖的嗓子，那梅派味儿谁也唱不出来。越老扮相越漂亮，越像梅先生。""人家李世济上过大学，文化高，对戏里的人物理解得比我们深。""杜近芳那几出《白蛇传》《柳荫记》《谢瑶环》多好啊！"李慧芳是聪明的，唱了一辈子戏，正因为博采众长，所以才成为杂家京剧艺术的集大成者。她能演的剧目繁多，代表剧目老生戏有《黄金台》《空城计》《一棒雪》《战太平》《辕门斩子》《李陵碑》《宝莲灯》《桑园会》《上天台》《四郎探母》及连台本戏《三门街》《西游记》等。旦角戏有《凤还巢》《宇宙锋》《霸王别姬》《穆柯寨》《贵妃醉酒》《生死恨》《白蛇传》《蝴蝶杯》《秦香莲》《玉堂春》《西施》《三娘教子》《昭君出塞》《荒山泪》《锁麟囊》《红楼二尤》《红娘》《大英杰烈》《木兰从军》《五侯宴》《秋江》《四进士》《徽钦二帝》等等，而《五侯宴》中她前青衣后老旦横跨了两个行当。《四郎探母》《打渔杀家》《吕布与貂蝉》《穆桂英》《桑园会》等戏她也既能演生，又能演旦。她一人多能的典型戏有《盗魂铃》《十八扯》《纺棉花》《戏迷小姐》等。小生戏有《白门楼》《群英会》等。另外，她在现代戏《洪湖赤卫队》《雪映古城》中也有精彩表演。

　　李慧芳昔日的风采并没有随岁月而流逝，许多戏迷朋友甚至几十年过后仍清晰记得她轰动舞台时靓丽灼目、灵韵飞扬的大家风范。观众在心中敬重她、挂念她、关注她，无论是在现实中还是在网络上，常常有人提起或询问李慧芳的情况。中央电视台戏曲采风栏目编导刘连伦是搞了半个世纪京剧的戏曲工作专家，当他了解到广大戏迷的心情后，立即着手为李慧芳拍摄了专题片《菊坛翘楚李慧芳》。此片于2008年1月30日在CCTV11频道《戏曲采风》人物周刊推出。在短短的20分钟时间内，刘连伦把李慧芳的艺术人生向大家作了简明扼要、生动全面的介绍。节目播出后，李慧芳在大江南北的戏迷观众中再度轰动。当晚，李慧芳家的电话打爆，许多戏迷观众都争相祝贺问候这位菊坛名宿，赞誉李慧芳是京剧舞台上的不老松。李慧芳不负众望，从那后，参加演唱，录制节目，传承教学仍有求必应，甚至主动请缨。她老人家宛如一台京剧艺术的宝贵"戏匣子"，打开它，听不够，赏不完，让你久久不愿离开。大家由衷祝愿李慧芳的"电波"永不消失，为大家永远"播放"赏心悦目的经典唱段和精彩的艺术人生！

刘连伦与李慧芳老师

　　看过李慧芳戏的人常常感动得久久不能平静，李慧芳在舞台上塑造了一个又一个血肉丰满的美好形象。舞台如人生，人生亦舞台。在人生大舞台中，李慧芳也演绎了一个重情讲义的善良人，她的直率、本真、大度、豪爽让她造化不浅，但也让她吃过亏，然而她总是把收受记在心里，把失却丢在脑外。常言道：吃亏是福。有人诠释"吃亏"不光是一种境界，是一种胸怀、一种品质、一种风度，更是一种睿智、一种坦然、一种达观、一种超越。李慧芳吃亏不亏，惜福得福，大智若愚。

　　李慧芳第一次婚姻所遇李宝昌，这段草率的婚姻虽仅维系了一年多。当二人分手时，身为小女人的李慧芳此时很有点大丈夫的气魄，她念夫妻一场，李宝昌已落得无钱亦无势更无健康，于是，她不吝财产，慷慨割舍，义气胜人，给了李宝昌足够的尊严。2010年夏，李慧芳头脑恢复清晰时,朋友与她聊起陈年旧事,李慧芳很认真地说:"将来等我身体好点时,我要去看看李宝昌的二哥二嫂,当年我烦闷愁苦时他们对我挺关心的。"原来,与李宝昌分手后,李宝昌的二哥二嫂还很关心李慧芳,与李慧芳保持了联系,后来把李宝昌的再婚、生女及自尽离世的消息都告诉了她。在那段短暂的婚姻中,尽管李宝昌待李慧芳情义寡薄,以致李慧芳谈人生往事时很不愿意提起他;尽管他们最后结束了没有情感的夫妻关系,李慧芳把财产几乎都给了李宝昌后李宝昌还不忘记把李慧芳手里的一枚订婚白银戒指索要回去……虽然一切如此伤李慧芳的心,但李慧芳对李宝昌这个弱不禁风的悲剧人物仍有怜悯之意,没有丝毫幸灾乐祸之心。其实李宝昌比李慧芳年纪大不少,他二哥二嫂的年龄肯定年长李慧芳更多一些,半个世纪过去,尽管87岁的李慧芳不知

李慧芳与谭元寿合演《桑园会》

道应该已是百岁左右高龄的二哥二嫂是否健在,也不知道他们的联系地址,但是她没忘记二哥二嫂对她的情谊。李慧芳虽脑子时而有些模糊,但她的情感却一直清晰,那就是她一直想看看早年曾经宽慰过她的二哥二嫂,因而看望二哥二嫂就成了她始终没有了却的一个心愿。

第二次婚姻所遇柳以真。这段激情婚姻维持了短暂的两三年。1959年至1961年期间,由于"大跃进"运动以及牺牲农业发展工业的政策所导致的全国性的粮食短缺和饥荒,麸糠、橡子面以及凡是能入口的野菜、树叶等都进了人们的饭碗。因缺乏营养而引起的浮肿、肝炎病等普遍流行。人瘦、地瘦、牲口瘦的"瓜菜代"时期,一片贫瘠的中国到处充满了饥饿。柳以真有一个同父异母的弟弟叫柳重堪,李慧芳和柳以真结婚后经常给他寄钱、寄物,资助他上学。20世纪60年代初,山东大学文科的中文、历史两系和理科数学、物理、化学、生物四系已经由青岛迁至济南,柳重堪在山东大学数学系上学。1960年,李慧芳随梅兰芳剧团到济南演出,便有机会与柳重堪见了面。当她看到柳重堪第一眼时,不觉心头一怔:这孩子太瘦了!19岁的柳重堪,青春年少正是长身体的时候,每天学习任务那么重,却吃不饱,营养严重不足,身体非常瘦弱。李慧芳看到柳重堪饿成这个样子,很心疼,她一下子给柳重堪买了二斤核桃酥。柳重堪香甜地吃着,李慧芳心酸地看着。她担心柳重堪撑着,又不

李慧芳在《雪映古城》中饰画家孟华

忍心阻拦他吃：他太饿了！李慧芳亲眼看着柳重堪把点心一气吞咽完，这才舒了一口气。在物质极度匮乏的"瓜菜代"年月，李慧芳也已很久没买过这样的点心了。梅兰芳带团去济南演出，山东省委招待大师级艺术家的饭也不过就是蒸地瓜干添上一点米而已。与此相比，柳重堪能饱饱地吃上二斤香甜的核桃酥，实在是太幸福、太奢侈了！其实，这时的李慧芳已经和柳以真离婚了，但她没有因为与柳以真的分手而在感情上疏远他的弟弟柳重堪，更没有慢待他。时隔近半个世纪，核桃酥的香甜仍让柳重堪回味不尽。这普通的糕点虽只有二斤，但在那个年月，它却带着李慧芳一颗沉甸甸的心。李慧芳的这份善良一直留在柳重堪心里。柳重堪寒门求学，刻苦努力，他品学兼优，1962年从山东大学数学系毕业后，1963年起就一直在北京航空航天大学任教，后来，柳重堪当了教授、博士生导师，兼任《数据采集与处理》杂志编委，还是英国曼彻斯特大学科技学院名誉客座研究员，长期致力于应用数学、信号处理与系统科学的研究。事业有成的柳重堪也是非常善良的一个人，尽管他和李慧芳早已失去了联系，但他寻找李慧芳的念头一直没有断过。一天，柳重堪在北京的一所医院遇到一位京剧演员，通过这位演员柳重堪打听到李慧芳的情况和电话。2008年柳重堪登门看望了李慧芳，并主动要给李慧芳买点礼物以表报恩之心，李慧芳婉言谢绝，但柳重堪执意不变，最后柳重堪看到李慧芳的电视还是"老式"的，便决定给她换一台液晶壁挂超薄彩电。李慧芳坚决不同意让他破费，最后"争执"不下，李慧芳难却柳重堪一片真情，终于妥协，但妥协的前提有个条件，购买这台海信彩电李慧芳出一半钱。柳重堪了解李慧芳的为人，所以只能"照章办理"。

第三次婚姻所遇张玉禅，这是一桩平和的婚姻。在中国，举案齐眉、相敬如宾和你死我活、不共戴天的极端夫妻微乎其微，平平淡淡、沟沟坎坎的婚姻则真实普遍。李慧芳、张玉禅二人的结合应该属于这个婚姻中间地带的大多数之一。2009年，李慧芳的老伴张玉禅去世，李慧芳陪伴张玉禅走过了32年的生活路程，可谓不短。李慧芳是经过风雨见过世面的人，1960年37岁的李慧芳离异，在其后的16年间，大名鼎鼎的李慧芳面临着多个婚姻人选，这其中不乏社会地位高的名人名家。譬如，荀慧生的夫人张伟君给她介绍过曾任清华大学校长、教育部副部长的蒋南翔，还有朋友给她介绍了一些有地位、有名望的人，朋友们的热心善意都被李慧芳婉拒了。并非李慧芳挑剔别人，而是李慧芳在挑剔

李慧芳、张玉禅夫妇

自己，她觉得自己没上过学，文化水平低，不愿攀高结贵。尤其经历了十年"文革"后的李慧芳，人生又得到一次较大的历练，五十开外的人了，再面对婚姻时，她更多了些理智，少了些虚荣，觉得还是找个普普通通的兴趣相投的人为伴侣心里踏实。李慧芳坦露了心思后，便有人想撮合她与丧偶的张玉禅组建家庭。李慧芳与张玉禅曾在一起工作过，所以对张玉禅十分熟悉。他是李洪春的养子，毕业于旧北平中华戏曲专科学校玉字班，与李玉茹、白玉薇同学，也是一位优秀的武生演员。1951年随李洪春同入中国戏曲研究院京剧实验工作团，擅演《挑华车》高

277

19 至乐为社会 大善暖众人

宠、《雁荡山》孟海公、《阳平关》赵云等。20世纪50年代中后期,张玉禅在中国京剧院三团当演员队长,李慧芳当时是该团的主要演员。1964年张玉禅调北京市戏曲学校任教务主任兼教学,后来也没有大的升迁。李慧芳是响当当的京剧名家,她能接受张玉禅这样一位戏校干部吗?"莫嫌地窄林亭小,莫嫌家贫活计微;大有高门空锁巷,主人到老不曾归。"身为名演员的李慧芳不图虚名,自甘淡泊,她愿以安分守己、通达乐观的态度去寻觅属于自己的那种天清地宁、心境泰然的生活。于是,1977年,李慧芳与张玉禅结婚了。

再婚后的李慧芳面对的最大现实不是如何与张玉禅磨合,而是如何面对张玉禅去世的妻子留下的一女二男这三个孩子。张玉禅的女儿张啸竹,1950年出生。大儿子张岚竹,1953年出生。小儿子张青竹,1955年出生。三个孩子虽然都已成年,不用伺候,但他们还有成家立业的问题。再者,生活在一个屋檐下,总会有千丝万缕的联系。李慧芳没有生育过孩子,她清净惯了,那么,她是如何与这三个孩子相处的呢?

张啸竹1969年毕业于中国戏曲学校,1970年到上海京剧院工作,是旦角演员,她在上海京剧团演《智取威虎山》中的常宝B角,1976年随上海京剧院《智》剧组出访日本巡回演出。李慧芳很喜欢有出息的啸竹,待她既是母亲又是老师。作为母亲,李慧芳每去上海,都给啸竹带去一些值钱的礼物,如金项链、金戒指等;啸竹也很懂事,她很过意不去地说:"妈,您别老花钱给我买这些贵重的东西。"李慧芳用慈爱的眼神看着啸竹真诚的眼睛,爽朗地回答道:"看你这傻孩子说的,这样的东西,我不给你买谁给你买啊?"作为老师,李慧芳认真地教了啸竹不少戏,《贵妃醉酒》《宇宙锋》等,一招一式、一腔一调,严格要求,丝毫也不马虎。张啸竹没有辜负李慧芳的心血,曾先后出演《玉堂春》《凤还巢》《贵妃醉酒》《宇宙锋》《红梅阁》《四郎探母》《玉宝钏》《秋江》《霸王别姬》等。1990年两度赴日本，主演《贵妃醉酒》。1991年在《智取威虎山》复排演出中，担任常宝A角，并赴广州、深圳、安徽、浙江等地演出近百场。在剧院的新创剧目《谭嗣同》中扮演珍妃，《乾隆下江南》中扮演席文娴。并先后与赵燕侠、李慧芳、李丽芳等合作演出。李慧芳的《秋江》音配像也是由张啸竹配像录制的。张啸竹多次深情地说："我的继母李慧芳既是我的母亲，也是我的老师，她待我像亲妈一样！"

张青竹最小，上山下乡到内蒙古。回到了北京后，李慧芳觉得这孩子吃了不少苦，对他的工作安排给予了很多帮助。张青竹没有辜负李慧芳的关爱，参加工作后，努力勤奋，加入了中国共产党，成为中国京剧院主任舞台技师，后来担任了中国京剧院舞美中心主任。张青竹对继母也十分敬重，他和爱人来彬不仅逢年过节来看望李慧芳，平时也常打电话或登门来和她聊聊天，母子关系很融洽。李慧芳也很关心大儿子张岚竹的工作和生活，有需要时，总是尽全力帮助。张玉禅的三个孩子都很感激李慧芳。对自己付出的辛劳，李慧芳这样坦率地说："我既然和你们组成了一个家庭，我就有这份责任。"

和张玉禅结合，李慧芳感到了生活的压力，但她没有感到这是难为她，因为她很明白，选择了张玉禅就必须同时也选择这几个孩子，即便做不到视如己出，也不能亏待他们，这就是李慧芳的初衷。实事求是地讲，李慧芳戏演得出众，家务事却做得并不出色，因为李慧芳从小的任务就是唱戏挣钱养家，钱也是由母亲掌管，一切家务琐事都由母亲和妹妹操持，经济上她不会算计，生活上也不会操心，更不会干什么家务活、针线活之类的。李慧芳有一张织毛衣的照片，那是她偶尔看别人织毛活觉得新鲜，也凑热闹织几针玩玩，因而她只会织平针中的下针，而且必须是"慢条斯理"地织才行，当然更没有什么成品之作。那张照片只是增添生活乐趣的"作秀"照而已。过去,连自己的手绢都是妹妹丽芳给她洗,但李慧芳当上这个继母就理所当然地要为张玉禅的孩子们操心生活,谋划工作,这大概是李慧芳这辈子操心家务最多的一个阶段。她这个继母做得如何,对此,她自己没有评说,只是淡然欣慰地说她尽力做了,孩子们都很懂事,听到孩子们口口声声叫她妈妈,她心里感到无比地欣慰和温暖。

有人说:做继母太难,做个好继母难上难!凡俗世间,人无完人,事无尽美。当了继母的李慧芳却敞开母亲的慈爱胸襟拥抱了不是自己亲生的孩子,凭她自己一颗真心善意,竭尽所能去做个好母亲,去处理好家事,虽不能尽善尽美,但能做到这一步,亦很难得!

李慧芳在织毛衣

对于亲朋好友,李慧芳以真心给予爱;对于戏迷观众们,李慧芳给予感恩和尊重。

李慧芳深知,戏迷观众是演员的衣食父母,没有他们的追捧,哪个演员能红?哪个演员能有饭吃?多年来,这最朴素的鱼水关系培养出了李慧芳恭敬戏迷、善待观众的感情。李慧芳的这种朴素感情饱含了对戏迷观众的感恩和尊重。李慧芳台上有"角儿"的演艺,台下无"角儿"的架子,戏迷观众最爱戴李慧芳这样的"角儿"。

1952年,李慧芳在苏州开明京剧团既当团长又是主演,她的戏很受苏州戏迷追捧。有一次在开明大戏院排演《秦香莲》时，12岁的苏宗仁和年龄相仿的王水官、胡祖耀想去看看名角李慧芳，他们便一起闯入后台，正被戏院管理员驱赶时，恰巧遇到从台上走下来一位高个儿大姐姐。这个大姐姐和气地问清了他们闯后台的原因，便笑着说："我就是李慧芳，你们看见了吧。"接着又询问了他们的姓名、学校和喜欢看戏的缘由，并告诉他们，等《秦香莲》公演时，她出钱买戏票，请他们三个来看戏。闯后台反受礼遇让三个纯真的孩子兴奋、骄傲、幸福。这件事便带着对李慧芳和蔼可亲的美好记忆牢牢地印在孩子们的心中，也成为三个孩子和李慧芳结缘一生的契机。从此，他们三人成了李慧芳的忠实戏迷。因为他们热爱李慧芳的戏艺，喜爱李慧芳的和善，所以凡有李慧芳的演出，他们三人一场不漏，王水官还特意从李慧芳、黄桂秋名中各取一字，给自己起了笔名"王慧秋"。1954年李慧芳考取中国京剧院，开明京剧团解散，三个孩子对李慧芳恋恋不舍，一直和李慧芳保持了多年的书信来往。直到"文化大革命"开始，大家彼此遭难才失去了联系。"文化大革命"结束后，李慧芳重登舞台演《断桥》的消息现于1978年《人民日报》报端，他们三人便又和李慧芳取得了联系。1980年，苏宗仁委托李慧芳在京设法帮助代买张伯驹的《红毹纪梦诗注》。为此，李慧芳跑了许多书店，还托了人，都没买到，她特意回信遗憾地告知苏宗仁，并说以后再想办法帮他买。1985年李慧芳应武汉京剧团邀请随团到苏州演出，王水官、胡祖耀在散戏后拜望了李慧芳。李慧芳对他们说："真对不起，苏宗仁同志托我买的张伯驹那本书，至今还没买到，真抱歉！"并请王水官转告苏宗仁。苏宗仁得知后，感动不已，他想：自己只是一个普通戏迷，连自己都忘记了的小事竟然在李慧芳这样的名演员心中当成大事一直记挂着。苏宗仁非常感动，尊崇之情油然而生。李慧芳70寿辰时，已是苏州吴轩出版社画师的胡祖耀特意画了《杏花春雨江南》的大幅国画，把它作为苏州观众的贺礼寄往北京。2000年4月8日，李慧芳到上海探望妹妹李丽芳，特意转道苏州看望了这三位50年前的小戏迷，并在开明剧院餐厅宴请答谢他们，还请来了当年开明大戏院的经理石梦萍作陪。席间，李慧芳向大家频频敬酒，谦恭备至，朴实有加，毫无大演员的架子，令他们激动不已。胡祖耀向李慧芳敬送了一幅自己创作的国画《红梅报春图》，以表达大家对她的爱戴和谢意，苏州青年戏迷邓丽芸用相机把这难忘的情景都一一记录了下来。

苏宗仁在苏州大学毕业后被分配到上海奉贤中学任教，"文化大革命"中蒙冤遭难，被发配到安徽农场劳动教养，厄运结束后，又因档案被弄丢，所以只能一直做代课教师，也没有退休金。尽管苏宗仁命运坎坷，但他热爱京剧的痴情始终不改。在困窘中，他笔耕不辍，曾在台湾的《申报》《弘报》发表了大量京剧文章，虽无稿酬，亦乐此不疲。并且在国内《中国京剧》《戏剧电影报》《江苏戏剧》等也发表过许多内容真实而丰富的文章，一直为京剧的传播不懈地努力着。苏宗仁对京剧的一腔热爱和执著深深地感动了李慧芳，她慷慨资助，数次给苏宗仁汇款。1995年秋季开学前，李慧芳给他寄去1000元，让他给小孙子买书包，因怕"李慧芳"仨字知道的人多，故以老伴张玉禅的名义寄去。苏宗仁一再表示感谢，让她不要寄钱，但李慧芳仍然"我行我素"。2008年12月苏宗仁又收到李慧芳给他寄来的"过节费"1000元。2009年8月邓丽芸到北京看望李慧芳。这时的李慧芳右手因严重的颈椎病压迫神经已完全失去了知觉，但她拿出汇款单和1000元，外加10元汇费，对邓丽芸说："我的手残废了，你帮我把这钱寄给苏老师，免得我过年忘了。"一位风烛残年的老人能如此地时时牵挂别人的冷暖，就已经让人感动，更何况是一位功成名就的大演员这样念念不忘千里之外的"小"

李丽芳和李慧芳在晚年

戏迷！李慧芳的善良让苏宗仁无以言表，感动不已。

　　喜爱京剧艺术的老戏迷，李慧芳厚待；关注京剧前途的年轻人，李慧芳也支持。苏州雷允上药业有限公司职工邓丽芸热爱京剧多年，在2005年《京剧票界》第5期上发表了关于京剧前途命运的公开信。李慧芳读后，非常赞赏，特地打电话鼓励。因为写一篇文章而受到大艺术家的表彰，邓丽芸也很受感动。她曾见证过李慧芳的平易近人和屡行善举，因而她更加敬重李慧芳，也挂念她的身体，经常打电话问候李慧芳，向李慧芳了解京剧，并和李慧芳成为忘年之交。2008年8月邓丽芸准备去北京看望李慧芳，李慧芳特意给邓丽芸打电话叮嘱："北京什么都有，什么也不要买。"在邓丽芸去北京前的8月17号，她突然收到一张李慧芳寄来的 1000 元汇款单。原来，李慧芳遇事总是为别人着想，邓丽芸年轻，要抚养孩子，她不想让人家因为来看望自己而增加经济负担，所以给邓丽芸寄去 1000 元钱做路费。邓丽芸想：李老师年老多病，自己无论如何也不能收她的钱。正巧，汇款单上的收款人名字是"邓丽英"，因一字之误，邮局退回，这正合她的心意。8 月 25 号上午 8 点多，邓丽芸到了北京，先向李慧芳报了平安，告诉她吃完早点就去，李慧芳听后"命令"她说："到家里来吃，不许到外面吃，家里有鸡蛋、牛奶、面包……" 邓丽芸犟不过李慧芳的执拗，怕她着急，就赶快直奔李慧芳家。到达时，李慧芳早就等候在路边了。吃早点时，李慧芳嘱咐帮佣的阿姨杭玉珍给邓丽芸拿切片面包时要取中间软和的，还亲自为她抹上果酱。李慧芳亲切幽默地告诉邓丽芸："你到北京来，我'四管'——管吃、管住、管接、管送，你是我请来的'角儿'啊。"中午，李慧芳还特意在餐厅订了单间为她接风，在她家院里的茂林居招待所订了朝南的房间，并亲自送邓丽芸到招待所的楼上。第二天，李慧芳悄悄塞给保姆周阿姨 500 块钱，让她陪邓丽芸逛前门购物，并嘱咐一定要打车去、打车回。周阿姨"遵旨"，逛商店时一个劲儿地"勾引"邓丽芸买这买那，最后终于在邓丽芸买北京特产时抢先付了钱，完成了李慧芳交给她的任务……邓丽芸离京时，李慧芳特意叫弟弟买来了"宫廷点心"，还给她的父母和孩子都分别带上了礼物，并叮嘱送站的杭玉珍："打车去，一定要把人送到火车上。"

2008 年 11 月份，李慧芳又给邓丽芸寄去 1000 元钱，并打电话告诉了邓丽芸汇款的理由：200 元是给邓丽芸孩子的压岁钱，800 元是李慧芳以后到苏州的费用或者是邓丽芸再来北京时的路费，以便让邓丽芸"心安理得"地接受。这次收款人的名字写成了"邓丽芳"，又是一字之误，邮局退回，正中邓丽芸下怀，她实在不忍接受李慧芳的这份馈赠。没想到，李慧芳锲而不舍，她打电话告诉邓丽芸："我的手已经写不了字了，我这还是特意叫我邻居萧军的女婿写的，大概是他想起我妹妹李丽芳了，所以就写了个'邓丽芳'。我又重新把钱寄回去了，你一定要收下。"还用自己的"苦肉计""逼"着邓丽芸接受："你知道我是怎么寄的吗？邮局就在马路对面，我走不了天桥，是花10块钱打车过去的。回来我过天桥，一个台阶一个台阶地数，一共132个台阶，你如果不收，我们就不做好朋友了。"费了三次周折后，这1000元钱，带着李慧芳的一片赤情，终于寄到邓丽芸的家中。邓丽芸被这位耄耋艺术家的厚道感动得心情久久难以平静，只好收下。2009年邓丽芸带孩子上北京去看望并答谢李慧芳，李慧芳又硬硬塞给邓丽芸的儿子200块钱做见面礼。邓丽芸坚决不收，正在推来推去时，周阿姨说："她老人家可经不起推啊，你就收下吧。"邓丽芸只能无可奈何地收下了。分别时，李慧芳还特意在北京的老字号店——满福楼订了餐，还送给邓丽芸家三口人每人一块手帕，幽默地说："日本人要好是送袜子；我们要好，送手帕。"周阿姨说："大姐怎么这么多讲究！"诚如所言，李慧芳对别人的礼节确实讲究得很多，邓丽芸母子来北京，受到了李慧芳先是"上马酒"、后是"下马酒"的热情款待；但李慧芳平素对自己的衣食住行则是能多简单就多简单。李慧芳病重时，邓丽芸心急如焚；去世后，邓丽芸为没能亲自去送她老人家最后一程而追悔惭愧，她虔诚地为自己心中这位好老人、好艺术家诵经超度49天。

苏州的许多戏迷们都有共识：每见到李慧芳，都会被李慧芳的善良和温暖拥抱着。其实，不仅是苏州的戏迷朋友，武汉一位80多岁的戏迷老太太也有和苏州戏迷同样的境遇。她和李慧芳有几十年的交情，无儿无女，因而李慧芳总是惦念她。这位老人上了年纪后，很想趁自己能走得动时再去见李慧芳一面。李慧芳以己度人，热诚地接受了她的请

李慧芳主演《晴雯撕扇》

求,并于2008年底给这位老人寄去了1000元钱。2009年,这老人来到北京,李慧芳特为她在茂林居招待所订了房间,这位老人感动得又是帮李慧芳做饭,又是帮李慧芳做窗帘。李慧芳以礼相待戏迷朋友,早已有口皆碑,许多戏迷朋友为自己在李慧芳这里"无功受禄"而深感不安。

受李慧芳厚待的又何止是这些戏迷观众?李慧芳出身于贫苦家庭,她对劳动人民始终很有感情。她待人,不管社会地位高低,一视同仁。李慧芳曾交代李军,她参加活动时,凡有司机到家接送,来与去必送司机师傅一听可乐或雪碧等饮料。因为有演出任务,司机师傅没空坐下喝水,但他们要体谅和尊重司机师傅的劳动,因而,李军常年在家中备有饮料。李慧芳爱操"闲"心,不管是谁,她总是今天惦念这个,明天挂牵那个。一事当前,她总是先考虑对方是否合适,不要让人家吃了亏,对自己的身体和事情却很不在意。每当她在家中念叨这些事,李军便对她说:"大姑,您'自私'一点好不好?"小弟李铁樑也说:"您身体多病,总是不'自私',我们对您都有意见啦!"

安徽的杭玉珍是李慧芳请的钟点工,她有两个孩子,除丈夫在工地干活挣钱外,她也帮佣打工补贴家用。她的两个小孩缺少营养,气色不好，李慧芳看在眼里，疼在心中，便对杭玉珍主动提出："我每个月再多贴你60元钱，每天给孩子加个鸡蛋吧。"杭玉珍过年回家都是李慧芳托人买票，结果只能买到站票，李慧芳对此总过意不去，杭玉珍说："只要能回去就不错了，我连站票也买不到啊。"每次回家，杭玉珍都像刚从超市采购回来一样，大包小提一大堆东西，这都是李慧芳送给她的礼物。杭玉珍在李慧芳家一直干了十多年，后来她生了病，才不得不辞职回家去休养。

李慧芳年高体弱，家中请了24小时陪护帮佣的阿姨。在家里，她和阿姨同桌共进三餐，食谱没有特殊与普通之分。每顿饭，她总劝阿姨多吃，所以，体重快速上升成了阿姨们非常犯愁的问题。来自房山的阿姨阎秀芹厨艺较好，她总是愿意给李慧芳做些北京风味的花样饭菜调动老人食欲，但是她又有一些顾虑，自来到李慧芳家工作，体重总是无法控制。她对李慧芳家的客人"抱怨"说："大姑总让我多吃，不吃她不高兴，你看我都胖成什么样啦！"高小红这个甘肃的朴实中年妇女到了李慧芳家后也有同样的"遭遇"，她常常要陪李慧芳外出做客。2010年年底开始，李慧芳脑子记忆时有混乱，但是每次做客吃饭时，李慧芳对小高却从不糊涂。她总担心老实的小高在客人那里拘束吃不饱饭，所以常常是刚一坐下，就反复催小高动筷子。主客尚未坐下，小高无论如何也不好意思自顾自地开吃，李慧芳看到小高不动，便急得亮开嗓门命令，大家一看都赶紧落座拿起筷子。高小红说："我到了李老师家几个月，体重就上涨了十几斤，我想少吃点大姑都不乐意。"

李慧芳认识的人很多，认识李慧芳的人更多。不管是谁，如若来到她的家门赶上饭点，她总是真情实意地挽留人家吃饭。有时赶巧，家里无人做饭，她因颈椎增生压迫神经，一只手动不了，便指挥客人到冰箱里拿东西自己做。有时她带人到附近的饭店去吃饭，别人想去买单，她会掏出钱来着急地敲着桌子亮开大嗓门"叫板"。请人吃饭她掏钱的事属于正常，但在她身上，别人请客她照样抢着掏钱的事也属于正常。她的侄子李军曾半开玩笑地说："知道我大姑为什么存不住钱了吧？"李慧芳待人接物的憨实品性，一直被传为美谈。

李慧芳上了年纪后，常常和几位老友聚首叙谈。她爱到李滨声家，而李滨声家住三楼，没有电梯，她又腿脚不便。为了免于上楼的"波折"，他们就在李滨声家楼下不远的小饭店见面，边吃边聊。李慧芳总是抢着买单，她的执拗劲儿，李滨声抵不过。后来，李滨声只要一听说李慧芳要来，就赶快先跑到小饭店预付账款。但是，服务员告诉他，李慧芳已经把买单钱预存在这里了……

李慧芳曾让学生王莲章帮她填写过好几张汇款单，都是往苏州、湖北几个南方城市寄的。王莲章问："是给您亲戚寄的钱吗？"李慧芳说："不是，是给我的老朋友。他们收入不高，我给他们点儿赞助。"

在李慧芳待人接物的"琐碎"小事中，她的善良无处不在，她待人没有虚假敷衍，真诚执著、博爱无界！

有位叫"方园"的网民2009年8月31日18：06：55在网络上写道："李奶奶只有4000多元退休金，想住个养老院也不够，但雪灾义演当场就捐了2000，后来京剧院又捐了2000，还说我也不做新衣服，晚上就吃点剩菜好了。跟她学戏不但免费还管饭！"李慧芳退休早，她身体有病，没有儿女照顾，除去雇用保姆费用和自费的医药等，在北京生活，每月4000多块钱的退休金并不算高，她积攒点养老费用是理所当然的。李慧芳平日自己生活很朴素，但是在屡次赈灾义演活动中，李慧芳总是拿出自己的养老金，慷慨捐献，有时在单位已捐助过了，到了义演现场，她不仅献唱，还再次献钱。你若问她捐献了多少，她自己也说不清楚，她也从不记自己捐献的账目……李慧芳"用慈悲心成就利生事业"。这个善良可爱的老人,她如果有一碗饭,必定要分给别人一大半!她虽没有皈依佛门,但她的心却如佛家人一样悲天悯人。

"善良"其本性在于不招摇,因而它闪耀着人性美好的光芒。李慧芳恰恰就是保持了这种平实的品质,发乎于真情力所能及去发善言、行善举,她的真情温暖了许多当事人,也感动了许多旁观者。对人不念旧恶,对己不忘初心,一颗大爱之心在她宽广的胸怀中恒久有力地跳动着。

为善至乐,惠人悦己。无疑,李慧芳是快乐幸福的人,因为在人生的长卷上,她用真情书写的"善良厚道"几个大字,情透纸背,清雅庄重!

《佛说孛经》中,孛曰:友有四品,不可不知——有友如花、有友如称、有友如山、有友如地。

何谓如花?好时插头,萎时捐之。见富贵附,贫贱则弃。是花友也!

何谓如称?物重头低,物轻则仰。有与则敬,无与则慢。是称友也!

何谓如山?譬如金山,鸟兽集之,毛羽蒙光。贵能荣人,富乐同欢,是山友也!

何谓如地?百谷财宝,一切仰之,施给仰护,恩厚不薄,是地友也!

山友、地友乃善友也。路交善友,被誉为人生大幸之一。一个人若能交上李慧芳这样同福共贵、休休有容的善友,不能不说是一生的幸运!

20
崇高的遗愿　完美的谢幕

人，对待生老病死，神医良药莫过于怀有"去留自在"的豁达胸襟和"为霞犹满天"的乐观心境。

李慧芳常说："谁也逃不了死，活着就乐呵呵地好好活，尽自己所能干点事。"这种坦然朴素的人生观产生出一股巨大无形的精神力量，它赋予李慧芳羸弱之躯极强的生命力。疾病屡屡袭来，李慧芳便是一名久经沙场的斗士，一次次与病魔殊死搏斗都能凯旋至生命的绿洲。

2011年4月30日晚8点，李慧芳多疾的生命再次敲响了警钟。急救车将李慧芳送至北京军区总院抢救，4月31日早上稍有缓解后即转入北京友谊医院ICU病房（重症监护病房）继续进行救治。一段时间后，她的病情得到了控制。但毕竟是病魔缠身的耄耋老人，5月13日，李慧芳的病情又急转直下，即刻再次转入了ICU病房。6月15日，李慧芳胃肠开始出血，17日起愈发严重，医院采取止血、输血等一系列救治措施。6月21日凌晨，李慧芳病情恶化，内脏出血难以遏制。6月22日，医院下了病危通知书。

李慧芳频频与死神打交道，让亲属们一直时刻警惕，思想有备，但这个预料一旦要变为现实，他们又难以忍受与李慧芳永别的痛苦。大弟弟李铁铮深爱着大姐,他知道大姐为家人操劳一生,他对大姐的热爱无以言表。当他听到了大姐病危的消息,悲痛难忍,血压顿时升高,心脏病复发,不能自持。李慧芳的小弟李铁樑也已年逾古稀,大姐年长他17岁,他从小就极受大姐的宠爱。大姐要离去的消息使他黯然神伤,心痛不已。多日来,李铁樑代已病倒的兄长率儿子李军和侄女李锐等不分昼夜轮班守候在病房内外。张玉禅的大女儿张啸竹听到李慧芳病危的消息,沉痛地立即从上海赶来。她很爱李慧芳这位既是母亲又是老师的继母,与李慧芳总有说不完的话,这份宝贵的母女师生情她实在难以割舍。张岚竹身体不太好,但也主动要求和他的家人来看望并陪护李慧芳。为挽救继母的生命,张青竹更是颇有责任感地跑前跑后,和姐姐与李军、李锐他们一起忙碌不停。三十多岁的河南籍护工朱金华,精心细致地陪护了李慧芳54天,体重下降了十几斤……大家都尽心竭力,默默祈祷坚强的李慧芳能再挺过这一关。

医护人员对李慧芳一直是全力抢救。连日来,血库中的O型血浆全部用光,李军又献血400毫升,但逆境难转。6月23日晨,李慧芳生命垂危,在她弥留之际,小弟李铁樑、女儿张啸竹、儿子张青竹、侄子李军流着眼泪呼喊着:"大姐""妈妈""大姑"……此时,李慧芳那睁不开的双眼慢慢流出了几滴清莹的泪水……8点半多,李军独自和大姑在一起,他在大姑耳畔轻声唤着:"大姑,大姑,您再握握我的手吧!"大姑似乎听到了这个再熟悉不过的声音,她紧闭的双目微微颤动了几下,手却再也没能抬起来。6月23日中午12时28分,李慧芳永远离开了她所热爱的亲人、朋友、观众。

李慧芳走后,李军接到了北京戏曲学院老师步毓华哭着打来的电话。原来,李慧芳在做乳腺癌手术两年多后的2001年6月6日,瞒着亲人向有关部门递交了遗体捐献申请书并作了公证。4年后她的家人才获知这一消息。李慧芳非常理解深爱着自己的亲人，她知道亲人们在感情上难以接受她的决定，所以李慧芳很早就把此事托付给北京戏曲学院的步毓华：待自己去世后，一是捐献遗体，二是不开追悼会，请她监督家属执行。

李慧芳说："我浑身是病，我走之后，把我的遗体捐献给医学研究单位，让专家们好好研究研究，看能不能对其他病人有点用。"话语淳厚、平淡，却传递出李慧芳一腔炽热的大爱之情。李慧芳这一生，为家人奉献亲情，为朋友奉献友情，为事业奉献衷情，直到生命结束。她走了，还将自己的身躯奉献给活着的人——"春蚕到死丝不断，留赠他人御风寒"。这让人心灵悸动的高尚开明之举在梨园名流中堪为第一人！

为寄托亲人、朋友、观众的哀思，深明大义的亲人为李慧芳举行了简短朴素的告别仪式。6月29日上午8时，北京八宝山殡仪馆竹厅中，李慧芳先生身着那件她最喜爱的黑底彩色花卉的旗袍，覆盖着鲜红的中国共产党党旗，静卧在鲜花翠叶中；厅内回荡着慧芳先生的《洪湖赤卫队》中"秋风阵阵催湖浪"的唱腔，还有她的青衣、老生等唱段；社会各界人士排起长队缓缓走入竹厅向慧芳先生的遗体告别；她的家人把亲情和悲伤深藏心中，肃穆静立，彬彬有礼地答谢着每一位来宾。

欧阳中石夫妇一同赶来，欧阳中石先生说："我1959年见到照相馆陈列的李慧芳照片，很想认识她，果然后来就认识了她并成为好朋友，我们曾多次在舞台上合作。她的去世在我意料之中也在我意料之外：意料之中是因为她的病太多太严重；意料之外是近年我见到她，她身体的情况和从前相差太大太大，所以见到后，我不免很有些伤感；但我总想等她身体状况好些时再与她好好聚谈，但没能来得及，这给我留下深深的遗憾……"

李滨声先生赶来了，他送上的挽联悬挂在竹厅入口两侧："幼小登

晚年李慧芳

台养家糊口一家顶梁柱，毕生献艺弘扬国粹多才多艺人"。李滨声先生深深三鞠躬后，走到李慧芳遗体侧面停顿下来，凝重地向老朋友再望上最后一眼："慧芳大姐千古！"

中国戏曲学院教授张关正说："慧芳老师在广大京剧观众和京剧同仁中是个人缘极好的老艺术家。由于京剧的传承工作，我和慧芳老师接触很多，她老人家不顾身体多病，有求必应。她积极参加'九九重阳节'老艺术家演唱会，说自己的身体哪儿都不好，就是嗓子好，就是想唱……慧芳老师把自己的生命融入到她的京剧事业中，好像活在这个世上什么时候戏演不动了，生活的价值就没有了。我们后人应该记住慧芳老师是怎样对待自己的事业和民族文化的，有了这种精神和追求，我们的京剧事业就有希望再度辉煌！"

左起：姜凤山、杨洁、李慧芳

　　北京京剧院原副院长陆翱说："我20岁时就认识了慧芳先生，特别仰慕她的艺术……后来我们在一个剧院工作，我非常了解慧芳先生，她待人朴实真诚，一片爱心。对事业是生命不息，创造不已。她的精湛艺术和优秀人格给我们留下终生难忘的印象。我们后人要继承慧芳先生这种人格精神和艺术精神！"

　　北京友谊医院原院长高东宸说："李慧芳先生是一位非常杰出的京剧表演艺术家，我是喜爱京剧的观众。在她还比较年轻时，她的演出就给我留下深刻的印象。她虽然唱青衣，但是她对老生造诣也很深，对小生也很在行，甚至能演老旦。我非常崇敬她！十多年前我为她做了乳腺癌切除术，她非常坚强，克服了疾病痛苦，仍然在舞台上显露出光彩。她的去世，我很沉痛，希望有后来者能沿着她的道路继续前进。"

李慧芳晚年演出《生死恨》，李滨声（右一）等上台祝贺

　　《女篮5号》的原型、前国家女篮中锋杨派老生票友杨洁拄着双拐也赶来与老大姐、老朋友告别，深切追思自己一直敬慕的这位艺术家。

　　一位身穿绿格衬衣的小伙子走出告别厅后，一下子坐在播放李慧芳唱段的录音机旁难以自制地放声痛哭起来。他实在太热爱这位可爱的艺术家、可爱的老奶奶了！

　　全国各地喜爱李慧芳表演艺术的戏迷票友观众也赶来了，大家要为慧芳先生送上最后一程；还有国内外许多戏迷观众在网络上也纷纷发帖留言表达了对李慧芳的崇敬爱戴……

　　一位网友这样写道："明天，6月29日，首都文艺各界要在八宝山为这位享有盛誉的京剧表演艺术家李慧芳先生安厝了。我作为一名热爱李先生的普通观众，又家居冀南小城，无缘护送她的英魂去神游九天，谨将自拟的挽联一副贴在这里，以示沉痛哀悼——博采众长艺兼诸派呈奇慧，绝学妙谛能冠各行盖群芳。"

一位戏迷回忆往事说："多年前，在北京工人俱乐部，李老师彩唱了全本的《生死恨》。那次，我们戏迷争相购票，现场，台下满坑满谷；台上众星捧月，连龙套都异常认真。而李老师每次出场，每段唱，我们都报以一次以上的掌声。大家赞赏李老师规矩的唱、念、做，情绪也随着'韩玉娘'动转，'生生死死'，'潇洒地走了一遭'。大家觉得这才是'京剧艺术家'的表演——真个是名家演员与观众互动式的演出。李慧芳老师驾鹤西去了，但是我们戏迷会永远地怀念她！"

高小红是李慧芳家请的最后一个保姆阿姨，她照顾李慧芳饮食起居整整7个月的时间。李慧芳去世后，淳朴的高阿姨眼中闪着泪花由衷地赞叹："大姑太爱戏了，她的生命力真顽强啊！"这话不假，李慧芳在生命最后三四个月的那段日子里，为了京剧的传承，鞠躬尽瘁，热爱艺术胜过热爱自己的生命。高小红见证了这一切！

当年李慧芳在梅兰芳剧团工作时，每次梅兰芳登台演出，她都会仔细地观赏学习，无论是一个手势、一个身段，还是一个眼神、一个指法，她都要写在本上，记在心中，用心揣摩。随梅兰芳各地巡演时，她也从不放过机会，登台实践，点点滴滴，不敢旁骛，随时向梅兰芳请教……然而，由于十年动乱以及其他多种原因，当年梅兰芳在《贵妃醉酒》《宇宙锋》等戏中一些精彩表演的细微之处，如今却被无意地忽视、简略、遗落了，但李慧芳仍记忆犹新。她一直想把她学到的这些表演艺术告知年轻演员们。几年来，她始终想趁自己的身体还能做表演示范时，尽快把这些细腻的表演全部传授给青年人，这也成了她的一件心事。

掌握京剧艺术各流派表演特长的老艺术家们有的已相继离世，健在的也都年届耄耋，"抢救"他们的艺术便成了刻不容缓的任务。2011年2月，中国京剧艺术基金会启动"说戏谈艺——老艺术家京剧艺术传授工程"，李慧芳是首批人选。但此时的李慧芳身体已极度虚弱，严重的心脏病，常常使她说话气短，嘴唇常常憋闷得发紫；严重的颈椎病又常常让她头晕目眩手麻，右手已无法拿勺子吃饭……李慧芳很豁达也很清醒，她知道生命留给她的时间已经不多了，但她不甘心把自己得到的艺术真传和舞台心得带走，这个"传授工程"需要她做的恰恰就是她那桩没有了结的心事。于是她不顾生命亮起的红灯，慨然接受任务。3月份，她或在家中或走出门去，为青年演员悉心授艺。在家中，她不顾疾病折磨，两次坚持为北京戏曲艺术职业学院青年教师刘山丽、滕莉、陈晨传授了《贵妃醉酒》，极为认真地对她们逐个进行辅导，从唱腔、念白、身段、水袖、脚步、眼神以及指法等等无一遗漏地讲授。3月12日，在中国戏曲学院戏剧影视制作中心录制李慧芳传授《贵妃醉酒》前半出的教学资料。录制现场中，李慧芳没有因为自己年老体弱而敷衍了事，而是以对艺术的敬畏之心和对事业的高度责任感，一丝不苟地去讲解示范……李慧芳对艺术如此呕心沥血，图的是什么呢？她什么也不图，她就是凭着对京剧始终不渝的一腔爱，要让京剧这颗珠宝完好无损地传承下去，这样她才能放心而去。那些日子，虽然李慧芳的思维时而有些混乱，但她授艺说戏时却清清楚楚，唱念做表也丝毫不错，一边示范还一遍遍大声督促学生……

李慧芳，一代京剧表演艺术家，当她快要行至人生的尽头时，为把艺术留于世，"肯将衰朽惜残年"，她用自己的一片执著和赤诚发出了最后的灼热光芒，令人肃然起敬，感叹不已。

世间本无完美，但李慧芳在人生舞台上做了最完美的谢幕。李慧芳深知：没有祖国，她的艺术就没有扎根的土壤；没有观众，她就没有衣

李慧芳抱病传授艺术

食父母。她知恩图报，不仅把自己生命最后的光和热献给了祖国的京剧事业，而且把自己的身躯也慷慨地捐献给了国家和人民。李慧芳走了。她平生无愧，身后无悔，慈颜安详而美丽！

2011年9月29日，北京秋高气爽，微风徐徐，八达岭陵园的碧空上掠过了几丝淡淡的白云，和煦的阳光温馨地洒在这片宁静的墓地上。上午10时，简朴庄重的李慧芳先生墓碑落成暨骨灰落葬仪式在这里举行。李慧芳的亲友、国家京剧院院长宋官林、梅派弟子李玉芙和李国粹、原北京京剧院院长王玉珍以及李慧芳的学生、社会各界的朋友、北京民众纷纷赶来为李慧芳先生作最后的送别。李慧芳的大弟李铁铮和小弟李铁樑为墓碑揭幕,大家在绿荫掩映、鲜花簇拥的李慧芳先生长眠之地,共掬一瓣心香、一卮泪酒,寄托绵绵哀思。

"我的大姐李慧芳是我父母去世后李氏家族的家长,也是我大姐夫张玉禅去世后张家子女们的家长。她走了,我们万分悲痛,因为她太好了!她走了,我们每想起她的一点儿好,都让我们心痛,她无数的好,让我们时时回忆,时时心痛!她6岁首次卖唱,得到两毛钱,跑回家交给我妈,我妈抱着她痛哭,又怜又爱,又喜又悲。在当时,两毛钱就能维持一家人一天的生活。从此,在她幼小的心灵中就有了养家糊口的责任感,她拼命学戏、拼命唱戏、拼命挣钱,就是为了一家人不挨饿……求生,让她学会了老生、小生、老旦、青衣花旦;让她不仅学会了唱老戏,还学会了新戏、连台本戏,学会临时钻锅,即刻上台的能耐……她是传承中华民族优良传统的孝顺女儿,是关爱兄弟姐妹、关爱晚辈的仁义家长……"

伴着低婉、舒缓的交响乐曲,聆听着李铁铮的深情回忆,80多年前的小慧芳那童稚的小脸庞、清澈的大眼睛又浮现在人们眼前。黑夜里,她冒着风霜雨雪,伸出两只瘦弱的小手,一手紧紧拉着父亲的衣角,一手紧紧拿着那个总舍不得吃完的茶鸡蛋,漫漫长行……

王玉珍追忆了童年李慧芳"被各界观众赞誉为独具灵秀之气的小小须生"。对这位在苦难中磨炼成的一代名家,她诚挚地评述道:"……新中国成立后,李慧芳老师毅然抛开待遇优厚的领衔主演的位置,积极参加革命,报效祖国。她先报考了中国京剧院,后调入梅兰芳京剧团,成为技艺全面、德艺双馨、享誉大江南北的著名京剧表演艺术家……她多才多艺,显示出非凡的演唱和表演才能。李慧芳老师在传承流派经典剧目和新剧目的创作当中,努力提高审美品位和舞台表现手段,为丰富京剧艺术作出了卓越的贡献!作为党员艺术家,李慧芳老师处处高标准要求自己，她忠实于党，热爱新中国，把一生献给了自己钟爱的京剧事业。作为一位大艺术家，她不仅出色地完成自己的工作，而且对我们几代青年演员寄予厚望；她不计报酬，为弟子们不遗余力地传道、授业、解惑，几十年如一日，就在去世前不久，她还抱病为青年教师传授《贵妃醉酒》，可谓对京剧事业呕心沥血、鞠躬尽瘁，是我们京剧人的楷模！"

大家凝望着墓碑上慧芳先生雍容华美的《贵妃醉酒》戏装照，在心中深情地告慰她：慧芳先生安息吧，后学者正勉力前行，传承国粹方兴未艾！

人有情，天地万物亦有情。此时，风声乍起，疾拂而至，它们也匆匆赶来最后送别慧芳先生。飒飒风中，花枝摇曳，与人们一同送上由衷的敬意。

李慧芳先生的墓坐落在北京八达岭下气势万千的云杉丛林深处。举目远眺，天地浩渺间，群山雄关，碧树丹枫，壮美妖娆！那秀丽的云杉——躯干挺直，树貌端庄，它不畏严寒烈日，不惧风侵雨蚀，毕生针叶茂密，四季苍翠。在绵延万里的巍巍长城脚下，云杉宁折不弯、傲然伫立的风骨与顽强刚毅、笑瞰苍穹的慧芳先生之精神同生共辉，千古不老！

尾声

京剧表演艺术家李慧芳，从小在祖父的熏陶下爱上了唱京戏，6岁起就成了卖唱的苦孩子；20世纪三四十年代在饥寒交迫的旧世道中为养家糊口渐渐练就了精湛的技艺，终成名角；五六十年代在意气风发的新中国开始了艺术高峰的攀登，在志愿军保家卫国伟大精神的感召下，李慧芳升华出为国家、为人民服务的高尚情怀。在观众的热爱中开阔了为京剧奋斗终生的艺术胸襟，从红透江南的京剧艺人成长为誉满海内外的京剧表演艺术家。十年动乱，衷情不变；七八十年代为京剧艺术的恢复传承，李慧芳呕心沥血，发扬光大；晚年的李慧芳，重病缠身仍不停歇，弘扬国粹，不遗余力，只要登上养育了她的京剧大舞台，悠扬的京胡伴着铿锵的锣鼓点儿一响，艺术的无穷魅力就会激活她全身的细胞，生老病死全抛九霄外，美轮美奂唯留心胸中，她的生命顿时绽放出绚烂夺目的青春华彩。

唐代诗人柳宗元有诗云："凄风淅沥飞严霜，苍鹰上击翻曙光。云披雾裂虹霓断，霹雳掣电捎平冈。"李慧芳恰似一只搏击风浪、高洁傲岸的苍鹰，在浩瀚无垠的天空中，她历经磨难，不屈不挠，生命不息，翱翔不已！

李慧芳先生

在京剧艺术界，李慧芳堪称大艺术杂家。何以为大？涉猎艺术之广杂，广而又专，广得炫目，专得深邃；杂而有章，章章见经典！李慧芳生旦艺术齐头并进，风靡半个多世纪而不衰，在广袤的艺术大地上，她无疑是一位广种博收的丰产者，永远成为京剧杂家艺术特色最有魅力的耀眼标识！

李慧芳不是完人，但秉性淳朴的她始终信守着真善美，心灵总是闪耀出金子般的光芒。她做人如同她从艺，一生都在执著追求完美。她的名字和"德艺双馨"四个字早已紧紧地连在一起，深深地镌刻在广大观众的心中。

2011年1月11日，88岁的李慧芳在梅兰芳大剧院荣获第五届中国戏曲表演"终身成就奖"，这是中国京剧界的最高荣誉奖。李慧芳绚丽凝重的杂家京剧表演艺术风范独树一帜，在灿烂辉煌的中国京剧历史长卷中，留下了浓墨重彩的一笔！

后记

刘连伦：

  我从小就喜爱京剧，20世纪50年代我就知道了李慧芳先生的大名。后来我考入了前中国京剧院四团（原中国人民解放军总政治部京剧团），不久又随团调往宁夏回族自治区，李丽芳是我们剧团的主演，因此相当熟悉。1993年我回到北京，由于李慧芳先生是李丽芳的胞姐，所以我和慧芳先生来往就逐渐多起来并成为好朋友，我十分钦佩慧芳先生的艺术和人品。一次她跟我说："连伦，你经常给报刊写东西，能不能有空的时候，帮我写一本我的从艺生涯？"我想：像李慧芳先生这样的大家，早就该著书立传，她的艺术成就是京剧事业的一份宝贵财富。所以我当即答应下来，没过几天我就带着录音机，开始记录李慧芳先生口述的艺术人生。

  可是时隔不久，我在中央电视台的工作越来越忙，无暇着笔，这个事就暂时搁浅了。但为李慧芳先生著述的事情，我却时刻挂在心里。山东大学图书馆的王军老师酷爱京剧，对京剧旦角的梅、程、尚、荀各派的声腔艺术都能学唱自如，获得过中央电视台全国京剧票友大赛金奖。我还看到过她发表的为其祖父、东北军将领王肇治先生写过的不少回忆文章和一些戏曲评论，听听她的演唱，看看她的文笔，我不由萌生了请她协助我为李慧芳先生写书的想法。

王军：

我的少年时代正是"文革"大兴样板戏的时期，李丽芳老师在《海港》一剧中的演唱令我敬佩、痴迷。用今天的话说，我是李丽芳老师的"粉丝"。20世纪80年代末，李丽芳老师曾应邀到山东大学讲授京剧，我却因没看到广告通知遗憾地与李丽芳老师失之交臂。2007年，在刘连伦老师的引荐下，我有幸认识了李丽芳的姐姐李慧芳。从那时起，我每次到北京都去听慧芳先生讲自己的学戏经历、讲妹妹的艺术风格和妹妹的勤奋品质，这使我对李慧芳先生、李丽芳老师的艺术和品德有了较深刻和全面的了解。

认识慧芳先生不久，刘老师就对我直言说慧芳先生已是耄耋之人了，他希望我能接过为慧芳先生著述的任务。我知道慧芳先生是一代京剧名家，她的一生坎坷而又幸福，充满了传奇色彩，为她写书不仅需要了解京剧，还需要具备历史、地理、社会等方方面面的知识，这个任务，放到我这才疏学浅的京剧门外人身上，未免过重，我担心"笔拙纸穷情未尽"，所以不敢应允。

2009年底，慧芳先生的身体时常报警，著述一事仍无眉目，我也颇为心急。此时，刘老师已向有关组织呼吁加快"抢救"慧芳先生艺术的速度。刘老师身体力行，不仅抢救式地将李慧芳先生等老艺术家的表演艺术拍摄成电视片，同时也再次鼓励我动笔，并表示他也会竭力参与……在接触中，我感到刘连伦老师非常敬业，和这样一位见多识广、既有舞台实践又有文字功底的戏曲专家一起来完成李慧芳艺术人生的著述，我有了信心和勇气。

李慧芳、李丽芳姐妹，艺术有关联，品格有共性，所以我萌生了不仅要写慧芳先生，而且要写丽芳老师的想法，这个想法得到了刘老师的支持。慧丽姐妹的命运是国家荣辱兴衰的缩影，记录她们，也是记录社会。我很欣赏纪录片中平铺直叙、简洁明快的解说撰稿，真实感人。因而我想借鉴这种写作方式来记录她们的艺术人生。我拟定的书名为《菊苑双葩　慧丽芳香》，"慧""丽"分别成册。经过学习、准备，2010年年初，在刘老师的策划下，我和他一起拟定了书稿的篇章脉络，开始笔耕。

刘连伦：

　　我们首先抓紧了对李慧芳先生的采访。也正是从2010年开始，李慧芳先生身体每况愈下，头脑时有恍惚，身边也离不开人，还经常要住院调理，因而每次采访都要考虑到她的身体和她的休息。王军老师多次自费专程来京采访，在每次短短几天的采访时间里，李慧芳先生都是带病给予了密切的配合。我工作的中央电视台离李慧芳先生家比较近，我也经常利用工作之余去看望她，针对一些有疑点的复杂问题再详细了解。除了采访李慧芳先生本人外，我还利用了到外地拍片的机会，在遇见的老京剧人、知情的老戏迷票友中借机采访。

王军：

　　写这本书，我和刘老师分别通过各种方式先后采访了上百人次。在没有任何财力支持的情况下，为了多快好省地搜集第一手资料，除去专程进京访问主要人员外，还多次利用了电话采访。当然这种便捷方式有利有弊，有些老艺术家失聪，我只能听他们讲而不能提问，然后把采访录音中获取的资料、素材考证鉴定，去误存真……在这项复杂繁重的劳动中，我常常在众口相左中徘徊不定，经常像是在整理出现一个个死结的乱线团。因此，为了一个事件的时间、地点、人名、班社、剧目甚至一条路线、一座建筑……不仅要反复听大量录音看笔记对照，大量查找资料，还要与刘老师在电话中反复讨论求证。我常暗笑自己的高耗能低产出和锱铢必较的执拗，但为了写出的内容真实有据，必须有点"考古"精神。从写作开始，我心无旁骛，谨记慧芳先生"实事求是"的嘱咐，行文不求华美跌宕，但求朴素平实。

刘连伦：

　　王军老师是个对工作极为认真几近较真的人，我们经常通过电话和网络反复讨论，推敲模棱不清的素材……写好一部分以后，我和王军老师就带着稿子去请李慧芳先生审听。

　　2010年12月17日，我和王军老师再次携稿专程到慧芳先生家，边为她读，边请她答疑，慧芳先生非常高兴。但我们看得出，她身体已经很虚弱了，说话吃力，嘴唇常常发紫。我们的心情也随之沉重起来……

　　而王军老师在2011年到来之际她的身体也出现了诸种问题，一下子变成了药罐子，继而严重的腰、腿伤反复发作，两度卧床。家人和亲友对她常常带病在电脑前秉烛达旦写作发出"警告"，劝阻她放弃这项工作。但慧芳先生的艺术、人格魅力以及日益衰弱的身体状况，让她不能停笔……

　　经过不懈努力，2011年初夏，《菊苑双葩　慧丽芳香——李慧芳》一书终于脱稿了。

王军：

　　而后，刘连伦老师又在繁忙中对"李慧芳"一书修改定稿，力求臻美。在写作中，我跟着慧芳先生从20世纪20年代走到21世纪，她的一条漫漫艺术人生路让我长了见识，受益颇深。这真要感谢慧芳先生！当我正要择时去向慧芳先生汇报时，噩耗却先行传来，2011年6月23日慧芳先生走了。沉痛遗憾后堪可告慰的是，我终于和刘老师一起完成了慧芳先生的嘱托。

刘连伦、王军：

我们记得慧芳先生聊往事时常常感叹自己是幸运之人，确实如此。生前，她屡遇大师提携，拥有众多戏迷观众；身后，她仍然被人们深深缅怀。我们为她记录的艺术人生，先后得到大家的关注和支持。《中国戏剧》杂志主编赓续华、副主编罗松以及责任编辑靳文泰将此文的节选收至《中国戏剧》，从2011年第9期开始连载了半年；《中国演员》杂志董事长胡芝风老师推荐书中《〈盗魂铃〉三进中南海》一章的缩写内容在2011年第5期《中国演员》刊出；关注京剧文化事业发展的商务印书馆的丁波博士又积极热情地很快将此书报批出版；《山东大学报》编审王静老师也是京剧文化的积极推广者，当她得知这本书将要出版的消息后特向作者约稿，在2011年12月28日的《山东大学报》月末版上率先对本书作了3000字的简介；还有许多京剧演员和戏迷观众也一直关注、盼望本书的出版……这本书的产生，源于"热爱"——大家与慧芳先生同热爱我们的国粹艺术、民族文化；大家与我们同热爱慧芳先生的人品和艺术。这个爱心接力，在和谐相助中温馨顺畅。

今天，政府、艺术家、热爱京剧的大众都在努力参与修复京剧的文化生态，保护和传承京剧文化遗产，很多业内外的人士都自觉地不遗余力地在普及京剧、抢救和挖掘老艺术家的艺术特色和绝活，我们写这本书也不外乎这个目的。

本书虽多易其稿，但终因我们的写作能力和客观条件制约，还存在纰漏，区区16万多字难以写尽李慧芳先生丰富的一生。如果此篇小作能让更多的读者认识了解李慧芳先生，我们便会感到非常的欣慰；如果有读者能斧正文中错误我们将衷心欢迎并感谢！

在写作过程中，我们以实地采访、电话采访、网络采访等形式先后采访了李慧芳、李华英、张金樑、孙正阳、周正雯、顾国莲、义维华、赵麟童、宋宝罗、欧阳中石、张芷京、李滨声、靳芳、赵月明、殷宝忠、钮季冬、詹镇雍、贾小萍、丁振家、陆翱、高东宸、张关正、李铁铮、李铁樑、张啸竹、李军、鞠小苏、赵慧秋、高小红、伊芳、李国粹、吉常宏、苏宗仁、邓丽芸、刘鸿麟、张葆源、张志宏等。我们参考了张德林先生主编的《菊丛慧芳》中欧阳中石、李滨声、苏烈、朱家溍、刘曾复、刘乃崇、蒋健兰、宗修英、吴江、王玉珍、张德林、欧阳启明、刘秀琴、李国粹、李冬梅、王莲章等作者的文章和书法作品，参考了刘吉典编著的《刘吉典音乐作品选集》，查阅了《京剧谈往录》《翁偶虹编剧生涯》等资料。在此，我们向这些受访的先生、老师和书文作者一并表示诚挚的谢意！

书法大家欧阳中石先生和漫画大家李滨声先生德高望重，学养深厚，他们既是造诣极深的京剧研究者，又是李慧芳先生多年的挚友和知音，两位先生分别为本书题辞、作序，欧阳中石先生还以点睛之笔将书名"慧丽芳香"改为"慧丽同芳"，并欣然为本书挥毫题写书名……我们相信，慧芳先生九泉之下定会感到欣慰。我们也为此甚感荣幸，在这里我们向他们表示深深的敬意和谢意！

中国戏曲表演学会会长、京剧表演艺术家胡芝风老师对此书的出版给予了积极推荐和大力帮助，这让我们深受鼓舞；《山东文学》原主编丁振家先生早在1960年就看过慧芳先生跟随梅兰芳剧团在济南的多场作者以生动的笔触描绘了李慧芳坎坷而又辛酸的一生,栩栩如生,具有很强的可读性和知识性。这是作者深入采访、细致搜集资料、辛勤劳动的结果。

丁振家 二〇二三、七、廿八、

演出，非常敬佩李慧芳先生的精湛艺术。书稿完成后，我们请他提提意见，丁先生酷暑之中抱病读完书稿并写出评价，我们甚为感动；李慧芳先生和她的亲朋好友为本书提供了大量珍贵的照片和戏单，对我们的写作始终给予积极配合和支持，我们感到非常欣慰，在此特向他们表示衷心的感谢！

  借此机会，向始终积极关注、鼓励我们写作的各位京剧艺术界专业人士和广大戏迷观众致谢！

2012 年 4 月